2024
문학세계

The Literary Realm

통권 제32호

고원기념사업회

고원문학상
문학세계 출판기념

제12회 고원문학상, 2024 문학세계 신인상 시상식 및 〈문학세계〉 출판기념식

고원문학상 수상자 문영애 수필가(오른쪽),
정찬열 발행인(왼쪽)

문영애 고원문학상 수상자 가족

2024 신인상 수필부문 수상자 박영님(왼쪽),
정찬열 발행인, 시부문 수상자 송마리(오른쪽)

문영애 고원문학상 수상자 인사

감각을 살려 몸으로 행복해지기

정동순은 수필을 통해 '감각을 살려서 몸으로 행복해지기'라는 대단한 실험을 하고 있는 중이다.

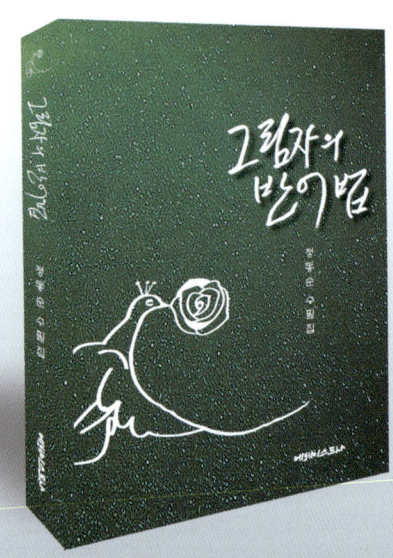

에세이스트사 260쪽 값15,000원

정동순 문장의 특장 중 하나는 템포다. 저벅저벅 망설임 없이 대상이 날 알아보든 말든 쓱 지나가 버린다. 특히나 문장을 정상의 폭발점을 향해 밀어붙인다. 찍어야 되는 포스트는 빠른 템포로 꼭 찍고 간다. 마치 정상으로 치고 올라갈 가속도를 얻기 위한 것처럼. (…)

원고를 읽어 내려가다가 이 작가가 내가 처음 대하는 유형의 작가라는 걸 알게 되었다. 내 식으로 말하면 몸의 작가다. 일반적인 수필가와는 사유법, 아니 감각하는 법이 달랐다. 나에게는 청소년 때부터 갖게 된 오랜 꿈이 있다. '창백한 손가락으로 깔짝거리는 글쓰기가 아닌 몸으로 밀면서 글쓰기' 평생을 간절히 바랐지만 어떤 구체성도 갖추지 않았는데 그걸 정동순이라는 재미 수필가가 하고 있었다. 덕분에 늦게나마 몸에 대한 공부를 차분히 할 수 없었고, 주변의 책들로 대강이나마 살펴볼 수밖에 없었다. 나에게 정동순은 콜럼버스가 발견한 신대륙이다. 신대륙에서 오래 머물 것 같다. (문학평론가 김종완)

미국 시애틀에서 살고 있는 저자의 두 번째 수필집이다. 그의 수필은 미국 공립학교 교사로 재직하며 살아가는 이민자의 시선으로 일상에서 느끼는 생각들을 수필로 썼다. 첫번째 수필집 〈어머, 한국말 하시네요〉에서 12번의 실패에도 13번의 도전을 통해 도서관 직원이 되었던 정착기의 이야기들이었다면, 이번 수필집에서는 이후 공립학교 교사가 되어 느끼는 미국 교단에 생활과 거기에 따른 사람들의 이야기와 함께 새로운 글을 읽는 재미가 있다. 저자는 또한 첨단 IT 산업이 발달한 도시에 살면서 텃밭을 일구고 닭을 키우며 도시 농부로 살며 자연과 교감하는 생활을 실천하고 있다. 그의 글에서는 시애틀의 산과 호수 바다 냄새가 난다. 겨울비를 맞으며 나무에 매달려 자라는 이끼 냄새가 나고 커피 냄새가 난다. 두 가지 이질적인 것의 조합, 시애틀에서 사는 이민자의 삶과 한국인의 정체성을 간직하며 살아야 하는 자신의 정체성을 둥글면서도 네모난 둥근 사각형 같은 미적 조합이면 좋겠다고 밝히고 있다.
시애틀문학신인문학상, 미주 중앙신인문학상, 수필과 비평 신인문학상으로 등단했다.
Dolsilai1@gmail.com (돌실아이)

미국 시애틀 거주, 페더럴웨이 교육구 고등학교 교사
미주 중앙신인문학상 수필 대상(2012), 수필과 비평 신인문학상으로 등단(2018)
수필집 『어머, 한국말 하시네요』(2018), 공동수필집 『바다 건너 당신』(2022)
수필집 『그림자의 반어법』(2024)
수필U시간 동인, 한국문인협회 회원
현재(제9대) 시애틀문학회 회장

AICPA (미국공인회계사)
CACPA (가주공인회계사)
KICPA (한국공인회계사)

Joseph Ro, CPA, Inc.
T: (714) 537-9500   F: (714) 537-6245
9618 Garden Grove Blvd. #211
Garden Grove, CA 92844

오직 한길
노섭CPA

박영님 산문집

지난 세월
시렁에 얹어 두고

박영님

전북 남원 출생
광주여자고등학교 졸업
1981년 미국 이민
NBC(New Box Corp.) CEO 역임
고암보석 운영
스탠턴 한의과대학 졸업
한의사로 일하다
2023년 〈문학세계〉 수필부문 신인상 수상

152*224 | 320쪽 | 13,000원 | 문학의식 | 2024년 6월 7일 펴냄

··

어떤 일도 일어날 수 있는 게 삶이다. 별의별 일을 겪으며 살아가는 동안 마음속 깊은 곳에 원망과 미움, 자책과 서러움 등이 차곡차곡 쌓인다. 들끓는 마음의 충동, 불안하고 어두운 자의식을 고백하기는 쉽지 않다. 글쓰기를 통해 내밀한 속마음을 털어놓을 수 있다. 어두운 터널을 지나면 밝은 세상이 보이듯, 글을 쓰고 나면 삶이 새로운 전기를 맞게 된다.

작가 박영님은 책머리에서 '내 치부를 드러내 보이는 게 부끄러웠지만, 아들 딸 앞에 정직하고 싶었다.'고 말한다. 이 한마디가 독자에게 무한한 신뢰를 주리라 믿는다. 자신의 부끄러움을 세상에 드러내고 싶은 사람이 어디 있겠는가. 정직한 글, 다소 어눌하고 거칠어도 진정성이 엿보이는 글은 독자에게 믿음을 준다.

글을 마치고 나서 작가는, '가슴에 맺혀있던 돌덩이 하나가 쑤욱 빠져나간 느낌이 들었다'고 고백한다. 글쓰기를 통해 영혼을 위로 받고 아픔이 치유 되었다는 놀라운 체험을 얘기한 것이다. 문학은 글을 쓰는 사람은 물론 독자에게도 위로와 위안을 준다. 이 책이 독자 여러분께 위로의 선물을 한 아름 안겨드릴 수 있기를 기대한다.

- 정찬열 / 시인. 수필가

문학의식 | 인천광역시 강화군 강화읍 남문로 11 숭조회관 201호 | 032 933 3696 | hwaseo582@hanmail.net

이주혁 수필집

벼랑 끝에서 한 걸음 더

이주혁

강원도 양양 출생
성균관대학교 약학대학 졸업(1968)
South Dakota 주립대학 약학대학 졸업(1978)
2013 《에세이포레》 수필 등단
2015 해외문학사 시인 등단
2023 오렌지글사랑 수필동인지 『마디』 공저

152*224 | 280쪽 | 13,000원 | 문학의식 | 2024년 5월 22일 펴냄

··

수필은 자신의 밑바닥을 내보이는 글입니다. 쑥스럽고 부끄럽고 남세스러운 일들을 빨랫줄에 걸어놓은 일입니다. 바람이 불면 빨래가 펄럭입니다. 와이셔츠도 난닝구도 바람에 나부끼며 꼬독꼬독 말라갑니다.

이주혁 작가의 『벼랑 끝에서 한 걸음 더』를 읽으면서 빨랫줄에 널린 속옷들이 생각났습니다. 가난한 집안의 장남으로 태어나 80평생을 살아오면서 겪은 숱한 이야기들이 걸려있습니다. 이 글을 통해 독자는 역경을 헤치고 희망봉에 도달한 한 인간을 발견하게 될 것입니다.

밑바닥이 없는 사람은 없습니다. 남의 밑바닥 얘기를 들으면서 내 밑바닥을 생각합니다. 이야기 속의 나와 내 속의 이야기가 만나는 지점입니다. 밑바닥이 밑바닥을 만나면 부둥켜안고 울기 십상입니다. 울음은 엉킨 가슴을 풀어주고 얼어붙은 마음을 녹여줍니다.

쉬운 인생은 없습니다. 어려움을 어떻게 극복하고, 한 번뿐인 인생을 어떻게 살아내야 하는가. 이 책을 읽으면서 생각해 보았으면 합니다.

- 정찬열 / 시인. 수필가

문학의식 | 인천광역시 강화군 강화읍 남문로 11 숭조회관 201호 | 032 933 3696 | hwaseo582@hanmail.net

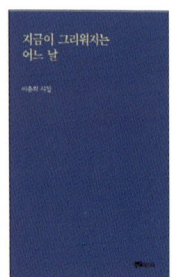

이춘희 시집

지금이 그리워지는 어느 날

130*210 | 142쪽 | 13,000원 | 선우미디어 | 2023년 6월 20일

이춘희

서울에서 성장, 성균관대학교 영문과 졸업
1971년 미국 이민
2000년 M.S. in GERONTOLOGY,
Hofstra University, New York(노인학 석사학위)
2000년- 2003년 Adult Day Care Center
Counselor for Dementia Patients 근무
2007년 The New York Province of the Society of Jesus, 영성훈련과정 2년 수료
2008년 뉴욕 한인 그리스도인 생활공동체 종신 서약
2008년 〈창조문학〉으로 등단(수필)
2020년- 2021년 미동부 한인문인협회 18대 이사장 역임
2021년 〈시문학〉으로 등단(시)
뉴욕 중앙일보 문학동아리 회원
미주 중앙일보 〈삶의 뜨락에서〉 오피니언 칼럼 필진

이춘희 한영 수필집

무성한 떨림
Joyful Vibration

152*225 | 268쪽 | 15,000원 | 선우미디어 | 2023년 9월 10일

이춘희 시인의 시 세계는 자연과 시적 상상력으로 직조된 언어를 통해 기존의 관념 체계를 무너뜨림으로써 자신만의 사유 체계를 확립해 역설도 빛을 내는 시들의 은하수다. 시인은 자신이 자각하고 있는 뒷심을 향하여 완전을 향하여 끊임없이 노력하여 나아가려는 상상력을 통해 모든 시들어 가는 것들에 활력을 불어넣는다.

***

이춘희 작가의 글은 읽어 내려갈수록 삶에 대한 통찰과 지혜를 얻는 기쁨이 있었다. 지혜를 터득하는 길에 들어설 것을 확신한다. 수필집에 실린 글들 중에는 문학인의 눈을 통해 바라보는 세상은 대단히 명쾌하다. 삶의 본질을 보는 진솔함으로 인해 인생에 대한 핵심 가치들을 재발견하게 하는 대목들이다.

- 김정기 시인

"청실홍실" 모임

"청실홍실"은 결혼적령기 자녀들의 '짝을 찾아주기' 위한 '부모들의 만남의 장'입니다.
자녀가 원하는 경우 부모님과 함께, 혹은 당사자 혼자서 참석하는 것도 환영합니다.

- 종교에 관계없이 누구라도 참석할 수 있습니다
- 결혼이 성사되더라도 일체의 사례비를 받지않습니다
- 신청서를 제출한 분에 한하여 참석할 수 있습니다
- 장소관계로 선착순 50명으로 인원을 제한합니다
- 행사는 매년 3월 LA에서 열립니다
- 신청은 이메일로 해주시기 바랍니다 chungsilhongsil@gmail.com

주관 : 남가주 천주교 한인 종신부제협의회, LA 청실홍실 운동본부
후원 : 남가주 한인 사제협의회 / 남가주 한인 평신도사도직 협의회 / 미주 가톨릭평화신문
봉사자 : 김재동 종신부제 / 정찬열 사무국장
전화 : 714-530-3111

공순해 수필집

울어다오

창작 수필 | 비창작 수필 | 단 수필
연작 수필 | 콜라주 수필 | 기록 수필

에세이문학 출판부

이 시집을 채우고 있는 황미광의 시들이
우리에게 건네는 악수는,
그의 시와 더불어 우리가 행복한 독자가 되기를 권유한다.
앞으로도 그가 더 수발秀拔한 디카시의 세계를
형성해 나갈 것으로 믿어 마지않는다
www.cultura.co.kr

시산맥 시에세이 029

임길성 산문집

섬소년 꿈을 따라

  백야도에서 천사의 도시 L.A까지, 작가 임길성이 걸어온 길이다. 그 길을 함께 걷고 나면 좋은 영화 한 편을 감상하고 난 다음처럼 잔잔한 감동이 가슴에 오래 여울진다.

  섬이 답답하여 지게를 벗어 던지고 넓은 세상을 향해 떠나던 까까머리 사내아이. 그 날의 탈출은 그의 인생을 바꾸어 놓은 역사적인 사건이었다. 부산에 도착하여 낮에는 목욕탕에서 일하며 야간 중학을 졸업한 일, 서울로 올라가 고등학교와 대학을 독학으로 졸업하여 드디어 원하던 건축사가 되는 일까지. 모두가 백야도 탈출이 있었기에 가능한 일이었다.

  이 책은 가진 게 없는 한 시골 소년이 꿈을 이루기 위해 어떻게 살아냈는가를 생생하게 보여준다. 인간 능력의 한계가 어디인가, 인간이 어떤 존재인가를 다시 생각하게 한다. 해방 이후 80년 한국 근대사를 함께 엮어온 많은 분들에게 아련한 추억을 선사하리라 믿는다.

- 정찬열 (시인, 평론가)

ISBN 979-11-6243-510-6(03810) 종이책
ISBN 979-11-6243-511-3(05810) 전자책

가격 13,000원 ｜ 175mm×245mm ｜ 4×6배판 ｜ 292페이지

Contents :

권두언	혈죽(血竹)과 선죽(善竹) _ 정찬열(발행인 겸 편집인) _ 016	

특집 1	나의 문학세계를 말한다 :	**시** _ 오문강 시인 _ 022
		소설 _ 신영철 소설가 _ 026
		수필 _ 유금란 수필가 _ 033
특집 2	한민족 문화권의 문학과 디아스포라 _ 김종회(문학평론가) _ 042	
특집 3	'뒷것' 김민기의 시(詩) 정신 _ 장소현(시인, 극작가) _ 060	
특집 4	시카고 이민자들과 문인협회 _ 김정옥(회장) _ 094	

제13회
고원문학상

심사평   심사위원 임헌영(문학평론가) _ 106
수상소감   이월란(시인) _ 109
수상작품   시집 『두 개의 공원』 자선 시 5편 _ 113
수상소감   공순해(수필가) _ 126
수상작품   수필집 『미세레레』 사선 수필 3편 _ 129

시

강언덕 _ 밸런타인데이 _ 140
강화식 _ 방향을 잃은 자리 _ 142
고현혜 _ 산티아고 가는 길 _ 144
권귀순 _ 몸짓 읽기 _ 147
김연주 _ 화성과 금성 사이 _ 149
김은자 _ 틈의 기원 _ 151
김은집 _ 사색의 담장을 발로 차다 _ 153
김인기 _ 눈꺼풀 수술 _ 155
김정옥 _ 몸의 기억 _ 157
문창국 _ 두 그림자 _ 159
박 앤 _ 겨울 숲 _ 161
서연우 _ 옷걸이 _ 163
송마리 _ 신생아 선언문 _ 165
송호찬 _ 시리우스에서 온 편지 _ 167

안경라 _ 너를 보내고 _ 169
안희숙 _ 낯선 귀향 _ 170
양기석 _ 다방 _ 172
오광운 _ 덤 _ 174
오연희 _ 꽹과리 _ 176
이용언 _ 낙화암 _ 178
이장정숙 _ 내가 먼저 _ 179
이창윤 _ 김환기의 백자 풍경 _ 180
이춘희 _ 바다와 하늘이 맞닿은 그곳 _ 182
정국희 _ 대머리 여가수 _ 184
정혜선 _ Mortals _ 186
조옥동 _ 가로수 잇는 길 _ 188
조찬구 _ 노랑과 반 고흐 _ 190
최무길 _ 어떤 실종 _ 192
황미광 _ 소나기 _ 194
황박지현 _ 온돌에 누워 _ 196

시조 김동찬 _ 팽목항 파도 _ 198
변완수 _ 양란 1.2 _ 200
정찬열 _ 오뉴월 땡볕 아래 서서 _ 201
정호원 _ 적용과 악용 외 1편 _ 202

수필 고대진 _ 하느님, 부처님, 그리고 수학 _ 204
권조앤 _ 뿌리 _ 208
김재동 _ 주전자 _ 211
김카니 _ 사라져가는 문패 _ 214
김향미 _ 편지 _ 216
김홍기 _ I Watching You _ 219
김희봉 _ 발레리나와 시인 _ 223
노   려 _ 나의 한국 여행기 _ 227
민유자 _ 맛 _ 231

박연실 _ 축구가 이렇게 재미있는 거였어 _ 234
박유니스 _ 필화 _ 238
박인애 _ 무궁화꽃 피는 계절 _ 242
성민희 _ Dr. Berker _ 248
윤덕환 _ 시니어 골퍼들의 열정 _ 252
이에스더 _ 돌의 얼굴 _ 256
이영미 _ 감자 당근 양파 _ 260
이재훈 _ 흙에서 _ 264
이정숙 _ 여기서 그냥 살아버릴까 _ 268
이정아 _ 둔한 2등이 되어보자 _ 272
이주혁 _ 더 좋은 일로 채워지리라 _ 274
정동순 _ 페트리코 냄새를 따라서 _ 281
정동철 _ 금 _ 285
정문자 _ 나 자신을 재활용하는 노후의 삶 _ 289

소설
심외숙 _ 그 아침의 농담 _ 294
박경숙 _ 고모가 죽었다 _ 312

아동문학
동시 이선자 _ 고흐 아저씨 _ 334
동화 홍영순 _ 개구쟁이 문방구 _ 336

문학세계 신인상

신인상 수상자 이정길
수상 소감 _ 344
당선작 「스님이 보고 싶어요」 _ 346

신인상 수상자 김현실
수상 소감 _ 351
당선작 「나의 전성기」 _ 352

심사평 _ 정찬열(시인, 수필가) | 성민희(수필가, 소설가) _ 356

Preface 권두언

혈죽(血竹)과 선죽(善竹)

정찬열
발행인 겸 편집인

제32호 『문학세계』 표지 사진을 '혈죽'으로 정했다. 혈죽은 충정공 민영환의 상징이다. 왜 뜬금없는 혈죽인가. 『문학세계』를 창간한 고원 선생님의 삶이 충정공의 그것과 일정 부분 궤를 같이한다고 여겨지기 때문이다. 다음 해 2025년은 선생님 탄생 100주년이 된다. 선생님의 발자취를 더듬어 보던 중 불현듯 떠오른 생각이다.

민영환(閔泳煥, 1861-1905)은 을사늑약이 체결되자 죽음으로 항거한 우국지사다. 을사년인 1905년 11월 17일, 일본은 군대를 동원하여 대한제국을 압박하고 강제로 조약을 체결하여 외교권을 박탈했다. 을사늑약이다. 일본은 우리의 국권을 빼앗아 갔고, 어둠의 역사가 시작되었다.

오호, 통재(嗚呼)로다. 소식이 전해지자 전국에서 수많은 애국지사가 이에 항거하여 일어났다. 민영환이 자결했다. 반향이 컸다.

조병세, 홍만식, 이상철, 김봉학 등 사대부들이 스스로 목숨을 끊었다. 민영환의 인력거꾼도 목숨을 끊어 일제 침략에 항거했다.

그가 순국한 지 5개월 후, 그가 자결한 뒷방 마룻바닥에서 붉은 반점을 띤 대나무 네 줄기가 돋아났다. 사람들은 포은 정몽주의 선죽(善竹)에 빗대어 이를 '혈죽(血竹)'이라 불렀다.

역사적으로 '선죽'이 먼저이니 그 얘기부터 하자. 고려 말, 이방원의 '하여가'에 '단심가'로 대답하여 대의(大義)를 지켰던 포은 정몽주. 이방원 일당의 철퇴를 맞은 정몽주의 붉은 피가 다리를 물들이며 아래로 흘렀고, 그 자리에 충절의 상징처럼 대나무가 솟아났다. 그 다리를 선죽교(善竹橋)라 불렀다.

지난 2014년 10월, 필자는 북한 방문길에 개성을 들러 그곳 선죽교를 찾았다. 다리 위에 새겨진 붉은 자국을 보았다. 틀림없는 핏자국 형상이었다. 자연현상으로만 치부할 수 없는 흔적이었다. 역사는 불의에 죽음으로 항거한 포은을 선비정신의 사표로 삼았다.

우리는 때로 상식으로 이해할 수 없는 전설 같은 얘기를 만난다. 선죽(善竹)처럼 민영환의 경우도 그랬다. 그가 자결했던 방에 돋아난 대나무 잎이 놀랍게도 마흔다섯 개였다. 순국 당시 민영환의 나이와 일치했다. 이 소식이 전해지자 사대부들은 물론 일반 국민도 죽음으로 항거한 민영환의 충절을 다시 기렸다.

고원 선생님은 시인으로 널리 알려진 분이다. 젊은 시절 대학에서 학생들을 가르치면서 국제 PEN 한국본부 사무국장을 역임하는 등, 문학과 함께 활발한 사회활동을 했다. 군사 쿠데타로 박정희 정권이 등장했다. 정권에 밉보여 자의 반 타의 반 한국을 떠나게 된다. 1963년이었다. 그때부터 외국을 떠돌게 된다. 한번 떠나간 조국은 마음대로 돌아갈 수 없었다. 정권이 바뀐 다음, 25년 만에야 그리웠던 땅을 밟게 된다. 1988년이었다.

엄혹한 시절, 선생님은 해외에서 말과 글을 통해 독재에 저항하고 조국의 민주화와 통일을 위해 헌신했다. 한편으로 후학을 길러내는 일에도 열과 성을 다했다.

인간의 삶은 사후 평가를 받기 마련이다. 불의와 거짓의 망령들이 춤출 때, 모두가 눈을 가리고 귀를 막은 채 진실을 외면하고 살아가고 있을 때, 분연히 일어서는 자가 작가다. 선생님은 그것을 몸소 가르쳐 주신 분이었다. 고원 선생님 탄신 100주년을 맞아 포은과 충정공의 삶을 돌아본다. 선죽과 혈죽의 의미를 되새긴다.

표지 사진을 혈죽으로 한 연유를 말하다 보니 이야기가 좀 길어졌다. 올해 제32호 『문학세계』에 좋은 글을 보내주신 미 전국 필자 여러분께 우선 감사의 말씀을 전한다. 머리를 맞대고 필자를 선정하여 원고를 청탁하고 보내온 글을 읽는 기쁨이 크다. 캐나다와 시드니, 그리고 중국 교포에 이르기까지 해외 작가들이 참여했다. 앞으로 반경을 더 넓혀나갈 예정이다. 한정된 지면에 모든 작가를 초청할 수 없어 돌아가면서 기회를 드리고 있다. 이해를 바란다.

올해에도 좋은 특집을 꾸밀 수 있어 뿌듯하다. 오문강 시인, 신영철 소설가, 시드니의 유금란 수필가가 "나의 문학세계를 말한다"를 집필해 주셨다. 세 분 중견 직기의 이야기는 많은 분께 문학에 대한 영감과 작가의 소명 의식을 일깨워 주리라 믿는다.

두 번째 특집으로 김종회 교수의 '한민족 문화권의 문학과 디아스포라'에 관한 글을 싣게 되었다. 작년에 이어 올해도 묵직한 글을 보내주셨다. 재외교포 문학 현실을 분석하고 미래를 예측한 이 글이 이민 문학을 만들어 가는 해외 작가들에게 시사하는 바가 크다. 감사드린다.

세 번째 특집은 최근 유명을 달리한 가수 김민기에 관한 글이다. 평소 그의 노래를 좋아하던 많은 사람이 죽음을 애도하고 있을 때, 시인이자 극작가인 장소현 선생이 김민기에 관한 글을 보내왔다. 가수, 작사가, 작곡가, 극작가, 연극 연출가, 뮤지컬 기획자이자 연출가 등으로 한 생을 풍미한 김민기를 자세히 들여다볼 수 있는 글이다. 네 번째 특집은 문학동아리 순방기사인데 금년은 시카고 지역 문인들의 활동을 소개한다.

고원문학상은 자타가 공인하는 미주지역 최대 권위를 자랑하는 상이다. 금년 제13회 문학상은 유타 거주 이월란 시인과 시애틀 거주 공순해 수필가 두 분이 공동 수상하게 되었다. 축하드린다. 문학상은 응모한 작품을 일곱 명 예심위원이 한 달간 돌아가면서 꼼꼼하게 읽은 다음 투표에 의해 최종심에 오를 작품을 선정한다. 그 과정을 거쳐 두 작품이 최종심에 올랐고, 최종 심사는 임헌영 문학평론가가 맡아주셨다. 심사평, 당선 소감, 수상 작품을 소개한다.

올해 신인상은 수필 부문에 이정길, 김현실 두 분이 수상자로 결정되었다. 또렷한 개성을 보여주는 신인을 발굴하게 되어 기대가 크다. 이민 문학을 풍성하게 만들어 주시기를 바란다.

고원기념사업회는 매년 〈고원문학상〉을 시상하고 『문학세계』를 발간한다. 이 사업을 지원해 주시는 분들이 있다. 매년 꼬박꼬박

회비를 보내주시는 이사님, 광고 협찬이나 기부를 주시는 분, 여러 가지 모습으로 협회를 도와주시는 분들이다. 감사하는 마음을 담아 이사 명단을 싣고, 도와주시는 분들도 함께 소개해 드린다. 역대 고원문학상 수상자 명단도 함께 소개하고 있다.

말씀드린 바와 같이 2025년은 고원 선생님 탄생 100주년이 된다. 여러 가지 행사를 준비하고 있다. 뜻있는 분들의 물심양면 협조와 지원을 기다린다.

좋은 글이 실리면 좋은 잡지가 된다. 만고의 진리다. 이번 호『문학세계』에 귀한 원고를 보내주신 작가 여러분께 감사드린다. 더한 성원과 격려를 부탁드린다.

나의 문학세계를 말한다

시 _ 오문강 시인

소설 _ 신영철 소설가

수필 _ 유금란 수필가

나의 문학세계 _ 시

어떻게 사랑하며 사는가

오문강(시인)

　문학은 내게 있어서 어떻게 사랑하면서 살아야 할 것인가를 가르쳐주는 귀중한 거울이다. 동경과 사랑의 대상에서 벗어나 셰익스피어가 말한 것처럼 사랑을 눈으로 보지 않고 마음으로 보려고 노력하고 있다.
　우리가 누군가의 사랑을 받고 있다는 확신이 생기면 우리의 삶에 있어서 최상의 행복이 될 것이다. 내가 깨달은 것은 사랑받고 살려면 내가 먼저 사랑해야 한다는 것이다. 그러면,
　"어떻게 사랑하며 사는가? 이것이 나의 문학세계의 주제다."
　나는 그저 사람과 책을 좋아할 뿐 문학이 궁극적으로 나를 제대로 사람답게 살아가도록 나를 지켜주었거나 또 내 삶을 풍요롭게 도왔는지는 가늠하기 어렵다. 다만 가난한 언어를 사랑하며 어디를 가든 정과 사랑을 느끼면서 살려고 노력한다. 사람답게 제대로 살아가도록 지키는 것이 어디 문학뿐이랴?
　그러면 내가 시를 쓰는 이유는 무엇인가? 논어에 기록된 공자의 말을 인용하면,

"시는 상상을 불러일으키며 사물을 더 잘 관찰할 수 있게 하고 남을 더 잘 이해하게 해주며 자기 의견을 말하는 데 있어서 좀 더 온건하게 해준다."

또 영국 〈테드 휴즈〉 시인의 말을 빌리면 "평범한 정신 속에 잠재해 있는 천재성을 일깨우기 위함이다."라고 말했다.

이 천재성을 일깨우기 위함이란 현실 속에서 미래를 바라볼 수 있는 능력을 개발하는 것일 텐데 나에게는 애당초 턱없이 부족하다는 것을 알기 때문에 다만 모든 사물과 남을 더 잘 이해하고 미래를 내다보려고 노력하고 있을 뿐이다.

김춘수 시인은 그의 시론에서 다음과 같이 말하고 있다.

"슬픈 체험을 하고, 기쁜 체험을 하고, 외로운 체험을 하고, 혹은 억울한 일을 당하고 하는 인생의 온갖 체험이 휴머니스트로 하여금 시를 쓰도록 재촉할 때에 그 인생의 온갖 체험은 두말할 필요 없이 시의 내용이 될 것인데 시의 내용이 이미 정해져야 시를 쓸 수 있는 것과 같이 내용을 상징하여 한눈에 알게 하는 제목이 정해져야 붓을 댈 것이다." 이렇게 말하고 있다.

미당 서정주 선생은 시란 "똑같은 소리 되풀이하지 말고 계속 새로운 세계를 찾아 나서며 그 무엇에도 흔들림 없고 그 무엇과도 바꿀 수 없는 '절대적 자아'를 향해 떠나는….."이라고 했다.

(만약 내가…)라는 에밀리 디킨슨의 작품에서 문학의 과업이 무엇인가를 쉽게 발견할 수가 있다. 이 간단한 시 한 편에서 우리는 올바르게 생각하는 법과 다른 사람을 이해하고 사랑하며 살아가는 법을 배우는 것이다.

"만약 내가 한 사람의

가슴앓이를 멈추게 할 수 있다면

나 헛되이 사는 것은 아니리

만약 내가 누군가의 아픔을

쓰다듬어 줄 수 있다면

혹은 고통 하나를 가라앉힐 수 있다면

혹은 기진맥진 지친 한 마리 울새를

둥지로 되돌아가게 할 수 있다면

나 헛되이 사는 것이 아니리"

    나는 중학교 때 국어 선생님을 무척 좋아했다. 텁수룩한 머리가 앞이마를 덮어서 우리는 그 선생님을 '사자 머리'라는 별명을 붙여드렸다. 항상 푸근하고 넉넉한 미소를 지으시며 국어책을 읽어주셔서 우리들은 언제나 행복했다. 성함을 기억 못 하지만 반세기가 넘게 지나간 지금까지도 책을 들거나 만지면 늘 웃으시던 국어 선생님 모습이 떠올라 가끔은 눈앞이 흐려지고 그 시절이 그립다.

    우리 국어 선생님

    ....

난 선생님이 국어책을 읽으실 땐

언제나 선생님 눈 만 쳐다봤다.

국어책은 선생님을 춤추게 만들었고

읽으실 땐 눈빛이 달라졌다.

우리들의 국어 시간엔 사계절이 없었다.

일 년 내내 봄. 봄. 봄이 오고 봄이 또 봄을 불렀다.

....

요즘은 예전에 보이지 않던 것들이 조금씩 보이기 시작한다.

아주 작고 쓸데없은 것들도 보이기 시작한다.

남도 보이고 나도 보이는 것이 마음이 착해지기 시작하는 것 같다.

오문강

숙명여고와 이화여대 졸업. 1970년 미국으로 이주. 1986년 『현대문학』 김춘수 시인 추천으로 등단. 시집 『까치와 모국어』, 『거북이와 산다』, 『선생님 꽃 속에 드시다』 출간. 미주문학상, 미주시인상 수상. 미주한국문인협회 회장 역임.

나의 문학세계 _ 시

새로운 세계를 향하여

신영철(소설가)

산(山) 그 봉우리 넘어

 쑥스러운 이야기지만 내가 처음으로 쓴 작품이라고 꼽는다면, 그건 만화였다. 만화책을 만들었다는 게 아니다. 당시 히말라야의 나라 네팔에 사는 글쟁이 지인 한 명이 무크지 '히말라야 소식'을 창간했다. 그 책에 청탁을 받고 보냈던 유머러스했던 글. 그 글이 어쩌다 만화가의 눈에 띄어 진짜 만화로 재탄생했다. '산신령교전 입산 편(山神靈敎典 入山 編)'이라는 만화가 그것이다. 그때는 산에 반쯤 미쳐 히말라야를 돌아다니던 등 푸르던 시절이었다. 발행인의 주석에 의하면 "산을 좀 안다는 사람이라면 누구나 배꼽을 잡고 넘어질 이 만화는, 히말라야를 등반하는 산악인들을 비틀고 꼬집는다."라고 주장했다. 그리고 원본 일부를 발췌하여 소개한다.
 -전략- 산을 찾는 모습은 너무 다양하여, 산을 그리는 발심의 우열을 가리기 어렵고, 참 산 사랑법을 구별하기도 힘들었느니라. 바둑도 일종의 도(道)라고 주장한다면, 산도(山道)도 있는 법. 편의상 바둑의

급수를 차용하여 그대들 산 사랑을 평가하노니, 후학들은 자기의 위치를 깨닫고 애써 배울 일이라. 헐!

-중략- 3급 [음주입산] 이 부류는 그래도 좀 산을 아는 인간이니라. 산행을 마치면 꼭 '하산주'를 먹어야 산행이 끝났다고 주장하며, 산을 열심히 찾는 이유가 성취감 뒤에 따르는, 맛난 하산주 때문일 경우가 허다하니라.

*특징/이 부류는 술의 종류, 알코올의 도수, 값의 고저를 막론하고 그저 양만 많으면 된다는 '무대뽀'형이 많으니라.

2급 [선수입산] 이 부류는 산을 마라톤 코스로 생각하고, 산을 몇 개 넘었다느니 하루에 이렇게 많이 걸었다느니 하는 것을 자랑하려 산을 찾는 인간이니라. 그러나 달리기 시합에 나가면 늘 꼬랑지니라.

*특징/이 인간을 따라나서면 대개가 굶느니라. 먹을 때도 번갯불에 콩 구워 먹듯 해치우고 오로지 마구 함부로 걷느니라.

-중략- 4단 [설신입신] 이 부류는 드디어 설인인 히말라야로 띠나게 되느니라. 생즉필사요, 사즉필생이라… 설산을 대상으로 알 듯 모를 듯 비장한 출사표를 내고 도전하는 시기라.

*특징/ 설산으로 간다는 이야기는 들었는데, 돌아왔다는 소식이 없는 경우가 종종 있느니라.

-중략- 8단 [소산입산] 이 부류는 겸허하게 작은 산도 엄청 크고 높게 보는 안목이 있느니라. 이제 그런 작은 산을 즐겨 찾는 시기가 되었느니라. 그러나 힘들어서 높은 산을 못 간다는 소리는 죽어도 안 하느니라.

*특징/다리에 힘이 빠지는 것에 비례해 입에는 양기가 올라, 뒷동산처럼 조그마한 산행도 에베레스트쯤 되느니라. 하산주 시간이면,

과거를 회상하는 시간이 길어지는 특징이 있느니.

9단 [입산금지] 이미 죽어 코딱지만 한 산… 아니 봉분 아래 깔려 있느니라. 힐!

"이 기상천외한 이야기는 인터넷을 통하여 지금도 여러 게시판에 오르내리고 있으나, 원작자가 신영철 형 임을 아는 사람은 드물다. 형이 지어 전국에 유포시킨 이런 우스개 이야기들은 형이 문단에 나와 발표한 소설들보다도 많을 것이다."

이십 년도 더 지난날이었다. 나는 에베레스트 등반을 무사히 마치고 네팔 카트만두의 발행인 그 지인의 집에 들렸었다. 등반하러 출발할 때, 그때 나는 과장된 제스처로 경례하면서 외쳤었다. "조국을 위하여!" 그도 그럴 것이 밀레니엄 시대를 맞아 국가 예산으로 파견했던 국가대표였으니까. 그러나 하산을 끝내고 그 후배 집에 다시 들렀을 때, 나는 맥이 없었다. 앞서 말한 '산도 3급'처럼 원정을 마친 하산주를 마실 때였다. 불쾌해진 기분이었을 때 나는 분연히 공개선언을 했다. "다시는 에베레스트, 아니 히말라야에 오지 않겠어!"라고.

그때 에베레스트 베이스캠프에서 나는 똑똑히 보았다. 성스러웠던 세계 최고봉이 상업화, 세속화로 어떻게 바뀌고 있나를. 그때 나는 한국의 등산 문화의 발흥에 힘입어, 인기 있던 전문잡지사의 주간이었다. 등반과 취재차 히말라야를 20여 차례 방문할 수 있었던 르포르타주 형 저널리스트였었다. 덕분에 문학작품은 아니지만 히말라야에 관한 책을 여러 권 출간도 했었다. 그때 내가 목격한 에베레스트 베이스캠프는 시장 바닥이었다. 세계 최고봉을 오르는 것은 사람이 아니라 돈이었다. 베이스캠프에는 몇 나라에서 간이 방송국을 운영하고 있었고, 돈만 내면 가족과 전화 통화를 할 수 있었다. 인터넷을 물론 따듯한 물로 샤워도 할 수 있었고, 빵집이 따끈한 크로상을 구어 내었다. 떠돌이 개도 몇 마리 상주하며 쓰레기를 뒤지는 풍경. 미국의 큰 방송사가 유명한 여성을 주인공으로 등반 과정을 생중계하고 있었다. 그 팀은 카펫과 등나무 의자는 물론 침대 매트리스까지 가져다 놓았다. 그곳이 그때의 해발 5,300미터 에베레스트 베이스캠프였다. 물론 지금은 더하겠지만….

터널 뚫기 노가다와 동업자

나는 스스로의 다짐대로 히말라야에 발을 끊었다. 평생 직업인으로 글을 써왔지만, 그것은 사실관계를 중요시하는 현장형이었다. 매달 활자화가 되어 전 국민이 읽는 전문잡지였으므로 늘 현장형일 수밖에. 그때만 하더라도 나에게 문학은 관심 밖이었다. 현장과 사실을 중요시하는 나에게 그렇게 생각할 이유는 충분했다. 화자가 방문을 여는 과정에서, 원고지 열 장이 가능한 섬세한 묘사는 '사기'처럼 읽혔으니까. 많은 소설들이 자기중심적이고, 섬세한 심리 묘사로 치우치는 느낌이 짙었다. 그렇기에 '뻥'이 조금쯤 심한 게 '소설류'라고 생각했었다.

하지만 그 생각 역시 틀렸다. 다리 힘 좋을 때 히말라야를 향하여 직진했던 시절처럼 단순했던 분석. 곁눈 안 주고 추구했던 오롯한 자신의 신념에 의거했던 편협한 외곬이었을 것이다. 그때 에베레스트에서 받은 환멸과 충격에서 헤어나기 위해서도 나에겐 탈출구가 필요했다. 그리고 생각이 꼬리를 물수록 안 보였던 부분들이 나타나기 시작했다. 상업주의에 물든 에베레스트에서 실망할 수는 있어도, 그 등반 과정에서 명멸했던 수많은 순수까지 싸잡아 외면해서는 안 될 일이었다. 순수와 낭만이 펄펄 살아 있던 뜨거웠던 시간들. 그것을 복원해 낼 수 있다면 얼마나 좋을까. 나는 익명으로 작업을 시작했다. 그게 소설의 시작이 된다.

나는 누구보다 산속 숨 가쁜 사실을 많이 알고 있었다. 히말라야에서 등반 중, 그곳 차가운 별이 되어 사라진 실존 인물들. 그들의 삶에 대하여, 등반에 관하여, 자세히 알고 있었고 또 쓰고 있었다. 그러므로 자본에 잠식당한 사람들을 보며, 전체가 그런 것처럼 절망만 한다는 건 공평하지 못했다. 잡지에는 쓸 수 없었고 탈출구가 필요했기에, 그래서 소설을 쓰기 시작한 것이다. 사실만을 쓰던 건조한 글에서, 추론과 상상과 내가 간절하게 원했던 산악인의 철학과 삶의 묘사. 그 점에 있어 나는 행운아였다. 누구도 흉내 낼 수 없는 '산'을 대상으로 특화된 글이었으니. 경험에 의한 최적화된 '발로 쓴 소설'이므로, 그런 점에서 나는 부자였다.

오래 기다린 끝에 우리 가족은 미국으로 이민을 왔다. 그리고 그간 생각만으로 머물던 생각을 현실로 옮겼다. 미국에서는 시간이 없는 듯 널널했으므로. 그렇게 '발로 쓴' 소설을 미주문학판이 받아준다. 2001년 미주한국일보 문예공모전에, 중편 '환상방황의 그늘'이 소설 부문에 당선되었다. 게으름을 피우지 않는다면 글 쓸 소재는 넘쳤다. 내친김에 권위 있다는 문학사상 장편문학상에 도전했다. 2006년 제55회 문학사상 장편문학상. 당선통지를 받았을 때, 통증처럼 치밀어 오르던 뻐근했던 기쁨. 그때 나는 문학사상에 당선소감을 이렇게 적었다.

"산은 내게 정복의 대상이 아닌 신앙이었다. 암벽과 설벽이 칼날처럼 만나는 곳. 곳곳에 숨어있는 크레바스. 추락의 공포. 환상방황. 공기조차 서걱거리던 빙하의 산. 그 정상에 서면, 길은 늘 외길이었다. 다시 내려가야 할 길. 목숨 걸고 오른 산꼭대기로부터 다시 내려오는 것만이 내가 살 길이었다. 그렇지만 그곳에도 사람이 있었고, 사람 사는 향기와 사랑과 눈물도 있었다. 그리고 가보지 못한 다른 산을 꿈꿀 수 있는 희망도 하산 길에 보였다. 그렇게 익힌 걸음으로 소설을 쓰겠다. 오랜 시간 취재와 체득을 통해 들여다본 산악인 혹은 인간들의 서사. 그 내밀한 경험으로 육화된 소설을 써보겠다."

당선 소감은 나름 내가 앞으로 가야 할 길을 선언하는 것이었다. 그건 여우 같은 속셈도 깔린 판단이다. 한국어로 소설을 쓰는 기라성 같은 소설가들과 소재나 주제를 함께 하고 싶은 생각은 없었다. 애초 나의 능력이 안 된다는 걸 잘 알고 있었으므로. 따라서 내가 잘 할 수 있는 주제를 화두로 삼아야 한다고 생각했다. 남들에게는 상상이겠지만 나에게는 현실이 산이었다. 이런 결심은 일본 산악문학에서 영향을 받았음을 부인하지 않겠다. 한국처럼 산악국가인 일본은, '닛타지로 문학상'처럼 전통 있고 유수한 산악문학상이 존재하고 있다.

미주문인협회에 소설을 기고하며 당연히 이곳 소설가들과 친해졌다. 장편 작업은 언제나 노가다. 노가다는, 노가다이므로 우리는 서로의 심정을 잘 안다. 소설이 마라톤이라는 것도 배웠다. 그런 면에서 미주 소설가들은 내게 고마운 존재들이었다. 터널 닮은 길고 긴 글을 탈고하면, 출판사에 보내기 전 그것을 먼저 동료 문인에게 보냈다. 거친 터널처럼 뚫어 놓은 긴 소설을. 예를 든다면 미주 소설가 이용우 씨처럼 가까운 지인들에게 먼저 보낸 것이다. 읽고 비평하고 거친 터널을 매끈하게 중언부언이나 군더더기를 잡아 달라고. 그들은 기꺼이 도움을 주었고, 나는 그 고마움을 갚았다. 그들을 소설 속 중요 등장인물로 등장시켜 감사했으니까.

  소설의 완성도를 위해 봉사해 주는 미주 소설가들이 곁에 존재한다는 건 참 고마운 일이다. 이번에도 그들을 고생시킬 긴 터널을 굴착 중이다. 아마 문우들이 이번 원고를 받아 보면 욕이 먼저 나올지도 모르겠다. 오랜 시간 다듬어 온 장편 구상은 느리지만 원고로 바뀌어 가는 중이니까. 그게… 한 권으로 끝날 일이 아니기에 '욕' 먹을 각오를 미리 하는 것이다.

신영철

20여 차례에 걸친 히말라야 원정 경험이 있으며 저서로는 『걷는 자의 꿈 존 뮤어트레일』, 『히말라야 이야기』, 『가슴속에 핀 에델바이스』, 『신영철이 만난 휴먼 알피니스트』 등이 있고 1995년 대통령 표창, 2009년 산악문화상, 2011년 이은상 상을 수상했다. 월간 『사람과 산』 편집주간을 역임했으며 MBC 다큐멘터리 〈사람, 산〉 메인 MC로 2년간 활약했다.

나의 문학세계 _ 시

성실한 실패작들에게

유금란(수필가)

너무 거창한 주제로 글을 쓰게 되어 몹시 민망하다. 내게 있어 문학적 글쓰기란 '내가 나에게 다가가는 과정'일 뿐이기에 이 세계를 아울러 정의할 만한 근거와 논거가 아직은 없다. 다만 오랜 세월 문학의 언저리를 떠나지 않고 배회하다 보니 수필가로 시인으로 불리고 있어, 이런 배경을 먼저 밝히고 내 글에 대한 이런저런 생각들을 펼쳐 보려고 한다.

수필, 선물 같은 사건

십여 년 전 첫 산문집 『시드니에 바람을 걸다』를 출간했을 때 어떤 이는 시를 써 보라 했고, 어떤 이는 소설을 써 보라고 권유했다. 아마도 은유가 강한 문장이 시적이고, 이야기가 기둥이 되어 펼쳐지는 방식이 소설적이어서 그랬을 것이다. 아닌 게 아니라 나는 작가의 말에서 구성면에서 단편소설 형식을 많이 취했다고 밝혔다 (그때만 해도 소설에 대한 미련이 남아 있었던 것 같다). 그런데 칭찬처럼 해준 권유가 마냥 반갑지만은 않았다. 텍스트로 만들어 내놓은 결과물이 문학적 완성도에서 뭔가 미진하다는 말로 들려서였다. 내가 학부에서 국문학을 할 때만 해도 수필을 문학의 장르라 여기는 풍토가 아니었기에 수필을 써야겠다고 작정하거나 의미를 가진 적이 없었다. 이런 배경 때문에 더 민감하게 받아들였는지도 모르겠다.

내가 수필을 본격적으로 쓰게 된 데는 이민이라는 특정 사건이 있었다. 이민은 나를 모국어에 대한 새로운 정체성을 일깨워주는 계기이자 도전이 되었다. 영어라는 장벽에 부딪혀 공허함이 커질수록 한글 문자에 집착처럼 몰두했다. 아이러니가 아닐 수 없었다. 그즈음, 교민지에 나온 수필 한 편을 읽다가 꽉 막혔던 명치가 뚫리는 듯한 카타르시스를 맛보기도 했다. 매주 가슴 설레며 새로운 글을 기다렸다. 그 후, 그 작가와 인연을 맺게 되었고, 나는 수필을 쓰기 시작했다.

그렇게 수필이 내게 왔다. 내가 수필을 찾아간 것이 아니라 수필이 내게 와서 찰싹 붙어 버린 것이다. 나를 다시 문학의 길로 들어서게 했고, 잊고 있던 꿈을 찾아준 선물 같은 사건이었다.

바다의 기척

'이런 소재가 글이 될 것 같다.'와 '이런 소재로 무엇을 쓰고 싶다.'는 문장은 비슷해 보이지만 엄밀히 다른 맥락의 말이다. 내 경우 '어쩐지 될 것 같은 소재'를 덥석 가져와 의미를 만들어 간 글은 대부분 컴퓨터 '미완성 글방'에 방치되었다. 궁여지책으로 발표를 하게 되면 영락없이 후회가 뒤따랐다. 한편, 평소 깊이 고민하고 생각하던 '무엇'이 절묘한 소재를 만나 시작한 글은 문장이 문장을 이끌어가는 묘한 희열과 결과가 따라왔다. 비교적 좋은 평을 받은 '바다의 기척'이 그랬다.

강화 노루매기(후포)는 아주 어릴 적 내가 글이라는 것을 접하기 이전에 어떠한 감성이 먼저 자리한 곳이다. 바닷가 마을은 희로애락을 구체화 시키는 형상들이었다. 무엇인가를 인지하면서 저절로 들어앉은 사고의 원형이며, 내 의식 저변에 맺혀있는 감정의 실체이기도 했다.

나는 나의 출생지인 이곳을 드나들며 소설을 쓰겠다고 다짐하곤 했다. 그러니까 이 어촌 마을은 나의 글이 발아되기 이전에 씨를 품고 있던 문학의 자궁인 셈이다. 그렇게 오랫동안 묻혀있던 씨앗 하나가 「바다의 기척」으로 태어난 것이다. 나는 이 글을 쓸 때 다른 작품에 비해 큰 고민을 하지 않았던 거 같다. 오랜 시간 내면에 갇혀있던 간절함을 바깥으로 뽑아 올리는 과정만이 있었을 뿐이다. 이점에 대해 나윤옥 평론가는 그의 평론집 『작은 눈으로 읽는 서사 수필』에서 다음과 같이 소개하고 있다.

「바다의 기척」은 시드니에 살고 있는 현재와 고향 강화도에 얽힌 추억, 그리고 '바다'를 보내주던 아버지의 부재가 주는 애달픔을 유려한 문장으로 쓴 수필이다.

(……)

화자의 생리현상과 바다의 조수간만이 닮아있다는 표현과 달거리 때면 바다에 대한 그리움이 더욱 짙어지는 것은 어릴 적 살았던 바다가 내 몸 안에서 기척을 한 것이라는 표현은 참신하기 이를 데 없다.

수필은 기억을 재생하여 쓰는데, 단순한 재생 그 자체가 아니라는 여세주 교수의 말에 공감한다.

'수필의 소재가 되는 경험은 과거라는 시간에 정지되고 화석화된 것이 아니다. 과거의 상기는 현재의 감정이나 가치관에 의해 새롭게 지각되므로 현재화된 과거이다. 기억 속에 잠재된 경험을 현재의 시각에서 상기하는 언어 수행이 수필 쓰기인 셈이다.
— 여세주, 『수필의 전형과 실험』에서'

시가 된 윈더미어호

움직임이 있는 글을 좋아한다. 흘러내리는 느낌의 글을 애정한다. 그래서인가 내게 있어 글쓰기란 얼어있던 기억과 감정을 녹이는 과정이며, 녹아서 액체가 된 그것들을 백지 위에 올려놓고 모양을 잡아서 다시 얼리는 작업이다.

「시가 된 윈더미어호」가 그렇다. 이 글도 기억을 녹이면서 시작되었다. 이십 대 초, 푸르디푸른 시절이었다. 어느 날 단양팔경 일부가 물에 잠긴다는 소식을 접했다. 단양의 마지막 가을을 보기 위해 친구와 나는 무작정 그곳을 찾았다. 수몰 직전의 마을을 마주하면서 마음 한구석에 깊게 뿌리내린 장면이 있었다.

어느 해 가을 호주 내륙을 여행하는 중이었다. 전혀 예상치 못했던 장소에서 고요히 잠겨있던 수몰 댐을 마주했다. 가만히 바라보는데 내 안에 수장되어 있던 단양의 가을 한 장면이 튀어나왔다. 무엇엔가 홀린 듯 글이 굴러갔다. 꼬리를 물고 끌려 나온 문장의 줄기 끝에 모국어를 잃고 있는 내가 있었다. 원고지 20매짜리 수필로 퇴고해서 교민 신문인 《한호일보》에 발표했다.

그런데 막상 지면에서 활자화된 글을 보는데 뭔가가 불편했다. 내가 쓰고자 했던 '언어를 잃어버린 이민자'에게 닿기까지 너무 장황하게 돌아간 느낌이 들었다. 그제야 모티브가 되었던 단양 부분이 너무 진하게 드러난 게 눈에 들어왔다. 고민 끝에 그 부분을 '수필U시간' 동인지 『바다 건너 당신』에 실을 때 과감히 잘라냈다. 글의 30퍼센트나 되는 분량이었다. 잘라내고 보니 확연히 달라진 게 보였다. 마력이었다. 글의 모태가 된 소재가 사라지면서 주제가 제대로 살아난 경우였다. 아니, 사라진 게 아니라 형태만 바뀌어 다시 태어난 기억의 소산물이었다. 물 흐르듯 흐르다가 전혀 다른 곳에 다다라 새로운 모양으로 태어나는 창작의 묘미를 맛보게 한 작품이 되었다.

성실한 실패작들

신형철 평론가는 그의 시화집 『인생의 역사』에서 '성실한 실패작'이란 말을 쓴다. 매일매일 수도 없이 쏟아져 나오는 문학작품을 염두에 두고 한 말 중에 이보다 더 절묘한 표현이 있을까. 요즘 나는 이 말이 너무 와닿아 종종 들먹이곤 한다. 물론 작가는 번역물을 두고 한 말이었다. 그럼에도 이를 내 작품에 적용한다 해도 조금도 이상하지 않았다. (앞에서 이 지면의 성격상 대놓고 내 작품을 자찬하듯 소개하긴 했지만) 고백하건대 내 글의 대부분이 '게으른 실패작'이거나 '성실한 실패작들'임을 부인할 수 없기 때문이다. 문학의 언저리를 맴돌다 터득한 작은 요령으로 '글이 되겠다 싶은 것'을 엮은 글들이 대부분이란 말이다.

　작년부터 한국의 지명도 있는 계간 문예지에 〈디아스포라 에세이〉라는 코너를 맡아 수필을 연재하고 있다. 처음 2년(8회) 연재 청탁을 받았을 때 그 기쁨은 이루 말할 수 없었다. 꼬박꼬박 원고료가 들어오는 재미도 기대 이상이었다. 그러나 지금의 나는 이 연재가 빨리 끝났으면 하는 바람뿐이다. 평소 주로 쓰던 원고지 15매가 아닌 30매짜리 에세이는 성실한 실패작만 더하는 꼴이 되고 있어서이다.

　언제부터인가 나는 '쓰고 싶은 글'을 쓰는 게 아니라 마감에 쫓겨 '지면을 메꾸는 글'을 쓰고 있다. 발표할 때마다 불안해지는 지점이다. 더군다나 수필은 한 사람의 삶이 맑게 투영되는 장르이다. 한편의 작품을 내놓을 때마다 치열한 나와의 싸움이 동반된다. '어떻게 살고 있는가?', '어디까지 보여주어야 하는가?'에 대한 고민이 가볍지 않다. 그래서 적당히 가리고 적당히 보여주려 하다 보니 고만고만한 내용에서 벗어나기란 쉽지 않다.

　'수필가가 쓴 수필이 세상에서 가장 재미가 없다.'라고 서슴없이 내뱉던 어느 평론가의 말이 내내 머리에서 떠나질 않는다. 이는 물론 수필에만 국한된 말은 아닐 것이다. 앞서 언급한 고만고만한 내용에서 벗어나지 못한 문학작품들의 한계를 꼬집는 말이라고 생각한다. 나 또한 이 화두에서 늘 자유롭지 못하다. 조금이나마 이런 강박에서 벗어나려고 시도했던 작품으로 「족발 권력」이나 「와인이 되려다 장미가 된」, 「블루가 있는 그림 한 점」 등을 꼽고 싶은데, 이 또한 읽는 사람에 따라 호불호가 갈리는 것 같다. 뻔하디뻔한 성실한 실패작들이 더 이상 내 글이 아니었으면 좋겠다는 말을 장황하게 했다.

화산이 기침하듯 토해내는 글

2021년 동주해외신인상(시산맥)을 받으면서 시인 타이틀을 달았다. 나는 시와 산문을 병행하는 바람에 다른 사람은 하지 않아도 되는 고민을 더 하고 있다. 시는 분명히 수필과는 다른 엄청난 매력이 있다. 그럼에도 불구하고 나는 수필 쓰기를 게을리하지 않을 것이다. 시가 산문 같고 산문이 시 같아지는 세상에서 진짜 시인을 골라내려면 그 시인이 쓴 산문을 보라고 했다. 내가 적어도 '언어의 전이'와 '비문'의 차이를 혼동하지 않을 수 있는 것은 그동안 써 온 산문 덕이 크다. 나는 산문의 직선적인 성질을 좋아하고 신뢰한다.

그림 전시회나 춤, 음악 등의 공연을 볼 때마다 내 언어가 그 경지에 이르지 못해 가슴을 칠 때가 많다. 한계가 많은 언어를 가지고 나를 표현하기 위해 끊임없이 꿈틀거리는 것이, 때론 벅차고 힘에 겹다. 이런 맥락에서 글쓰기는 예술 행위 중에 가장 가난한 장르가 아닌가 싶다. 그래서 언어가 늘면 늘수록 나를 포장하는 데 능숙해진다는 말은 맞는 것 같기도 하고 틀린 것 같기도 하다.

인도네시아 족자카르타에서는 화산이 터지는 걸 '산이 기침하는 거'라고 한단다. 생활 언어에 들어있는 은유가 너무 기발해서 듣는 순간 머리가 환해졌었다. 생각해보니 나의 글 쓰는 행위도 화산섬이 기침하는 것과 크게 달라 보이지 않는다. 안에 고여있던 열과 화를 밖으로 내보내기 위해 기침을 하는 것, 꿈틀대며 끓어오른 희로애락 오욕칠정을 밖으로 토해내는 것.

'살아있다는 건, 참 아슬아슬하게 아름다운 일'이라고 최승자 시인은 그의 시에서 말했다. 나는 이 구절을 빌려와 앞으로 내 글의 방향을 대신 어필하려고 한다. 아슬아슬하고 아름다운 생의 단면을 찾아내 옮기는 행위, 이것이 앞으로 내가 닿아야 할 나의 문학세계가 되었으면 좋겠다.

창작은 내가 나를 견디는 과정이기도 하다. 내가 글을 쓰는 것이 아니라 문학이 나를 붙잡고 이끌어 주기를 소망한다. 거대 담론보다는 덜 포장된 글을 쓰고자 마음을 다잡는다. 그리고 시드니 문우들과 오래도록 함께하고 싶은 속내가 문학을 놓지 못하는 커다란 이유 중 하나임을 밝힌다.

유금란

2008년 『조선문학』 수필 등단. 2021년 『시산맥』 시 등단. 산문집 『시드니에 바람을 걸다』. 공저 『바다 건너 당신』. 동주해외신인상, 재외동포문학상 수상, 동서문학상 입상. 현재 『문학과 시드니』 편집주간.

한민족 문화권의 문학과 디아스포라

김종회(문학평론가, 전 경희대 교수)

특집 2

한민족 문화권의 문학과 디아스포라
– 미국·일본·중국·중앙아시아의 해외동포문학

김종회(문학평론가, 전 경희대 교수)

1. 디아스포라의 개념적 범주와 우리 문학

근자에 많이 쓰이는 디아스포라(diaspora)라는 용어는 그리이스어에서 온 말로, 분산(分散) 또는 이산(離散)이라는 의미를 갖고 있다. 그 개념이 적용되는 원래의 영역은 유대인의 역사 위에 놓여 있고, 팔레스타인 외역(外域)에 살면서 유대적 종교 규범과 생활 관습을 유지하던 유대인 및 그들의 거주지를 가리키는 말로 확인된다. 곧 '이산 유대인'이나 '유대인 이산의 땅'이 정확한 풀이다.

이 용어의 의미가 그러한 만큼, 역사 과정에 있어서는 헬레니즘 시대와 초기 기독교 시대를 통해 그리이스 근역(近域)과 로마를 중심으로 한 유대인의 이산을 지칭하는 것이 되었다. 팔레스타인 북부를 차지하고 있던 이스라엘 왕국은 BC 734~721년 아시리아의 침입으로 멸망했고, 이때부터 많은 유대인들이 고향을 떠나 팔레스타인 바깥으로 퍼져나가기 시작했다. 또한 남쪽의 유다 왕국도 BC 598~587년 바빌로니아의 침략으로 멸망했으며, 이때도 비슷한 이주 현상이 일어났다.

　유대인들은 이 디아스포라 현상에 매우 능동적으로 반응하였으며, BC 1세기 말엽 시리아·이집트·소아시아·메소포타미아·그리이스·이탈리아에 많은 유대인 공동체가 나타났다. 특히 로마제국의 3대 도시인 로마·안티오키아·알렉산드리아에 디아스포라의 큰 중심지가 형성되었다. 이들은 팔레스타인의 유대인들보다 그리이스 문화에 대해 개방적이었고 대부분 그리이스어를 상용(常用)했다. 그리하여 자연스럽게 유대적 헬레니즘 학문과 문화의 중심이 되었다.

　동시에 주목할 일은, 디아스포라를 통하여 최초로 반(反) 유대인의 풍조가 발생했다는 사실이다. 유대인들의 민족적 배타성, 경제적 번영, 지역적 특권들이 이들을 혐오의 대상이 되게 했다. 반유대인 폭동이나 법정에서의 유대인에 대한 불이익 등이 이어졌고, 키케로·세네카 등 로마의 문학가들에게서는 유대인에 대한 편견이 나타났다. 이는 2000년을 두고 전 유럽과 중근동(中近東)에서 보인, 비이성적인 반유대주의와 맥락을 같이하는 문제다.

　굳이 여기서 이 디아스포라라는 개념을 풀어서 살펴보는 것은, 유대인의 역사와 문화를 배경에 두고 있는 어휘이지만 그 적용 범주와 성격이 우리 한국인의 역사·문화적 상황과 너무도 많이 닮아 있는 까닭에서다. 근대 이후 일제의 침탈과 강점기를 거치면서 발생한 중국 및 중앙아시아로의 집단 이주, 징용·징병과 관련된 일본으로의 이주, 궁핍한 생활 속에서 노동자 수출로 시작된 미주로의 이주 등이 유대인의 디아스포라와 유사한 모형을 이루고 있다. 동시에 각기의 지역에서 우리말을 상용하면서 확보한 민족공동체의 형성이나, 그로 인한 지역 내 이민족의 배타적 혐오감 또한 유사한 결과를 보이는 대목이다.

　우리 민족이 미국·일본·중국·중앙아시아 등지에서 축적한 해외동포문학 또는 재외한인문학을 필자는 '한민족 문화권의 문학'이라 호명한다. 이 다양한 문학적 확산과 그 지역별 분포를 '디아스포라 문학'이라 지칭하는 것은 전혀 어색한 일이 아니다. 앞서 살펴본 문학의 개념적 범주에 있어서도 그러하거니와, 서로 다른 문화권 내에 기식하고 있으면서도 독자적 문화의 성향을 유지하고 있는 경계의 문학으로서도 그러하다. 여기에서 디아스포라라는 이름 아래 해외의 한민족 문학 전반을 검토해 보는 것은 바로 그 때문이다.

2. 재미 한인문학과 서로 다른 세대의 문학적 반응

　재미 한인의 세대적인 구분은, 한국에서 태어나 청장년기에 미국으로 건너간 이민 1세대와 어린 시절 미국으로 건너간 1.5세대, 이민 1세대인 부모 아래 미국에서 태어나 줄곧 미국에서 성장한 2세대 이후 세대로 이루어진다. 국권 상실기에 이루어진 초기 유이민이 비교적 타율적인 것이었다면, 해방 이후나 한국전쟁 이후에 이루어진 이민은 주로 경제·사회적 상승 욕구에 의한 것으로 자율성을 특징으로 한다.

　상당수의 이민 1세대가 이미 모국에서 학습한 한국어를 사용해 일반적인 의사소통 행위나 사고를 하는 것에 비해, 이민 1.5세대나 2세대는 한국어에 대한 체계적인 학습이 없을 뿐 아니라 한국 문화에 대한 경험도 적을 수밖에 없다. 때문에 그들에게 현지어인 영어는 그들의 사고 체계 전반을 차지할 수밖에 없다. 이러한 세대 구분은 자연스럽게 문학 창작활동을 하는 문인들의 세대 구분에까지 이른다. 곧 한국어로 문학 창작행위를 하는 이민 1세대와 영어로 문학 창작행위를 하는 이민 1.5세대 이후 세대로 나뉜다는 것이다.

해방 이전 재미 한인들의 시가 문학은 창가와 시조 등 모국의 전통 장르를 계승하는 동시에 미국 현지에서 경험한 민요 등 여러 형태의 노래들을 수용하면서 일정한 변이 과정을 거친다. 모국의 시문학이 문학 내적인 동기에 의해 자유시의 형태로 전이되는 발전 과정을 거치는 것에 비해, 미주 한인들에 의해 창작된 시문학은 현지인들이 일상에 부르던 노래를 일정 부분 받아들이면서 자유시의 경험을 축적해간다. 곧 단순히 영어 가사를 한국어 가사로 바꾸어 부르는 것뿐 아니라 자유로운 시 형식을 체험하면서 새로운 형태의 시가 문학을 발전시켜 나간 것이다. 내용적인 측면에서는 주로 일제에 대한 저항 의식과 독립에의 염원, 식민지적 현실에 대한 반성과 비판, 그리고 이민 생활의 애환과 고국에 대한 그리움 등이 주제적 경향을 이루었다.

소설 문학은 3.1운동 이전에는 낭만적 애국주의로 대표될 만한 주제 의식을 표방하는 것에 그치고 말지만, 3.1운동 이후에는 모국의 식민지 현실을 좀 더 객관적이고 이성적으로 바라보고자 하는 의지가 소설 자체의 미학적 완성도를 향한 노력과 어울려 다양한 주제 의식 및 완성도 있는 작품들을 생산하기에 이른다. 애국애족과 현실비판, 선진문물과 정신에 대한 추구, 이민 생활의 애환 등이 주제적 경향을 이루었다. 시문학에서 드러난 사회 현실에 대한 비판의식이 미국이라는 공간적 특수성에서 일정 부분 힘입은 것과 마찬가지로, 소설 문학 역시 자유연애 등 서구적 가치관에서 비롯된 새로운 세계관이 작용하면서 소설 미학적 완성도를 높이는 데 상당한 기여를 하게 된다.

해방 이후, 이민 1세대 중심의 재미 한인들은 문학단체들을 조직하여 한국어로 작품 활동을 하며 한국인으로서의 결속을 다지고 고향에 대한 그리움, 이민 생활의 힘겨움 등을 작품으로 표현하면서 현실을 극복하고자 하였던 것으로 보인다. 또한 그러한 활동을 통해 한국인으로서의 자부심을 갖고 미국 사회에 한국인과 한국문학을 알리려는 시도를 한 것이다. 그러한 목적의 문학단체가 미주지역 곳곳에 존재하며 활동의 성과로서 여러 문예지를 발간하고 있다. 대표적인 문예지로는 서부의 《미주문학》과 동부의 《뉴욕문학》을 들 수 있다.

한편 1.5세대와 2세대, 3세대들은 특정 문학단체에 소속되어 활동하기보다는 개별적으로 작품을 생산해 내고 있다. 이들은 미국에서 교육받고 미국식 문화에 익숙해져 있으며, 그래서 영어로 작품을 쓰는 경우가 대부분이다. 그러므로 이들에 의해 쓰인 한국에 관한 이야기나 재미 한인에 관한 이야기는 전자의 한글 창작에 비해 미국 사회에 훨씬 큰 파급효과를 줄 수 있다. 김용익, 김은국, 노라 옥자 켈러, 이창래, 수잔 최, 차학경, 캐시 송, 이민진 등은 그들의 작품으로 미국 사회에서도 인정받고 있으며 그들로 인해 한국과 재미 한인, 나아가 미국 내 소수민족에 대한 관심이 고조되고 있는 것이 사실이다.

3. 재일 조선인문학과 중간자의 정체성 모색

일제강점기와 분단이라는 한국 민족의 특수한 사회·역사적 배경은, 근대 이후 자·타의에 의해서 일본에 거주하게 된 재일 조선인의 삶과 정체성을 결정짓는 중요한 키워드가 된다. 민족적 차별과 억압 속에서, 자신의 민족적 정체성을 부단히 탐구하는 가운데 형성되어 온 재일 조선인문학에 대한 연구와 관심은 한국 문단에 주어진 절실한 문학적 과제라고 하겠다. 이는 재일 조선인문학이라는 또 하나의 문학적 자산이 한국문학의 외연을 확장시키며 그 내용을 풍부하고 다양하게 하는 데 일정한 기여와 견인차의 역할을 수행하리라는 인식에 기반하고 있다.

해방 이전의 경우에는 1930년대 이후 장혁주와 김사량의 문학 활동을 본격적인 재일 조선인문학의 시작으로 보는 것이 타당할 것이다. 장혁주는 1932년 《개조》 현상 공모에서 단편 「아귀도」가 2위로 입상하면서 창작활동을 시작한다. 그의 초기작은 기아와 절망 상태에 빠진 농촌의 실정과 농민의 모습을 통하여 일제의 제도적인 착취를 고발하고 일제의 수탈에 저항해야 한다는 사상을 고취하지만, 일본의 탄압으로 인해 「갈보」, 「우수인생」, 「심연의 사람」 등 상업주의적 경향의 작품을 발표하기 시작하면서 결국 친일에 앞장선다.

이처럼 일제의 식민지 정책에 부응하면서 친일 작가로 전락한 장혁주와는 대조적으로 김사량의 경우는 상이한 측면에서 재일 작가의 면모를 보여주고 있다. 김사량은 「기자림」, 「천마」, 「풀은 깊다」 등에서 조선 민족의 비참한 생활과 일제의 식민지 정책을 고발하고, 반민족적 행위를 하는 지식인들을 비판·풍자하는 등 식민지 지배에 저항

하는 작가로서의 면모를 보여준다. 같은 환경에서도 작가에 따라 이렇게 그 길이 달라졌다.

1940년대가 되면서 재일 조선인 문학계 내에는 많은 신진이 등장하게 되는데, 김달수, 이은직 등이 대표적인 작가다. 이 중에서 해방 전과 해방 후 재일 1세대 작가의 맥을 잇는 작가로 김달수를 들 수 있다. 니혼대 재학 중「물결」이라는 단편으로 아쿠타가와상 후보에 오르면서 문학적 재능을 인정받았던 이은직 또한『탁류』등의 작품을 통해 해방 정국의 혼란한 시대적 상황을 치밀하게 그려낸다. 이들의 뒤를 잇는 재일 작가로서, 김달수와 더불어 대표적인 재일 1세대 작가로 꼽히는 김석범은 1925년 일본 오사카에서 태어났으나 부모의 고향인 제주도를 자신의 고향으로 삼고, 조국을 대변하는 상징적 존재로서 제주도의 문제와 4·3사건을 끊임없이 천착한다.

이처럼 김달수, 김석범 등 재일 1세대의 문학은 무엇보다도 조국이 처한 시대적·정치적 상황을 작품의 배경이나 문학적 소재로 삼아 형상화하고 있는데, 이는 조국의 운명이나 해방에 무관할 수 없는 작가의 현실 인식과 조국 지향의 정서를 드러낸다. 이 외에도 시인인 허남기, 김시종, 그리고 김태생이 재일 1세대에 속하는 작가들이다.

시기적으로 일본 사회의 고도 경제 성장이 본격화된 1960년대 후반에 등장한 재일 2세대 문학에는, 조국 또는 민족과 재일이라는 자신의 위치 사이에서 갈등하고 고뇌하는 본격적 재일 세대의 모습이 그려진다. 이회성·김학영 등으로 대표되는 2세대 작가들은 일본에서 출생, 성장한 탓에 모국어가 거의 불가능하거나 후천적으로 습득된 경우다. 이 외에도 재일 2세대 작가로 고사명, 양석일, 박중호, 김재남, 종추월 등을 들 수 있다.

1980년대에 접어들면서 이양지와 이기승 등 새로운 세대가 등장한다. 한국에서 태어나 일본으로 건너온 부모를 두었다는 점에서는 재일 2세대에 속하지만 연령이나 문단 데뷔 시기, 작품 경향 등이 2세대 작가와는 뚜렷이 구분되는 3세대 작가의 선두 주자가 이양지다. 그는 모국 유학을 통한 낯선 조국 체험으로 개인적 정체성을 모색하며, 이러한 실제적인 경험을 기반으로 「나비타령」, 「유희」 등의 작품을 발표한다. 이기승 또한 「제로한」, 「잃어버린 도시」 등의 작품에서 차별받는 재일 조선인의 정신적 갈등과 불안의식을 다루면서 현시대에 이들이 당면한 존재적 문제의식을 전면화시킨다. 이처럼 역사적 특수성보다는 문학적 보편성에 주력하고자 하는 노력은 유미리 등 그 이후의 작가들에게서도 찾아볼 수 있다.

　『가족 시네마』, 『풀하우스』 등의 작품에서 유미리는 자신이 한국인도 일본인도 아니라는 실존의 기반을, 문학을 하는 데 매우 유효한 입장으로 무리 없이 수용하고 있다. 자신과 현실 간에 가로놓인 깊은 틈에 주목하여, 현대인이 처한 정신적 고독과 세계와의 이질감이라는 문제를 독특한 감수성으로 도출해 내는 데 유미리 문학의 특징이 있다. 이 외에도 오사카의 재일 조선인 거주지인 이카이노를 무대로 삼아 문학 활동을 하는 원수일을 비롯하여 정윤희, 김중명, 그리고 2000년 『그늘의 집』으로 아쿠타가와상을 수상한 현월, 2001년 『GO』로 나오키상을 수상한 가네시로 가즈키 등이 재일 3세대 작가군에 속한다.

　이상에서 살펴본 바와 같이 지금까지 재일 조선인문학을 규정지었던 가장 커다란 범주는 일본이라는 과거 조선의 식민지 지배 국가에서 조선인으로서의 민족적 정체성을 어떻게 지켜나갈 것인가 하는 문제였다. 1990년대 이후 재일 조선인문학은 내면에 실재하는 욕망의 문제, 진솔한 삶의 문제에 접근함으로써, '재일'이라는 특수한 상황을 보편적인 인간의 정서와 대면하게 한다.

이제 재일 문학은 민족적 정체성과 실존적 자아 확립이라는 문제에서 벗어나 인간 내면의 심연을 통찰하고 현대 사회가 안고 있는 혼돈과 병리적 현상에도 주목하기 시작했다. 이처럼 개별적 민족의 문학을 넘어서 세계 보편의 가치를 향해 나아가고 있는 재일 조선인문학의 미래적 전망을 함께 일구어가야 하는 책임이 한국문학에도 부여되어 있음을, 적극적이고 긍정적으로 인식해야 할 것이다.

4. 재중국 조선족문학과 민족 고유성 유지의 성과

중국으로 조선인들이 대거 이주하기 시작한 것은 19세기 후반부터다. 그리고 1910년 한일합방 이후 일제의 수탈로 인해 만주 이주는 더욱 가속화되었다. 이주 초기에는 조선족의 대부분이 절대적 빈곤에 처한 농민들이었기 때문에 문학 활동이 일어날 만한 여건이 이루어지지 못했다. 이후 20세기에 들어와서야 비로소 '조선애국문화계몽운동'의 영향과 문화교육사업 등에 의해 문학 활동이 전개되기 시작하였다. 이 시기 문학은 제국주의와 봉건주의를 반대하고 민권 옹호와 자유평등, 문명개화를 주장하는 내용이 주를 이루었다.

근대문학 시기(이주~1920년)에는 창가와 시문학이 융성하여 소설은 그리 주목받지 못했다. 이 시기에는 고대 소설에 비하여 새로운 시대적 성격을 가진 신소설이 창작되었는데, 이는 조선 신소설의 영향을 크게 받은 것이었다. 그러다가 1910년대 중기에 들어서면서 대중의 미학적 수요에 따라 현대 자유시들이 나타나기 시작했다.

1920년대에 들어서면서 조선족은 10월 사회주의 혁명과 조선의 3·1운동, 중국의 5·4운동의 영향을 받아 마르크스주의를 전파하고 반일 단체를 조직하여 반제·반봉건 투쟁을 벌이기 시작했다. 무산계급 문학이 대두·발전한 시기였던 만큼 문학 속에 계급 간의 모순과 대립·투쟁이 구체적으로 묘사되는 것을 중요시했으며, 특히 불합리한 사회 현실에 맞서 싸우는 농민들의 계급의식과 저항 의식을 두드러지게 표현하였다.

반제·반봉건과 민족 독립에 대한 주제 역시 여전히 중요하게 다루어졌다. 그리고 무산계급 문학을 제외한 기타 작품들은 배격하는 경향도 나타났다. 이때 가장 왕성하게 창작된 것은 혁명가요를 위시한 시가 작품들이었다. 자유시와 한문 시, 시조도 많이 창작되었으나 대부분의 작품이 소실되었다. 현전하는 작품들을 살펴보면 일본과 지배 계층을 비판하고 민족의 독립을 갈망하는 내용이 주를 이루었다.

1931년 9·18사변으로 동북의 대부분 지구가 일본의 식민지가 되자 조선족은 중국 공산당과 함께 항일 무장 투쟁을 벌였다. 이 시기 조선족 문학은 선행 시기의 문학적 전통을 계승하는 것과 아울러 중국의 항일 문학, 소련의 혁명 문학, 특히 조선 문학의 성과를 섭렵하면서 발전해 나갔다. 1930년대 초기에 용정에서는 작가 이주복 등이 발기한 문학동인 단체인 〈북향회〉가 발족되어 문학 창작을 발전시키고 후진 양성 사업을 활발히 진행하였다. 또한 모더니즘을 수용한 〈시현실〉 동인들이 활약하였다.

일제의 단속이 심해지자, 현실에 대한 고발보다는 생활 세태나 인륜, 애정 등으로 소재를 전환했으며, 몇몇 작가들은 일제의 정책을 수용해나가는 모습을 보이기도 했다. 그러나 이렇게 어려운 상황에도 불구하고 이 시기에 작가와 작품 수가 증가하고, 현실 생활을 폭넓고 깊이 있게 형상화해냈으며, 예술 방법이 도입되는 등 문학이 일정 부분 발전한 모습을 보였다.

1945년 9월 3일 항일 전쟁이 승리하자 조선족은 일본의 식민 통치에서 해방되었다. 이 시기 문학의 내용은 해방의 기쁨과 감격, 토지개혁을 비롯한 민주개혁, 항일 투쟁을 형상화한 것들이 주를 이루었다. 그러다가 1949년 10월 1일 중화인민공화국이 들어서면서 조선족은 새로운 역사를 맞이하게 되었다. 길림성, 흑룡강성, 요령성의 조선족 집거구들에서 민족 자치 구역을 실시함에 따라 조선족은 정치, 경제, 문화 등의 제반 분야에서 자주적인 발전을 이룩해 나갈 수 있게 되었다.

1966년 5월부터 10년 동안 진행된 문화대혁명 시기는 당대 조선족 문학의 수난기였다. 많은 문인이 박해를 받았으며, 훌륭한 작품들이 금서가 되었고, 민족문화·민족정신·민족감정에 대한 논의는 금지되었다. 하지만 1971년 이후 이러한 문화 정책에 대한 강한 반발이 일어나게 되자, 1974년에는 《연변문예》가 복간될 수 있었다. 그러나 여전히 강압적 분위기는 지속되고 있어서 1971년 이후의 조선족 문학창작은 난항을 겪었다.

1980년대에 진입하면서 조선족 문단의 지역적 공간도 확대되었다. 연변을 제외한 기타 지역의 문학 발전은 거의 공백 상태였으나, 1980년대 이후에는 연변 외에 통화, 길림, 심양, 목단강, 장춘, 하얼빈 등의 지구에서도 문학지와 문학단체를 가지게 되었다. 1990년대에 들어선 중국은 개혁개방으로부터 시장경제의 도입을 거치면서 많은 사회적 변화를 경험했다. 이에 조선족문학은 다원적인 복합사회의 다양한 모순을 파헤치면서 적극적으로 새로운 현실을 탐구해나가려는 모습을 보여주었다.

조선족문학을 대표할만한 작가로 들 수 있는 김학철은 1945년 해방기에 등단하여 민족 해방 운동의 과정에 참여했으며, 조선 의용군의 항일 혁명 무장 투쟁이라는 새로운 소재를 가지고 우리 문단에 등장했다. 『격정시대』를 비롯한 그의 소설은 자전적 내지 기록문학적 성격을 지니는데 이는 그가 항일 투사였다는 데서 기인하고 있으며, 경험에 의거한 바를 구체적이고 총체적으로 재현하는데 이런 특이한 체험이 김학철의 문학을 특징짓게 하는 계기로 작용한다. 그러나 그 자신이 체험한 것, 들은 것 외에는 절대로 적지 않았기에 이로 인한 단조로움을 면치 못하는 한계를 지니고 있다.

김창걸은 만주 유이민들의 고통스러운 삶을 소설로 쓰면서 일제강점기의 시대상을 뜻있게 문학화한 작가이다. 그는 첫 작품 「무빈골 전설」에서부터 이주민들의 고달픈 삶을 실증적으로 표출하였는데 이것은 이후 그의 작품 어디서나 등장하는 중심 주제가 된다. 이러한 이주민들의 신산스러운 삶에 대한 비판의식, 일제의 우월주의와 차별화 및 민족 탄압에 대한 저항 의식, 그리고 다음 시대를 염두에 둔 각성 된 의식 등은 김창걸의 작품을 유지하는 주제들이며 비록 부분적이고 산발적인 형태이긴 하나 반복적으로 작품 속에 나타난다.

이와 같이 중국 조선족문학은 역사적 시련 속에서도 그것을 문학적으로 형상화해 나가며 자리를 지켜왔다. 따라서 중국 조선족문학을 이해하기 위해서는 역사적 시각에서의 조명이 필요하며, 한민족이면서 동시에 중국인이라는 특수성을 고려해야 한다. 이국땅에서 소수민족으로 살아가며 민족어를 지킨다는 것은 자신의 정체성을 지키는 일이기도 하다. 재외 한인 중 중국 조선족만큼 조선어를 굳건히 지키며 살아가는 이들은 드물다.

중국의 소수민족 정책에 따라 소수민족 자신들의 문화를 지키는 일이 법적으로 허용되어 있다는 객관적 상황이나, 독립운동을 계기로 중국을 찾은 조선의 지식인들이 풍부한 인적 자원을 이루었다는 점이 조선족 문학의 큰 이점으로 작용했다. 이와 더불어 조선족의 민족문화 보존에 대한 주체적 노력이 오늘날까지 한글문학을 지켜올 수 있었던 원동력이라 하겠다.

5. 중앙아시아 고려인문학과 연구·보존의 문제

한민족이 러시아 지역으로 이주해 간 것은 구한말인 1860년대를 시작으로 하여 140여 년에 이른다. 따라서 이주민과 그 후손들의 규모도 상당하여 외교통상부의 통계자료에 의하면 현재 50여만 명에 달한다. 이들은 소련의 정책에 적극적으로 따르면서도 우리 민족의 전통 또한 잊지 않는 이중적 특성을 견지하며 살고 있다. 러시아 민족과의 동화(同化)는 제정러시아와 소련, 그리고 독립국가연합이라는 그 지역 역사의 격변기를 거치면서 생존을 위한 어쩔 수 없는 선택이었을 것이다. 그럼에도 불구하고 아직까지 한글 신문이 간행되고 있음은 우리 민족의 정체성을 잃지 않으려는 노력의 소산으로 볼 수 있다.

이 지역 한인들의 문학은, 한글신문《선봉》이 창간되어 '문예 페이지'를 통해 작품이 발표되기 시작한 1923년 무렵으로부터 약 100년의 역사를 이어오고 있다. 그러나 한반도 내의 정치 격변과 이후의 냉전논리에 막혀 남한에는 작품 소개조차 어려웠으므로, 그에 대한 연구 성과는 미미하다. 재외정치학자 김연수에 의해 시 작품이 한정적으로나마 남한에서 소개된 것이 1983년이니, 이 지역의 고려인문학이 남한에 소개된 지 40년이 되었다. 소련의 해체 이후에나 개방에 따른 본격적인 연구의 가능성이 생겼음을 염두에 둔다면 그 연구 기간은 더욱 짧아진다. 짧은 시간일망정 충실한 소개와 연구가 진행되었다면 모르지만, 아직도 자료 수집·소개 자체가 절대적으로 부족한 상황이다.

또한 이 지역 고려인 문학에 대한 관심과 연구가 미미하여 기왕에 소개된 작품조차 품절, 출판사의 폐업 등으로 아예 자료가 남아있지 않거나 구입할 수 없는 경우도 많다. 작품 소개의 상황이 이러다 보니 연구의 깊이도 부족해서 그동안은 개별 작가나 작품론을 다루기보다는 주로 전반적인 양상을 언급하는 것에 머물러 있었다. 최근에는 개인 작품집이 묶여 나오고 현지 동포에 의한 연구도 진행되면서, 본격적인 작가론이나 작품론, 문학사 등이 연구되기 시작했다.

구소련지역 한인들의 문학 활동은 망명한 조명희를 주축으로 하여, 《선봉》이라는 신문의 문예란을 바탕으로 시작되었다. 이후 신문의 제호는 《레닌기치》, 《고려일보》 등으로 바뀌지만 여전히 이 신문들이 이 지역 문학창작의 산실 역할을 했다. 그런데 신문의 독자투고란을 이용한 문예 활동이라서 아무래도 아마추어적인 요소가 강할 수밖에 없었다.

이 지역 문학사는 이렇게 이주한 동포들에 의해 씨가 뿌려져 시작되었고, 이후에는 북한으로부터 지식인들이 유학이나 망명의 형태로 투입되면서 더욱 활발하게 진행되었다. 그러나 1937년 강제 이주와 같은 민족 억압정책과 소련의 붕괴라는 혼란 속에서 생존의 문제가 절박하게 되어 현재는 우리말, 글을 아는 사람이 아주 적다. 즉 민족문학사적 관점에서 본다면 이 지역 문학은 운명을 다 한 듯이 보이기도 한다. 그러나 1923년 《선봉》의 창간과 더불어 1990년대 초반까지 이루어낸 업적마저 무시될 수는 없다. 그리하여 그 문학사를 정리해 보려는 시도들이 시작되었다.

구소련지역의 한인 문학은 그 양에 있어서나 내용의 새로움에 있어서나 우리 문학사에서 간과할 수 없는 중요한 한 축에 해당한다. 그동안 지리적인 거리상의 문제뿐 아니라 냉전논리에 의해서도 이 지역의 문학을 접할 기회가 적었다. 소련의 붕괴와 국내의 해금 조치로 인해 늦게나마 이제야 이 분야의 연구가 시작되고 있지만, 이 지역에서 한글 창작은 더 이상 기대하기 어려울 뿐만 아니라 내용적 측면에서조차 정체성이 모호해지는 경우가 많기 때문에, 보편적인 문학의 범주에서 다룰 수 있을지는 몰라도 민족문학의 범위에서 다루기엔 여러 가지 난점이 있다. 즉, 민족문학의 확장이라는 측면에서 구소련지역 고려인들의 문학에 대한 연구가 이제 시작되었는데 연구대상은 곧 사라져버릴 수도 있는 급박한 상황인 것이다.

현재와 미래의 상황이 이렇게 위태로운데, 거기에 덧붙여 기존에 창작된 과거의 작품도 제대로 관리가 되지 못하고 있는 형편이다. 더구나 《레닌기치》 등에 발표된 대외적인 작품과는 별도로 진솔한 감정을 다룬 작품들은 공개되지 않은 채 묻혀있을 수도 있다는 가능성도 제기된다. 이렇게 숨어있는 작품의 여부도 확인해야 하므로 자료 수집 자체도 수월한 일은 아닐 것이다. 그러나 이것은 구소련지역 고려인들의 작품을 민족문학사에 수렴하기 위해서 어렵더라도 반드시 수행해야 할 과제다. 이러한 작품 창작과 그에 대한 연구들이 수렴될 때, 우리 문학은 한반도의 협소함을 벗어나 더 크고 보편적인 울림을 지니게 될 것이다.

'뒷것' 김민기의 시(詩)정신

장소현(시인, 극작가)

특집 3

'뒷것' 김민기의 시(詩) 정신

장소현(시인, 극작가)

'아름다운 사람' 김민기가 이 세상을 떠나 하늘의 별이 되었다. 그리고 새벽마다 '아침이슬'이 되어 찾아온다.

한국전쟁이 한창이던 1951년에 태어나 2024년 7월21일까지 73년간 그의 삶은 늘 순수하고 아름답고 뜨거웠고, 부끄러움을 많이 타는 '천상 뒷것'이었다. 그리고 그는 빼어난 시인이기도 했다.

이 글은 시인으로써의 김민기의 예술세계를 살펴보려는 글이다. 특히, 살아있는 우리말의 생명력을 가장 소중하게 여긴 그의 시 정신에 주목한다.

시인 김민기

"밍기야, 거기서 농사 열심히 지어라. 그래야 내가 매일 아침 쌀밥 먹지.

넌 내가 아는 몇 안 되는 시인 중의 하나다. 목사보다는 시인이 많은 곳이 되어야 한다."

가수 조영남이 '밍기'(김민기)에게 보낸 연하장(1982년)의 마지막 구절이다. 조영남은 미국에서 신학교에 다니고, 김민기는 시골에서 '쌀' 농사를 짓던 시절에 주고받은 글월이다. 시인 이상(李箱)에 대한 책을 쓸 정도로 시에 대한 이해가 깊은 조영남의 언급이니 새겨들어도 좋을 것이다. "목사보다 시인이 많은 곳"이라는 표현이 절실하다. 조영남은 일찍부터 김민기를 시인으로 높게 평가했다.

"누가 날더러 한국가요 100년사를 통털어 가장 훌륭했던 가요 하나만을 지적하라면 나는 서슴지 않고 〈아침이슬〉을 찍어낼 것이다. 노랫말의 시적 우수성, 노랫가락의 우수성은 어떤 고상한 시나 고상한 가곡과 비교해도 결코 뒤떨어지지 않는다."

- 『조영남의 양심학』에서

김민기는 '천상 시인'이다. 아주 쉬운 입말로 깊은 뜻을 스며들 듯 전하는 빼어난 시인이다. 그가 지은 노랫말들은 하나같이 좋은 시들이다. 많은 이들이 그렇게 인정한다. 한 음악평론가는 "김민기는 음악이 무언지를 아는 뮤지션이며, 가사에서 보여주는 인간에 대한 통찰이 압권이다."라고 평가했다.

김민기의 노래들이 넓은 공감대와 오랜 생명력을 갖는 힘은 많은 부분 노랫말에서 나오는 것이다. 사람들은 노래의 가사를 대수롭지 않게 여기지만, 실제로 우리 가슴에 오래도록 남는 것은 가사의 울림이다. 노랫말은 시이자, 극본이다. 밥 딜런이 노벨'문학상'을 받은 것도 그런 까닭이다.

밥 딜런의 노벨문학상 수상을 놓고 뒷말들이 분분하던 2016년 늦

가을, 〈월간 조선〉에 흥미로운 기사가 실렸다. 〈'노벨 작사상'이 생긴다면 한국이 내놓을 후보 톱 10은?〉이라는 제목의 기획기사였다. 만약 '노벨 예술상'이 신설된다면 '작사 부문'에서 수상 가능한 한국의 작사가는 누구를 꼽을 수 있을까? 라는 질문이다. 1위는 단연 김민기였다.

"만일 한국의 밥 딜런을 꼽는다면, 그 주인공은 단연 김민기가 될 것이다. 그만큼 문학과 음악의 재능을 완벽하게 동시에 가졌던 사람은 없다. 그는 모국어의 가장 깊은 속살을 만지고, 거기에 감각적 음악을 입혀 '지식인 음악'의 전범을 제시했다. 누구도 쉽게 넘지 못할 한국 대중음악의 큰 봉우리다. 치열한 지적 자의식이 곳곳에서 번뜩이는 그의 수많은 히트곡은, 어떤 노래보다 통시적 생명력을 길게 얻을 것이다."

- 작사가 이주엽의 〈조선일보〉 칼럼에서

김민기 시(詩)의 아름답고 강한 힘은 어디에서 나오는 것일까? 그의 작품을 관통하는 일관된 시 정신을 간추리면 △사람에 대한 지극한 연민과 사랑 △소외된 사람과 세상의 어두운 곳에 대한 애정과 배려 △지극한 우리말 사랑 △세상을 읽는 입체적이고 종합적인 시각 △이야기를 담은 서사구조의 설득력 △미술, 음악, 연극, 시를 아우르는 르네상스적 통합 능력 △스스로를 낮추는 '뒷것' 정신 등으로 요약할 수 있을 것이다.

지극한 우리말 사랑

김민기의 각별한 우리말 사랑은 유명하다. 아름다운 우리말을 소중하게 아끼고, 우리말 고유의 고저장단 같은 말법을 지키는 일에 이르기까지…

그가 지은 시가 거의 모두 노랫말이고, 그가 연극과 뮤지컬 연출가이기 때문에 말에 관심을 가질 수밖에 없다. 그의 극단 학전에서 연기자들의 말하기 교육은 제대로 될 때까지 철저하게 반복하는 혹독한 훈련으로 유명했다. 그래서 '배움의 밭' 학전(學田)이 '연기자 사관학교' 또는 '문화 사관학교'라고 불리기도 했다. 김민기는 그 이유를 이렇게 밝힌다.

"내가 학전 배우들한테도 유난히 강조했던 게, 배우는 '모국어를 지키는 최후의 보루'라는 점이었다."

모국어를 지키는 최후의 보루!? 아, 그것이야말로 시인의 책무가 아닌가? 김민기는 스스로 마지막 보루가 되어야 한다고 생각했고, 그러므로 늘 깨어있는 시인이어야 했다.

아무튼, 그런 철저한 교육 덕에 학전 무대에서 자란 배우나 연극인들이 오늘날 한국의 연극, 영화, 뮤지컬, 대중음악 등 각 분야에서 든든한 기둥 노릇을 하고 있는 것이다.

시인 김지하는 김민기에게 큰 영향을 미친 중요한 선배 중의 한 사람이다. 특히 '우리말의 생동성을 일깨워준, 그의 인생의 갈림길에 있어서 중요한 존재'였다. 그러나 그의 정치적 성향과는 명확하게 선을 그었다. 김민기는 김지하와의 관계를 이렇게 말했다.

"예전에도 문화운동 쪽에서는 김지하 옆에 내 이름이 늘 따라붙곤 했는데. 그럴 때마다 내가 꼭 하는 말이 있었다. 내가 김지하한테 무한한 고마움을 가지는 건, 내게 우리말의 생동성을 처음 깨우쳐준 선배라는 점. 문자에 갇혀 있지 않고 살아 있는 말의 생동성. 그게 판소리하고도 통하는 건데…

그 점에 있어선 여전히 고맙게 생각해. 하지만 난 그 양반의 사상적인, 정치적인 입장에는 전혀… 그건 나와 무관한 일이고 영향을 준 바도 없어."-이진순과의 인터뷰에서

김민기에 대한 김지하 시인의 평가도 만만치 않다.

"그의 노랫말에는 죽음이 배어 있다. 그러나 그의 음악을 들으면 부활의 기쁨이 느껴진다. 밑을 흐르는 세계와 삶에 대한 짙은 사랑과 잃어버린 유년의 고향으로 이끌어주는 듯한 강렬한 종교성은 죽음과 고문의 시대를 사는 우리에게 그 자체로서 하나의 저항이었고 대안이었다. 그 절정이 〈아침 이슬〉이다."

우리말의 생명인 생동성을 일깨워준 선배가 가까이 있었다는 건 큰 축복이다. 김지하가 쓴 연극 〈금관의 예수〉에 삽입된 노래 〈주여, 이제는 여기에〉는 두 사람의 사이를 잘 말해주는 명곡이다. 김지하의 시에 김민기가 곡을 붙이고 직접 불렀는데, 우리말의 저릿한 울림이 거룩하게 살아 있다.

시인 김민기의 우리말 사랑은 말과 노래가 하나로 어우러지며 많은 곳에 나타난다. '노래 안 부르는 가수'를 고집하는 것도 우리말 사랑 때문이라는 게 그의 철학이다.

"노래라는 게 '말'(言)하고 '음'(音)하고의 조합인데, 그 조합 관계에

서 난 아직도 해결 못 한 숙제가 많다고. 근데 어떤 애들은 그걸 뛰어넘어서 다 해결한 것처럼 군단 말이야. 한자 말이거나 관제화된 말을 막 쓰면서 거기다 음악을 갖다 붙이면 된다고 생각하고….”

김민기의 노랫말에는 한자투나 영어 냄새나는 낱말이 없다. 의도적으로 꼭 필요한 곳이 아니면 그런 말은 쓰지 않는다.

김민기는 사람들 앞에 안 나타나고, 인터뷰를 안 하는 것으로도 유명한데, 이 또한 말을 아끼고 조심하는 마음인 것 같기도 하다.

잃어버린 말

간밤의 바람은 말을 하였고
고궁의 담도 말을 하였고
할미의 패인 눈도 말을 했으나
말 같지 않은 말에 지친 내 귀가
말들을 모두 잊어 듣지 못했네

여인의 손길은 말을 하였고
거리의 거지도 말을 하였고
죄수의 푸른 옷도 말을 했으나
말 같지 않은 말에 지친 내 귀가
말들을 모두 잊어 듣지 못했네

잘리운 가로수는 말을 하였고
무너진 돌담도 말을 하였고

빼앗긴 시인도 말을 했으나
말 같지 않은 말에 지친 내 귀가
말들을 모두 잊어 듣지 못했네
말들을 모두 잊어 듣지 못했네

저마다 말을 쏟아내지만 말 같지 않은 말로 가득한 현실을 안타까워하며, 홀로 일어나 아니라고 말할 사람을 찾는다.

"눈앞에 보이는 수많은 모습들/ 그 모두 진정이라 우겨 말하면/ 어느 누구 하나 홀로 일어나/ 아니라고 말할 사람 누가 있겠소."

- 〈친구〉의 2절

김민기는 아름다운 우리말을 무척이나 아꼈다. 귀하게 여기는 낱말은 함부로 쓰지 않았다. 가령 '사랑'이라는 낱말도 그렇다. 사랑 타령은 대중음악의 영원한 단골 소재다. 온통 사랑 범벅이다. 그런데 김민기가 지은 수많은 노래 중 '사랑'이라는 낱말이 딱 한 번 등장한다. 그것도 매우 수줍게…

"헐벗은 내 몸이 뒤안에서 떠는 것은/ 사랑과 미움과 배움의 참(眞)을/ 너로부터 가르쳐 받지 못한 탓이나/ 하여 나는 바람 부는 처음을 알고파서 두리번거린다/ 말없이 찾아온 친구 곁에서/ 교정 뒤안의 황무지에서."

- 〈두리번거린다〉 한 구절, 1972년 作

사랑이라는 낱말을 너무 귀하게 여겨 함부로 쓰지 않았을 수도 있겠지만, 쑥스러워하는 그의 성품 때문에 그랬을 것 같기도 하다. "그는 수줍은 소년처럼 정직하다."라는 표현에 공감한다.

하지만, 김민기는 사랑이라는 낱말을 사용하지 않고도 사랑을 모자람 없이 다 표현했다. 그것이 바로 빼어난 김민기 시 세계의 핵심이다.

소외된 사람에 대한 관심과 배려

김민기 시의 생명력은 사람에 대한 지극한 연민과 사랑, 특히 세상의 어두운 구석과 소외된 사람들에 대한 관심과 배려에서 우러나온 것이다. 중요한 것은 그런 감정들이 피상적이고 관념적인 것이 아니라, 자신의 삶에서 직접 겪은 생생한 가슴에서 우러난 것이라는 사실이다. 그래서, 바로 감동으로 이어지는 것이다. 그의 시는 피상적인 미사여구를 거의 쓰지 않는다. 쓸 필요가 없다.

노동자들의 고달픈 현실을 고발한 노래굿 〈공장의 불빛〉, 탄광 생활을 바탕으로 한 음악극 〈아빠 얼굴 예쁘네요〉를 비롯해서, 〈친구〉 〈상록수〉 〈늙은 군인의 노래〉 등의 노래가 모두 그렇다. 더운 가슴으로 쓴 '삶의 시'들이다.

엄혹한 군사정권 당시 김민기는 매우 중요한 요시찰 인물이었다. 하지만, 정권은 그를 잡아다 조사만 하고 구속하지는 않았다. 대신 그의 사회생활을 모두 차단하고, 철저하게 감시했다.

"나도 나중에 안 거지만, '저 새끼 잡아 놓으면 영웅 된다'고, 그래

가지고 안 잡아넣고 고사(枯死)시킬 작정을 한 거야. '좋다. 니들이 나를 밑바닥이라 하니, 그럼 난 내가 좋아하는 밑바닥으로 들어갈게' 그렇게 맘먹고 전라도에서부터 (농사일을) 시작한 거지."

그런 험난한 현실에서 먹고 살기 위해, 공장에서 노동자로 일하고, 시골에서 농사일 하고, 탄광의 막장이나 겨울 김 양식장에서 김 따는 일을 하고… 그렇게 절실하게 살면서 세상의 어두운 구석과 소외된 사람들의 힘겨운 삶을 몸소 체험했고, 거기서 많은 명작품들도 태어난 것이다.

"차고 넘쳐서 흘러나오는 흔적이 그림이 되고 노래가 된 거지"

김민기의 말이다. 이것이 핵심이다, 억지로 만들지 않는 것.

이런 '사람사랑'이 정말 가능할까 싶을 정도로 뭉클한 장면도 있다. 한겨레신문에 실린 이진순과의 인터뷰에도 그런 이야기가 나온다. 좀 길지만 그대로 인용한다.

"보안사 취조실. 들어가니까 하사관들이 딱 들고 오는 게 사각형 각목이었는데 걔네는 베테랑들이지. (패는 시늉) 다다다닥… 그때 아, 내가 죽는구나. 그런 느낌을 처음 받았어. 한참 맞다 보니까 의식이 희미해지면서 패는 놈들 모습이 슬로비디오로 보이는 거야. 나 죽는 거, 아픈 거는 감각이 멀어지고. 근데 걔네들한테 갑자기 미안한 생각이 들더라구."

-미안했다고?

"한없이 미안해지는 게, '나 때문에 이들이 죄를 짓고 있구나' 생각이 들었어."

-그게, 몇 살 때인가?

"스물서너 살? 그러고 풀려났는데, 그때 한참 해방신학이 뜰 때였지. 누가 그러데. 본회퍼 목사가 '히틀러는 총으로 쏴서 죽여야 된다'고 했다고. 근데 나는, 죽어가면서 나를 고문한 놈들한테 미안하고 죄송했다고 했다. 그래서 본회퍼식의 해방신학은 아닌 것 같다 그랬지.

나중에 운동권 애들한테도 그랬어. '너무 미워하지 마라. 미워하게 되면 개 닮아간다.' 나중에 보니까 박정희 무지하게 미워하던 놈들이 박정희 비슷하게 되더라고. 내 참, 별 얘기까지 다 하네.(웃음)"

그렇게 젊은 시절을 농부와 광부, 잡역부로 일하며 살아남았다. 그러는 동안에 우러나온 시요, 노래들이기 때문에 저마다 절절한 사연을 담고 있다. 관념적으로만 알고 머리로 만들어내는 민중 예술이나 운동권 노래들과는 근본적으로 결이 다른 것이다.

〈친구〉

그의 초기 대표작인 〈친구〉는 죽음의 그림자, 어른들의 무책임한 뻔뻔스러움을 노래한다. 고등학교 3학년 때인 68년 작곡한 노래다. 동해안으로 보이스카웃 야영을 갔다가, 후배 대원 하나가 죽는 사고가 일어났고, 책임자였던 그는 그 소식을 후배 부모님에게 전하러 서울로 와야 했다. 밤 기차를 타고 서울로 올라오면서 떠오르는 느낌과 생각들을 노래로 만든 것이다.

검푸른 바닷가에 비가 내리면
어디가 하늘이고 어디가 물이오

그 깊은 바닷속에 고요히 잠기면
무엇이 산 것이고 무엇이 죽었소

눈앞에 떠오른 친구의 모습
흩날리는 꽃잎 위에 어른거리고
저 멀리 들리는 친구의 음성
달리는 기차바퀴가 대답하려나

눈앞에 보이는 수많은 모습들
그 모두 진정이라 우겨 말하면
어느 누구 하나 홀로 일어나
아니라고 말할 사람 누가 있겠소.

눈앞에 떠오른 친구의 모습
흩날리는 꽃잎 위에 어른거리고
저 멀리 들리는 친구의 음성
달리는 기차바퀴가 대답하려나

이 노래는 1절과 2절의 가사 결이 크게 다르다. 이에 대한 김민기의 설명은 이렇다.

"누가 그렇게 썼더라고. 1절하고 2절 가사가 뉘앙스가 너무 다르다고. 1절의 가사는 '검푸른 바닷가에…' 어쩌고 서정적으로 가다가 2절은 '눈앞에 보이는 수많은 모습들/ 그 모두 진정이라 우겨 말하면/ 어느 누구 하나가 홀로 일어나/ 아니라고 말할 사람 누가 있겠소' 이렇게 나간다고.

그 1절하고 2절의 간극이 뭐였냐면… 그 집행부 새끼들! 다 어른들이지.

너무 억울했어. 내가 만약에 후배 집으로 연락하러 오지 않았다면 난 그 어른들하고 붙들고 싸웠을 거야."

— 이진순과 인터뷰 한 구절

〈상록수〉

〈아침 이슬〉과 함께 가장 널리 알려진 명곡인 〈상록수〉는 결혼식 축가다.

군대 제대 후 부평의 봉제공장에서 노동자들과 함께 생활하던 77년 만들었다. 동료 노동자들이 정식 결혼식을 올리지 못한 채 같이 살고 있다는 사실을 알고, 뒤늦게라도 합동결혼식을 올려주기로 작정하고, 부조금 삼아 이들의 결혼식 축가로 만든 노래다. 〈상록수〉는 김민기가 쓰임새를 정해놓고 만든 몇 안 되는 노래 중의 하나다.

저 들에 푸르른 솔잎을 보라
돌보는 사람도 하나 없는데
비바람 맞고 눈보라 쳐도
온 누리 끝까지 맘껏 푸르다

서럽고 쓰리던 지난날들도
다시는 다시는 오지 말라고

땀 흘리리라 깨우치리라

거치른 들판에 솔잎 되리라

우리들 가진 것 비록 적어도

손에 손 맞잡고 눈물 흘리니

우리 나갈 길 멀고 험해도

깨치고 나아가 끝내 이기리라

우리 가진 것 비록 적어도

손에 손 맞잡고 눈물 흘리니

우리 나갈 길 멀고 험해도

깨치고 나아가 끝내 이기리라

깨치고 나아가 끝내 이기리라

　

이 노래는 구전의 민중가요로 오랫동안 사랑받았다. 1998년 김대중 정부 수립 직후, 외환위기 극복을 주제로 한 공익광고에 배경음악으로 쓰였고, 2002년 노무현 대통령 후보 홍보영상물에 직접 노래 부르는 모습이 실리면서 더 유명해졌다. 골퍼 박세리 선수가 LPGA US여자오픈 우승 당시 양말을 벗고 맨발로 물속에 들어가 스윙하는 극적인 장면을 사용한 대한민국 50주년 공익광고 배경음악으로 사용되기도 했다.

박정희 정권에 의해 금지곡이 된 노래가 박근혜 대통령의 퇴진을 요구하는 촛불집회에서 다시 불리기도 했다. 역사란 그런 것이다.

〈봉우리〉

1985년에 발표된 〈봉우리〉는 김민기의 따스한 사람사랑을 잘 말해주는 노래다. 이 노래를 부른 가수 양희은의 설명을 들어본다.

"김민기가 다큐멘터리 주제음악으로 만든 거다. 1984 로스앤젤레스 올림픽 때 메달을 못 따서 선수촌에도 못 남고 집으로 돌아간 선수들을 위한 다큐멘터리가 제작됐다. 작가가 송지나였고, 그 주제곡으로 만든 노래가 〈봉우리〉였다."

모두들 메달을 딴 선수들에게만 관심을 가지고 열광할 때, 이기지 못한 낙오자들에게 박수를 보내며 따스한 눈길로 위로하는 노래… 과연 김민기답다. 따지고 보면, 우리는 모두 낙오자일지 모른다.

사람들은 손을 들어 가리키지
높고 뾰족한 봉우리만을 골라서
내가 전에 올라가 보았던
작은 봉우리 얘기해줄까?
봉우리…

지금은 그냥 아주 작은 동산일 뿐이지만
그래도 그때 난 그보다
더 큰 다른 산이 있다고는 생각지를 않았어
나한테는 그게 전부였거든…

혼자였지
난 내가 아는 제일 높은

봉우리를 향해 오르고 있었던 거야
너무 높이 올라온 것일까?
너무 멀리 떠나온 것일까?
얼마 남지는 않았는데…

잊어버려!
일단 무조건 올라보는 거야
봉우리에 올라서서 손을 흔드는 거야
고함도 치면서…

지금 힘든 것은 아무것도 아냐
저 위 제일 높은 봉우리에서
늘어지게 한숨 잘 텐데 뭐…

허나 내가 오른 곳은 그저 고갯마루였을 뿐
길은 다시 다른 봉우리로
저기 부러진 나뭇등걸에 걸터앉아서 나는 봤지
낮은 데로만 흘러 고인 바다
작은 배들이 연기 뿜으며 가고

이봐 고갯마루에 먼저 오르더라도
뒤돌아서서 고함치거나
손을 흔들어 댈 필요는 없어
난 바람에 나부끼는 자네 옷자락을

이 아래에서도 똑똑히 알아볼 수 있을 테니까 말야

또 그렇다고 괜히 허전해하면서
주저앉아 땀이나 닦고 그러지는 마
땀이야 지나가는 바람이 식혀주겠지 뭐
혹시라도 어쩌다가 아픔 같은 것이 저며 올 때는
그럴 땐 바다를 생각해
바다……
봉우리란 그저 넘어가는 고갯마루일 뿐이라구…

하여, 친구여 우리가 오를 봉우리는
바로 지금 여긴지도 몰라
우리 땀 흘리며 가는 여기 숲속의 좁게 난 길
높은 곳엔 봉우리는 없는지도 몰라
그래 친구여 바로 여긴지도 몰라
우리가 오를 봉우리는

　가사를 음미하면서 잘 들어보면 〈봉우리〉는 김민기 자신의 삶을 말해주는 것 같기도 하다. 그러니까 김민기와 학전이 그동안 이룩한 많은 성취들은 잘생긴 '봉우리'일지도 모른다. 또는, 사람들은 그를 높은 봉우리라고 부르지만, 자신은 그저 고갯마루에 불과하다며 쑥스럽게 웃는 것 같기도 하다.

분단과 통일에 대한 관심

나라의 분단과 통일은 김민기의 간절한 관심사 중의 하나다. 사람 사랑은 결국 나라 사랑으로 이어질 수밖에 없다. 〈한겨레신문〉이 주최한 〈겨레의 노래〉 사업에 적극적으로 참여하여 총감독으로 앞장선 것이나, 남북 합동 문화행사를 위해 일한 것도 그런 관심의 표현으로 읽힌다.

〈작은 연못〉〈꽃 피우는 아이〉〈늙은 군인의 노래〉〈철망 앞에서〉 등 가슴 뜨거워지는 나라사랑, 통일 염원 노래도 여러 곡 지었다. 김민기가 시를 쓰고 송창식이 곡을 붙인 〈내 나라 내 겨레〉도 훌륭한 나라사랑 노래다.

〈작은 연못〉

내 개인적 생각을 밝힌다면, 나는 〈작은 연못〉을 가장 빼어난 '통일 노래'라고 평가한다. 두 동강 난 겨레와 나라의 아픔을 이렇게 아름답고 간절하게 노래한 시(詩)는 거의 없다. 장조에서 단조로 넘나드는 멜로디 진행도 독특하고 아름답지만, 시의 생동감도 대단하다.

시를 음미하며 노래를 들으면, 선하게 떠오르는 장면들… 까닭도 모르는 채 서로 싸우는 예쁜 붕어 두 마리, 물 위로 떠오른 물고기의 비늘에 반짝이는 햇살, 그 곁을 무심하게 휘익 지나가는 무당벌레, 연못물 썩어들어가는 냄새, 지금은 아무것도 살지 않고, 안쓰러운 세월만 흘러가고… 한 편의 완벽한 시극(詩劇)이다.

깊은 산 오솔길 옆 자그마한 연못엔

지금은 더러운 물만 고이고 아무것도 살지 않지만

먼 옛날 이 연못엔 예쁜 붕어 두 마리

살고 있었다고 전해지지요 깊은 산 작은 연못

어느 맑은 여름날 연못 속에 붕어 두 마리

서로 싸워 한 마리는 물 위에 떠오르고

그놈 살이 썩어들어가 물도 따라 썩어들어가

연못 속에선 아무것도 살 수 없게 되었죠

깊은 산 오솔길 옆 자그마한 연못엔

지금은 더러운 물만 고이고 아무것도 살지 않죠

푸르던 나뭇잎이 한 잎 두 잎 떨어져

연못 위에 작은 배 띄우다가 깊은 속에 가라앉으면

집 잃은 꽃사슴이 산속을 헤매다가

연못을 찾아와 물을 마시고 살며시 잠들게 되죠

해는 서산에 지고 저녁 산은 고요한데

산허리로 무당벌레 하나 휘익 지나간 후에

검은 물만 고인 채 한없는 세월 속을

말없이 몸짓으로 헤매다 수많은 계절을 맞죠

깊은 산 오솔길 옆 자그마한 연못엔

지금은 더러운 물만 고이고 아무것도 살지 않죠

이 노래도 금지곡이 되었는데, 그 이유가 '지금은 더러운 물만 고이고…' '그놈 살이 썩어들어가 물도 따라 썩어들어가' 등의 노랫말이 공해와 환경오염을 암시하고 있기 때문이라는 것이었다고 한다. 그 바람에 지금도 이 노래를 공해를 비판한 노래로만 아는 이가 많다고 한다.

〈늙은 군인의 노래〉

아무리 나라사랑이 지극해도 시와 노래를 억지로 짜낼 수는 없다. 절대로 할 수 없는 일이다. 특히 김민기에게는 그러하다. 〈늙은 군인의 노래〉에 얽힌 사연도 그래서 애잔하다.

김민기는 1974년 카투사로 입대했다. 처음 배치된 곳은 미군방송국(AFKN)이었다. 비교적 편안한 군 생활을 하던 어느 날, 영문도 모른 채 보안부대에 소환되어 중앙정보부 요원을 만나게 된다. 중정의 학원 담당이라는 자가 그에게 지시한 것은 "노래를 만들라"는 것이었다. "노래를 만들면 편안하게 해준다. 지금 제대를 시켜줄 수도 있다"면서…

그때 김민기가 지은 노래가 〈식구생각〉이다. 가난한 시골 생활의 풍경을 소박하게 그린 동요 같은 노래다.

"분홍빛 새털구름 하하 고운데/ 학교 나간 울 오빠 송아지 타고 저기 오네/ 읍내 나가신 아빠는 왜 안 오실까?/ 엄마는 문만 빼꼼 열고 밥 지을라 내다보실라."(〈식구생각〉, 1975년 작)

우렁차고 씩씩한 군가를 기대했던 중정 요원은 이 노래를 보고 어이가 없었을 것이다. 황당하기도 하고, 화도 크게 났을 것 같다. 군인 이야기가 나오긴 한다.

"군인 가신 오빠는 몸 성하신지

아빠는 씻다 말고 먼산만 바라보시네"

김민기는 그렇게밖에 지을 수 없었다. 그는 노래가 군중을 각성시키거나 일깨우는 도구라고 생각하지 않았지만, 노래로 군중을 기만하는 건 더 큰 죄라고 여겼다.

김민기는 곧바로 사단 영창에 보내졌고 최전방부대로 재배치되었다. 그리고 그곳에서 복무하던 중, 30년을 복무하고 전역을 앞둔 선임하사가 자신의 이야기를 노래로 만들어 달라는 부탁에 1976년 겨울 탄생한 것이 〈늙은 군인의 노래〉이다. 마음에서 우러난 작품이었다. 작곡료는 막걸리 두 말이었다고…

나 태어난 이 강산에 군인이 되어
꽃 피고 눈 내리기 어언 삼십 년
무엇을 하였느냐 무엇을 바라느냐
나 죽어 이 흙 속에 묻히면 그만이지

아 다시 못 올 흘러간 내 청춘
푸른 옷에 실려간 꽃다운 이 내 청춘

아들아 내 딸들아 서러워 마라
너희들은 자랑스런 군인의 자식이다
좋은 옷 입고프냐 맛난 것 먹고프냐
아서라 말아라 군인 아들 너로다

아 다시 못 올 흘러간 내 청춘

푸른 옷에 실려간 꽃다운 이 내 청춘
내 평생 소원이 무엇이더냐
우리 손주 손목 잡고 금강산 구경일세
꽃 피어 만발하고 활짝 개인 그날을
기다리고 기다리다 이 내 청춘 다 갔네

아 다시 못 올 흘러간 내 청춘
푸른 옷에 실려간 꽃다운 이 내 청춘
푸른 하늘 푸른 산 푸른 강물에
검은 얼굴 흰 머리에 푸른 모자 걸어가네

무엇을 하였느냐 무엇을 바라느냐
우리 손주 손목 잡고 금강산 구경가세
아 다시 못 올 흘러간 내 청춘
푸른 옷에 실려간 꽃다운 이 내 청춘
푸른 옷에 실려간 꽃다운 이 내 청춘

 젊은 청춘을 푸른 군복에 바친 한 하사관의 회한과 아쉬움, 소박한 나라사랑의 마음이 담긴 이 노래는 곧 병사들에게 구전되어 불려졌다.
 "내 평생 소원이 무엇이더냐/ 우리 손주 손목 잡고 금강산 구경일세/ 꽃 피어 만발하고 활짝 개인 그날을/ 기다리고 기다리다 이 내 청춘 다 갔네"
 통일의 그 날을 기다리는 마음이 참 간절하다.
 하지만, 이 노래는 국방부 장관 지정 금지곡 1호가 되었다. 가사가 불건전하다는 이유였다. 군부정권의 서슬이 시퍼렇던 유신체제 시절이라 "흙속에 묻히면 그만이지.", "푸른 옷에 실려 간 꽃다운 이 내 청춘" 등의 나약하고 패배주의적인 가사가 군인들의 사기에 악영향을 끼친다는 이유였다.

하지만, 독재에 저항하던 대학가와 노동현장에서, 원래 가사의 군인은 투사, 노동자, 농민, 교사 등으로 바뀌어 불리면서 대표적인 저항가요로 탈바꿈하며 생명을 이어와 오늘날까지도 애창되고 있다.

2018년 현충일 추념식에서 추모곡으로 사용되기도 했다. 세상이 그렇게 돌아간다.

〈철망 앞에서〉

〈철망 앞에서〉는 통일의 염원을 전면에 내세운 명곡이다.

김민기가 직접 밝힌 바에 따르면, 노태우 정부 시절 남북 예술단 교류사업 진행 중 남측 공연단을 구성하는 과정에서 마무리로 부를 곡이 필요해서 만들었다고 한다. 하지만 안타깝게도 그 행사는 성사되지 못했고, 노래만 남았다.

1993년에 발매된 김민기 전집 두 번째 앨범에 장필순, 한동준, 윤영로, 권혁진 등과 함께 부른 노래가 수록되었다. 한편, 가수 윤도현이 2004년 금강산가극단과 합동 콘서트에서 마지막 곡으로 이 노래를 불렀다.

> 내 맘에 흐르는 시냇물 미움의 골짜기로
> 물살을 가르는 물고기 떼 물 위로 차오르네
> 냇물은 흐르네 철망을 헤집고

싱그런 꿈들을 품에 안고 흘러 굽이쳐 가네

저 건너 들에 핀 풀꽃들 꽃내음도 향긋해
거기 서 있는 그대 숨소리 들리는 듯도 해
이렇게 가까이에 이렇게 나뉘어서
힘없이 서 있는 녹슨 철조망을 쳐다만 보네

빗방울 떨어지려나 들어봐 저 소리
아이들이 울고 서 있어 먹구름도 몰려와

자 총을 내려 두 손 마주 잡고
힘없이 서 있는 녹슨 철조망을 걷어버려요
자 총을 내려 두 손 마주 잡고
힘없이 서 있는 녹슨 철조망을 걷어버려요

저 위를 좀 봐 하늘을 나는 새 철조망 너머로
꽁지 끝을 따라 무지개 네 마음이 오는 길
새들이 날으게 냇물도 흐르게
풀벌레 오가고 바람은 흐르고 맘도 흐르게

자 총을 내려 두 손 마주 잡고
힘없이 서 있는 녹슨 철조망을 걷어버려요
자 총을 내려 두 손 마주 잡고
힘없이 서 있는 녹슨 철조망을 걷어버려요

〈내 나라 내 겨레〉

김민기가 시를 쓰고 송창식이 작곡한 〈내 나라 내 겨레〉 또한 뜨거운 나라사랑 노래다. 노래 중간에 삽입된 독백 부분은 특히 절절하다. 김민기의 낮고 굵은 목소리가 주는 울림은 독보적이다.

"나의 조국은 허공에 맴도는/ 아우성만 가득한 이 척박한 땅/ 내 아버지가 태어난 이곳만은 아니다/

북녘땅 시린 바람에 장승으로 굳어버린/ 거대한 바위덩어리/ 내 어머니가 태어난 땅/ 나의 조국은 그곳만도 아니다/

나의 조국은 찢긴 철조망 사이로/ 스스럼없이 흘러내리는 저 물결/ 바로 저기 눈부신 아침햇살 받아/ 김으로 서려 피어오른 꿈속 그곳/ 바로 그곳"

이것과는 조금 다른 가사도 전해지는데, 이 또한 절절하다.

"나의 조국은 나의 조국은/ 저 뜨거운 모래바람 속 메마른 땅은 아니다/ 나의 조국은 찬 바람 몰아치는 저 싸늘한 그곳도 아니다/

나의 조국은 나의 조국은/ 지금은 말없이 흐르는 저 강물 위에/ 내일 찬란히 빛날 은빛 물결 그곳"

돈의 유혹을 물리치다

김민기는 "세상에 참 드문 사람"이었다. 그의 삶에서 가장 돋보이는 부분은 돈의 유혹에 끝내 굴하지 않았다는 점이다. 그렇게 순수와 신념을 지켰다. 단순한 천재가 아니다. 이건 보통 사람이 해내기 지극히 어려운 일이다. 더구나 챙겨야 할 가족이 있고, 그 위에 극단과 극장의 적지 않은 식구를 책임져야 하는 사람으로는 거의 불가능한 일이다.

그가 어떤 몸가짐으로 살았는지를 보여주는 일화들이 전설처럼 전해온다.

#1. 광주학살로 집권한 5공화국 신군부는 1981년 〈국풍81〉이란 대형 문화축제를 기획했다. 학원 문제를 국풍으로 유도해 축제 속에 매몰시킨다는 것이 〈국풍81〉의 목적이었다.

당시 정권의 실세인 허문도는 김지하, 김민기, 채희완, 임진택 등을 참여시키기 위해 각별히 공을 들인 것으로 알려져 있다. 당시 김민기는 시골에서 농사를 지을 때다.

허문도는 김민기에게 사람을 보내 국풍 참여를 권했고, 민기는 '나 농사지어야 해서 못 간다'고 거절했다. 그랬더니 '돈 쓰고 싶으면 맘대로 쓰라'면서 백지수표를 내밀었다.

"풀 뽑으러 가야 돼서 싫다고 했지."

#2. 한참 재정적으로 힘들어할 때 한 친구가 그를 고위층의 아들에게 소개했다. 고위층의 아들은 김민기의 열렬한 팬이었고, 기꺼이 후원자가 되고 싶어 했다. 하지만, 어렵사리 자리를 같이한 그는 "아직 나 스스로 준비가 안 됐다"며 고사했다.

#3. 극단 학전의 대표작인 〈지하철1호선〉은 2008년 4,000회를 끝으로 막을 내렸다. 15년간 71만 명의 관객을 불러 모으며 성황리에 공연된 국내 최장수 뮤지컬이었고, 종연 당시에도 관객은 많았다. 이렇게 돈이 되는 흥행작을 끝내는 이유를 김민기 대표 한마디로 설명한다.

"중단한 이유? 돈만 벌다 보면 돈 안 되는 일을 못 할 거 같아서."

-그래도 계속 적자를 보면서 할 수는 없지 않나?

"(언성 높이며) 내 목표는 더 이상 빛낼 수 없어서 문 닫을 때까지 그 짓을 하는 거다. 돈 안 되는 일만 골라서 하는 거지. 이건 피할 수 없는 내 팔자야. 그래도 이런 것 정도는 우리한테 있어야 된다고! 논리를 떠나서! 낯살 먹은 놈이 해야 될 일을 하는 것뿐이지."

김민기가 말하는 돈 안 되는 일이란 아동극과 청소년 연극이다. '김민기의 학전'이 추구한 정체성을 가장 잘 보여준 작품들이다.

그런 가운데도, 극단 학전은 원작자에게 저작권료를 제대로 지급하고 공연했고, 출연진과는 '서면계약'이나 '러닝개런티' 제도를 도입했다. 연극에 참여하는 연기자와 스태프들에게 공연 수익을 투명하고 정확하게 나누어 지급했을 뿐 아니라, 관객이 안 들 때도 미니멈 개런티를 보장했다. 그러면서 김민기 대표는 '뒷것 노릇'에 충실했다. 겨우 라면이나 먹고, 연습장에 올 차비가 없어서 쩔쩔매며 연극하던 가난한 시절 그건 정말 획기적인 일이었다. 어린 배우가 대표보다 더 많은 돈을 받기도 했는데, 김민기는 그걸 그렇게 기뻐했다고 당시 참여했던 배우들은 회고한다. 이처럼 지극히 당연하면서도 엄청난(?) 일을 실천한 것은 학전이 처음이었다.

말은 쉽지만, 이건 천하장사도 견딜 재간이 없는 일이다. 그렇게 어려운 시절을 그는 묵묵히 이겨냈다. 순수한 신념을 지키겠다는 고집 하나로… 노래나 연극 같은 예술이 자본의 논리에 끌려다닐 수 없다는 신념 하나로… 그런 가운데서 태어난 작품들이니 절실할 수밖에 없다. 김민기는 말한다.

"난 물건을 만드는 사람이지, 돈을 만드는 사람이 아니야."

-정 그러면 대본이나 연출 이외의 업무들, 기획이나 제작 같은 비

즈니스는 누구 다른 사람한테 맡길 수도 있지 않은가?

"그렇게 하는 순간 그게 고용이 되거든. 그러면 그쪽에서도 돈의 논리 때문에 나한테 (상업성 있는) 작품 내용을 요구하게 된다고. 근데 나는 그 돈 벌겠다고 내용을 그렇게 바꾸고 싶지가 않은 거지."

이처럼 김민기는 자본과 권력의 유혹을 이겨냈고, 정치적 사상적 이념이나 진영논리로부터도 자기 세계를 지켰다.

김민기는 실제와 달리 저항의 상징이자 투사로 인식됐고, 실제로 운동권 사람들에 둘러싸여 살았다. 하지만 그들의 사상이나 이념에 휘둘리지 않았다. 〈민예총〉에 가입조차 안 했던 그는 운동권으로부터 계급의식이 희박한 관념적 지식인으로 비판받았다. 김민기는 말했다.

"그분들을 존중하지 않아서가 아니라… 현실 참여의 문법이 다른 거지. 살아가는 방법이 다른 거야."

그가 꿈꾼 것은 조금 더 좋은 세상, 조금 더 따뜻한 세상이었다. 과연 시인 김민기답다. "한없이 착해서 진정으로 강한 분"이라는 표현에 공감한다.

김민기 시 정신의 바탕

김민기의 시(노랫말)은 평범한 일상어, 즉 입말로 이야기하듯 펼쳐진다. 그래서 쉽다, 하지만 차돌멩이처럼 단단하다. 그 바탕에는 김민기의 예술에 대한 다각적 관심이 깔려 있다. 미술을 전공하고, 음악을 하면서, 동시에 연극을 하는 다각적이고 입체적인 르네상스적 시각이 조화를 이루며 시너지 효과를 내는 것이다.

예를 들어, 〈봉우리〉에는 모두가 가리키며 오르려 애쓰는 봉우리와 낮은 데로만 흘러 고인 물이 대비를 이루며, 큰 세계를 펼친다. 이런 입체적 시각은 미술을 전공한 데서 온 것이다.

그런가 하면, 〈아침이슬〉에서는 긴 밤, 새벽, 아침, 한낮의 찌는 더위로 이어지는 시간의 흐름이 많은 것을 말해준다. 공간적으로는 풀잎-묘지-광야로 확산된다. 연극적 전개다.

또 하나, 김민기 시에서 중요한 것은 이야기다. 시극이라고 해도 좋을 정도다. 〈봉우리〉의 "내가 전에 올라가 본 작은 봉우리 얘기해줄까?"라는 편안한 전개 방법… 연극 대사처럼 입체적인 서술… 이야기와 이미지의 결합…

김민기는 우리 사회 구석구석 이런저런 갈등에 관심을 가지고, 그것을 노래와 연극(뮤지컬)로 만들었다. 어두움을 이야기하지만, 그 바탕에 깔린 것은 극복과 긍정의 힘이다. 희망을 이야기한다. 끝내 이길 수 있다고 노래한다. 그것이 우리를 감동시키는 김민기의 정신이다.

"온 누리 끝까지 맘껏 푸르다/ 깨치고 나가 끝내 이기리라"
"나 이제 가노라 저 거친 광야에/ 서러움 모두 버리고 나 이제 가노라"
"자, 총을 내려 두 손 마주 잡고/ 녹슬은 철망을 거둬버려요"

〈지하철 1호선〉과 소극장 학전

김민기를 이야기하면서 〈지하철 1호선〉을 빼놓을 수는 없다. 시인 김민기에게도 역시 마찬가지다. 지면 관계로, 자세하게 쓸 수는 없고, 간단하게 몇 가지만 짚는다.

〈지하철 1호선〉은 당시 브로드웨이 뮤지컬 흉내 내기가 전부이던 한국 공연계에 큰 파장을 일으켰고, 91년 이래 적자 누적으로 폐관 위기에 놓였던 소극장 학전에 극적 회생의 계기를 마련해주었다.

94년 초연된 뮤지컬 〈지하철 1호선〉은 독일 그립스극단의 뮤지컬 〈Line1〉을 한국어로 번안한 작품으로, 김민기의 거듭된 수정 번안을 통해 완전히 한국의 뮤지컬로 재창조된 작품이다. IMF 시절 서울의 풍속화가 고스란히 녹아있는 이 작품은 김민기의 첫 뮤지컬 연출작이기도 하다.

외국어로 된 뮤지컬을 우리말로 옮겨 무대에 올리는 작업은 대단히 어려운 일이다. 그냥 희곡을 번역하는 것만도 힘든 일인데, 노래 가사를 우리말로 번역해서 이미 있는 멜로디에 얹어 자연스럽게 전달되게 번안한다는 건… 김민기 처럼 음악, 시, 연극을 두루 아우르는 능력을 갖춘 천재에게나 가능한 일이다. 김민기는 그 어려운 일을 훌륭하게 해냈다.

원작자인 폴커 루트비히는 "일찍이 경험해 보지 못한 깊이로 재해석된 작품, 원작을 뛰어넘는 각색"이라고 칭송하며, 1,000회 공연 때부터는 저작권료를 면제해줄 정도였다.

"자신과 비슷한 영혼을 발견할 수 있다는 것은 드물고 대단한 체험이다. 나는 김민기와 같은 천재가 내 영혼을 받아준 데 대해 너무 행복하고 고맙기 그지없다. 그를 벗이라고 부를 수 있는 일은 더더욱 행복한 일이 아닐 수 없다."

- 폴커 루드비히 (《지하철 1호선》 원작자)

전국순회공연과 해외공연까지 성황리에 가진 〈지하철 1호선〉은 4,752회가 넘는 공연을 해 기네스 기록을 세웠다. 그동안 73만 명 관객이 들었는데, 180석 규모의 소극장 공연으로는 기록적인 일이었다.

김민기는 이 공로로 2007년에 독일문화원에서 수여하는 괴테 메달을 받았다. 한국인으로는 윤이상과 백남준 이래 세 번째 수상자가 되었다.

흥행이 잘 되는 지하철 1호선 운행을 멈춘 것은 돈이 안 되지만 해야 할 일인 어린이 연극을 공연하기 위해서였다. 김민기는 "미련하지만 이게 학전이 문 닫을 때까지 내가 할 일"이라며 이렇게 말했다. "우리 아이들이 너무 바빠요. '교육 횡포'로 학원 가느라 극장에 올 수가 없어요. 그래도 아동, 청소년의 현실을 담은 공연은 필요하잖아요."

김민기는 해야 할 일, 필요한 일이라고 믿으면 돈이 되지 않을 것을 뻔히 알면서도 이해타산을 따져서 현실과 타협하지 않고 우직스럽게 밀고 나가는 예술가의 고집스러운 철학과 신념이 얼마나 소중한가를 실천으로 보여주었다.

1991년 개관한 소극장 학전은 장현성, 황정민, 설경구, 김윤식, 조승우, 방은진, 나윤선, 이정은 등 700명이 넘는 연극인을 길러낸 '못자리'이자 한국 문화계의 산실이었다. 또한 장필순, 노영심, 권진원, 노찾사, 박학기, 윤도현 등등 뮤지션 200여 명이 꿈을 펼친 고향 같은 무대였고, 가수 김광석이 숨지기 전 1,000회 공연을 한 문화의 보금자리이기도 했다.

그 학전 소극장이 개관 33주년이 되는 지난 3월15일 문을 닫았다. 코로나로 인한 만성적자로 어려운데 김민기 대표의 투병이 겹쳤기 때문에 견딜 수가 없었던 것이다. 이를 안타깝게 여긴 학전 출신 가수, 후배들은 자진해서 마음을 하나로 모아 〈학전, 어게인〉 공연을 마련해 '선생님에게 진 빚'을 조금이나마 갚았다. 아름다운 사람들…

사람에 대한 지극한 연민과 사랑

많은 사람들이 김민기의 노래를 운동권 가요, 저항과 투쟁의 노래로 알고 있지만, 실제로는 곱고 아름다운 노래가 훨씬 많다. 사람 사랑을 담은 노래들이다. 청춘의 고뇌, 어떻게 사는 것이 바르게 사는 것인가라는 물음, 좋은 세상을 간절히 바라는 꿈…

〈아름다운 사람〉

김민기가 좋은 시를 쓸 수 있었던 것은 '아름다운 사람'이었기 때문이다. 당연한 노릇이다.

> 어두운 비 내려오면
> 처마 밑에 한 아이 울고 서 있네
> 그 맑은 두 눈에 빗물 고이면
> 음 아름다운 그이는 사람이어라
>
> 세찬 바람 불어오면
> 벌판에 한 아이 달려가네
> 그 더운 가슴에 바람 안으면

음 아름다운 그이는 사람이어라

새하얀 눈 내려오면
산 위에 한 아이 우뚝 서 있네
그 고운 마음에 노래 울리면
음 아름다운 그이는 사람이어라
그이는 아름다운 사람이어라

이 시의 주인공을 '한 아이'라고 노래하고, 마치 동요처럼 해석하는 것이 보통인데, 내가 알기로는 '한 아이'가 아니고 '하나이' 즉 '한 사람'이라는 뜻이 맞다. '아름다운 그이'는 '한 아이'가 아니라 '한 사람'인 것이다.

이 노랫말은 김민기의 자화상으로 읽힌다. 아니면, 그런 사람이 되고 싶다는 간절한 꿈의 표현이기도 하다.

김민기 시 정신의 가장 중요한 바탕은 스스로를 '뒷것'으로 낮추는 마음이다. '뒷것'이라는 낱말을 대하면 〈노자 도덕경〉의 물이 떠오른다. 상선약수(上善若水)… 모든 것을 이루도록 섭리하면서도, 자기를 드러내지 않고 낮은 데로만 흘러 고인 바다 같은…

"김민기. 그는 우리에게 낮은 목소리가 큰 목소리보다 더 크고 위대하며, '뒤'로 숨는 것이 '전면'에 나서는 것보다 더 의미가 있다는 것을 일깨워주었다. 그리고 '순수'와 '결벽'을 온몸으로 증거했다. 누구보다 치열하고 고통스럽게 70~80년대를 지나왔으면서도 그는 시대와 사회에 아무 대가도 요구하지 않았다. 오히려 한 점 부끄러울 것 없는 자신의 노래와 삶을 늘 '죄송스러워' 했다."

― 〈동아일보〉 오명철 기자

노래와 연극, 문학을 아우르며 한국 문화의 새 지평을 연 르네상스적 인간, 김민기가 이처럼 고집스럽게 자기 예술세계를 지켜갈 수 있었던 것은 '시인'으로서의 힘이다. 시의 힘은 그렇게 강하다. '시인 김민기'가 새롭게 평가되었으면 좋겠다.

"그는 시대의 영웅 혹은 신화가 아니라, 우리 곁에서 미래를 만들어갔던 사람"이라는 김창남 교수(성공회대)의 평에 공감한다. 그의 꿈은 언제나 이루어질 것인가?

김민기는 죽지 않았다. 김민기라는 한 예술가의 아름다운 예술정신, 신념과 고집 등의 정신적 가치는 오래도록 우리 가슴에 생생하게 살아 이어지리라고 믿는다.

참고자료

신문, 잡지, 방송에 나온 수많은 자료들을 되도록 빠짐없이 챙겨 읽으려 애썼다. 그중에서, 특히 아래 세 자료를 크게 참조했다.
- 이진순의 열림, 김민기 (상) 〈아침이슬, 그 사람〉, 한겨레신문 2015-04-03
김민기 (하) 〈세월호, 나는 그 죽음을 묘사할 자격이 없다〉, 한겨레신문 2015-04-10
- 『김민기 Kim Min-gi』 김창남 편, 한울, 2020년
- SBS-TV 다큐멘터리 3부작 〈학전 그리고 뒷것 김민기〉

특집 4

시카고 이민자들과 문인협회

김정옥(회장)

특집 4

시카고 이민자들과 문인협회

김정옥(회장)

권두언

인간이 어떻게 살 것인지, 자신의 삶을 결정하는 것은 중요하다. 이 생각은 매일의 삶이 선택의 연속이며 노후가 되었다고 해서 끝나지 않는다. 우리는 정신이 초시간적이고 파괴될 수 없는 것, 그리고 그 삶은 개별적인 사람과도 결부되어있다. 글을 쓰는 것은 자신의 표현이며 발견이다. 간접적인 소통이다. 글쓰기는 작가의 세계관과 함께 그가 소속되어있는 사회집단의 이념을 드러내 준다. 곧 문학의 주된 언어는 세계를 특정 방식과 자신의 세계관을 글을 통해서 엿보게 된다. 고향을 뒤로하고 아메리칸드림을 안고 미국에 정착한 사람들에게는 개인마다 문화적인 것, 인종의 갈등, 언어 소통의 불편함으로 인한 여러 가지 아픔과 웃지 못할 슬픈 해학이 있다. 문학인들은 글을 쓰면서 그것을 발산한다. 글을 쓰고 싶어 하는 같은 마음들이 모여서 문학협회의 발로가 된 것이다.

시카고의 역사

Windy city로 알려진 미시간 호수 서남단에 위치한 시카고는 한인들에게는 마피아 도시라는 선입관이 잠재되어 있다는 것을 부인할 수는 없으나, 다운타운을 전소시킨 '시카고 1871 대화재 발생 후 skyscraper 새로운 건축 방식을 이용하여 시카고를 완전 변모시키는 계기가 되어 지금까지도 시카고는 현대건축의 메카로 남아있다. 큰 도시가 형성될 수 없는 결정적인 지형적인 약점을 가지고 있는, 시카고는 캐나다 퀘벡에 본거지를 둔 프랑스 식민지 정부가 보낸 탐험대 (공동대장: 예수회 소속 졸리엣 탐험가)에 의해 1673년 발견될 때부터 1830년까지, 아니 그 이전 아메리칸 인디언 사이에서도 몇 달씩 머물러 가기는 해도 영구 정착할 곳은 아니었다.

1848년 일리노이-미시간 운하와 철도서비스, 전보 시스템과 교역 본부가 창설되어 '교역 센터' Modern Chicago가 시작되었다. 남북전쟁을 통해 제조산업으로 성장, 중서부의 최대 도시를 넘본다. 시장 자본주의 (소수의 자본가) 가 주도한 사회로 인구구성은 이민자와 그 자녀들이다. 빈곤층 (이민자들)/부유층 (미국태생 자본가들)의 차이가 극심, 노사 문제가 가장 처음 격렬하게 대두된 곳으로 인종적으로 이민자와 그룹별로 주거지역이 가장 뚜렷하게 격리되어 있던 곳도 시카고이다.

1920~1933년 미국의 금주 시대, '알 카포네'의 맹활약으로 시카고의 악명이 높아졌는데, 아직도 그 그늘을 완전히 벗지는 못한 듯하다. 1990년까지 두 번째로 큰 시였던 시카고였으나 지금은 많은 텍스와 폭동 등으로 주민들이 다른 주로 이주하고 있다. 시카고 art

Institute of Chicago는 1879년에 설립 미국에서 가장 오래되고 규모가 큰 미술관 중의 하나이다. 죠지 세라, 피카소, 호퍼 등의 유명한 작품과 300,000점에 달하는 컬렉션이 소장되어 있다. 그리고 국내 최고의 Field museum이 있으며 우리에게 익숙한 작가 〈Oak Park IL〉훼밍웨이 Birth place가 있다.

시카고의 한인 이주 역사

시카고의 한인 이주 역사는 1903년 한인들이 사탕수수밭 노동 계약으로 온 일시 체류자였다. 최초의 한국인은 유학생 서재필로 알려져 있다. 유길준과 미국 유학생, 서재필은 '갑신정변' 다음 해인 1885년 조지 워싱턴 대학교 의과대학을 졸업하고 시카고의 조지 뷰캐넌 암스트롱 대령의 딸과 결혼하여 시카고를 방문했다고 한다. 1910~1920년 시카고에 거류했던 한인들의 거주 형태를 보면 하와이 농장 이민을 거쳤거나 유학생으로 온 사람들이 대다수였다. 1923년 9월 창립된 감리교회가 한인교회로 공식화되었고, 유학생과 거류민들을 포함하는 첫 공식 모임의 태동은 1919년 조국의 3·1 운동이 결정적인 계기가 된 것으로 알려진다. 1930년대 한인들의 직업적 특징은 자영 사업과 카페테리아, 주방장, 요리사, 호텔 헬퍼 직종에 취업한 한인들과 흥사단 단원들은 음식점 및 식품점을 주로 경영하면서 자급자족한 것으로 기록되고 있다. 26대 한인회는 한인 주체성을 확립하기 위한 발판으로 문화회관 건축기금을 모금, 건축위원장을 위촉, 회장단이 관리하던 한인회 기금과 모금액 전부를 이관했으나 동포사회의 계속된 합심을 져버리고 별도의 독립된 정관을 만들어 한인회의 고유 권한으로 만들어 한인사회에 도움이 되지 않게 변질하여 있다고 보는 시선들이 많다.

시카고 한인 최초의 시집으로는 임서경, 박신애. 강옥구 삼인집으로 사막의 시인으로 알려진 원로 황갑주 시인이 편집한 미국 시카고 최초의 시집이 있다. 이후 림관헌 시인은 한국 유학의 연원과 전개 〈성균관 대학 출판부〉 세계 속 자랑스러운 한국을 위하여 〈평화문제 연구소〉 등 몇 권의 저서와 시카고 주요 신문들에 칼럼니스트로 객원 논설위원과 여러 단체에 이사장 등, 지금도 노시인으로 시카고문인회 회원이다.

시카고문인회 연혁

올해가 창립 40주년이 된 시카고 문인협회는 인디애나주와 위스콘신주를 포함한 일리노이주 지역에 거주하는 문인들로 구성된 문학단체다. 현재 40여 명 회원들이 활동하고 있으며 구성은 한국 문단이나 미주지역의 추천 및 문학상을 통해 시, 수필, 소설, 평론, 희곡 등의 분야에서 등단한 작가들로 이민 온 동포들의 수가 늘어나던 1984년 문학을 사랑하는 김만식, 김호관, 김유미, 명계웅, 방하식, 유선준, 이태영, 한태식 등이 모여 '시카고문인회'를 창립했다. 안타깝게도 창립 당시의 기록은 없지만 4대 김유미 회장이 1988년 5월 14일 신라식당 연회 홀에서 "이제는 풀잎의 노래로" 제1회 문학의 밤을 개최한 이후로 이것이 정례화되었다.

처음엔 문인들이 모여서 시, 수필을 낭송하고, 문학 강연, 문학에 대한 정보교환, 음악과 노래로 친목을 나누는 행사로 모여서 시, 수필을 낭송하고, 2011년 정창수 회장까지 17회 '문학의 밤'으로 이어져 왔다. 2012년 허정자 회장께서 문학의 밤과 제9호 「시카고 문학」을 발행하였다. 1990년 이태영 회장은 동포들의 참여를 위해 '시카고 문학동우회'로 변경했다. 미 중서부 백일장 대회'와 신인문예공모전'도 개최하였고, 1995년 명계웅 회장은 명칭을 다시 '시카고문인회'로 변경하고, 1996년 시카고문인회지 「시카고 문학」 창간호를 발행했으며 이어 현재 2023년(박창호) 14호를 발행하여 문인회원의 창작 작품을 수록하였다.

발행된 「시카고 문학」은 동포 기관 단체와 각 미주문인회 및 한국의 문학 관련 협회에 배포하여 시카고 문인협회의 활동을 알리고 그 외 2세들의 한글 교육을 위한 '한국학교 글짓기 대회' 심사위원진 및 심사위원으로 위촉받아 참여하고 있다..시카고 문인협회는 회원 간의 친목을 위해 연중 2회씩 문학 답사 여행을 하고 있고 명계웅 문학평론가는 문학지망 동포들을 대상으로 '문예 창작 교실'을 개설하여 한국 문단에 등단하는 데 많은 도움을 주기도 했다.

이민 생활로 열악한 조건 속에서도 문학과 문인협회를 사랑하며 이끌어 주셨던 선배 문인들이 많았기에 지금의 시카고 문인협회가 존재할 수 있었고 덕분에 작가 개개인이 디아스포라로서 틈틈이 시간을 내어 쓴 글을 책으로 출판한 다수의 회원이 있다고 말한다. 초기 한국의 TV 방송극으로 방영되었던 김유미의 「억세 바람」을 비롯하여 윤석빈 「심리학 이야기」, 민혜영 「너의 밤에 입 맞추리」, 배은자

「슬람미 여인」, 손승배 「절망은 없습니다」, 배미순 「우리가 날아가나이다」, 정창수 「나와 내 그림자, Don't Ask Me Why I Fought」 외 다수와 근래에는 정종진 〈발목 잡힌 새는 하늘을 본다〉 외, 김영숙 〈생의 한 번밖에 없는 하루를〉, 박창호 〈당신의〉, 오봉완 〈궁내의 살인〉 등 많은 분이 있다. 문단의 공모에 입상하신 회원, 신문 잡지에 연재, 칼럼, 작품 투고하는 회원들이 있다.

  시카고 문인협회는 매년 12월에 정기총회가 있고, 1월에는 임시총회로 모여 전년도에 미처 시행하지 못했거나 미진했던 사항을 중심적으로 점검하여 새롭게 시작하는 회계연도에 지장이 없도록 하고 있으며, 박창호 회장은 시카고문인회 밴드(BAND)를 개설 수시로 회원들 간의 작품과 소식을 공유하고 있다. 2018년 4월에 시카고문인회 이사회가 발족하여 초대 이사장에는 권성한 전 회장이 맡았고 현 이사장으로는 림관헌 수필가가 맡고 계신다. 이사에는 8명이 선임되었다. 현재는 '시카고 문인협회'로 불리게 되었다.

  시카고문인회를 이끌어온 역대 회장은 명계웅(초대), 박창호(37~현재) 회장으로 부산문인협회와 인천 한마음예술인협회 두 곳과 MOU를 맺고 작품 활동을 교류하고 있으며 앞으로도 지속해서 미주 한국문학의 지평을 넓혀가고 있으며, 각 지역 한인 문인단체와도 서로 소통하고 협력하여 활발한 문학의 교류를 추진 발전시켜 나가고 있다.

2017년 김영숙 회장 외 시카고문인회 출판 기념

　시카고문인회 김영숙 회장과 시카고문인회의 주최로 예지문학회, 문경문학회가 합동으로 첫 번째 송년 모임인 '시문'(시카고에서 문학을 사랑하는 사람들)을 열고, 문인 80여 명이 참석 문인회 명계웅 고문) 과 함께 뜻깊은 문학에 밤을 가졌다. 시카고문인회는 중앙대 이창봉 교수와 시 창작 문화캠프를 가질 예정이며 한국 팬클럽을 참석 방문으로 문학관들을 방문할 예정이다.

예지문학

글을 사랑하는 사람들이라는 모임의 예지문학〈Yeji Literary association〉은 2000년 11월 시인이자 기자 출신인 배미순 시인에 의해서 창립되었다. 배미순 시인은 연대에서 국문학을 전공 중앙일보 신춘문예에 등단 시집 『우리가 날아가나이다』 등 몇 권의 시집이 있다. 시카고 중앙일보 문화전문 기자 겸 문화센터 원장과 현재는 '해외문학'의 주간으로 활동 중이다. 배 시인은 회원들에게 프로 문학인으로서의 입문할 수 있도록 발판을 마련해주기 위해 노력하고 있다.

여성회원으로만 이루어져 있는 예지 문학은 신정순, 이영옥, 이순례 씨 등 문인 8명과 함께 글쓰기의 현실화를 위해 노력하고 잠재력 발굴과 신입회원 영입 및 예술적 지경 확대를 위한 의미에 초점을 두었다.

지난 20년 동안 예지 문학은 회장은 이영옥, 송복진, 이선숙, 김영희, 주숙녀, 김정옥, 송순례 씨가 이어받고 현재는 우건옥 회장이 있다. 2004년 송복진 회장 시절 예지문학 첫 발간 회원 42명, 이후 〈강 건너 사람들〉 예지문학 통권호에 이어 김정옥 회장의 유화작품 '예지시' 앨범을 만들었다.

매달 첫 목요일은 배미순, 이영옥, 신정순 선생님의 강의로 이어졌고 가끔은 문학 외에 음악과 미술 등의 다른 분야에 대한 강사의 강의도 있었다. 코비 이후 대부분 Zoom으로 대치되었다.

제5회 경희해외문학상에 참여한 김종회, 홍용희, 이봉일 교수들의 문학 강좌에 매료되어 경희사이버대학에 입학하기 시작, 2015년을 전후로 많은 회원이 "신인 문학상"의 영예를 차지했으며, 경희사이버대학과 대학에서 학사와 박사 학위를 받았다. 경희대에서 박사 학위를 받은 신정순 동화 작가 신정순 박사는 '착한 갱 아가씨로 문화관

광부 우수 도서 선정과 소설, 드림랜드 등 여러 수상 경력이 있으며 Northwestern IL 대학교수로 한국문학과 한국어를 가르치고 있다. 이영옥 강사는 Acton college에서 심리학을 가르치며 저서 『테마가 있는 책 이야기』 등이 있다.

2016년에는 나림 이병주 소설가의 작품을 연구하고 단행본을 펴낸 시카고 예지문학회가 수상을 했다. 회원 30여 명이 이병주 작가의 전체 작품을 연구 〈이병주를 읽는다〉 (국학자료원)라는 단행본을 출간했다. 이 책에는 수준 있는 연구와 비평문, 그리고 감상문 등이 실려 있다.

디카시 창립멤버

한국에서 방문하신 경희대 김종회 교수님을 모시고 한국 디카시 연구소와 MOU를 체결 〈시카고 디카시 연구소〉를 창설하였다.

제13회
고원문학상

이월란   공순해

심사평   심사위원 임헌영(문학평론가)
수상소감   이월란(시인)
수상작품   시집 『바늘을 잃어버렸다』 자선 시 5편
수상소감   공순해(수필가)
수상작품   수필집 『울어다오』 자선 수필 3편

고원문학상 심사평

미주 교민문학에서 가장 신뢰성을 갖춘 고원문학상 2024년도 수상작으로 시 부문에서는 이월란 시집 『바늘을 잃어버렸다』(시산맥 2023), 수필 부문에서는 공순해 수필집 『울어다오』(에세이문학출판부 2022)를 선정했다.

시인으로 널리 알려진 고원이기에 초기에는 시 부문에서만 수상자를 냈지만 5권의 『고원문학전집』 중 절반이 넘는 3권이 산문집일 정도로 고원 선생은 산문문학에서도 탁월한 선구성을 보여주었기 때문에 수필 부문에서도 수상 작가를 낸 바가 있을 뿐만 아니라 그게 오히려 당연한 처사이기도 하다. 그래서 올해도 두 부문에서 수상자를 내게 되어 고원 선생의 문학적 지평을 확산시키는데 더 크게 기여할 것으로 기대한다.

수상자 둘은 공교롭게도 1980년대 후반기(이월란은 1988년, 공순해는 1985년)에 도미했다. 두 수상자의 작품세계를 심도 있게 이해하려면 이들이 1980년대 후반기에 도미, 창작활동을 했다는 역사적인 맥락을 먼저 지적할 필요가 있다. 백여 년이 넘는 긴 미주교민문학사에서 이 두 수상자가 큰 흐름을 바꾼 전위적인 시대를 열어주는 작품을 썼다는 사실은 주목할 만하다.

이들은 둘 다 1980년대 후반기에 삶의 터전을 한반도에서 미주대

륙으로 옮겼지만 그 이전 세대의 교민문학인 선배들처럼 모국을 향한 애틋한 향수나 궁핍했던 성장시대의 추억담을 금과옥조로 삼지 않는다. 뿐만 아니라 미주에 도착한 이후에도 생계를 위하여 온갖 고초를 겪으며 중산층으로 발돋움하기까지의 천로역정을 풀어내지도 않는다.

고원 선생은 일찍이 1956년부터 영국에서 문학수업을 한 이후, 1964년에는 미국의 아이오와대학에 유학하면서 서서히 미주에 삶의 뿌리를 내렸건만 당시 교민들처럼 시 창작 등에서 세계문학적 관점에서 "재래식 서정, 모더니즘, 리얼리즘, 상징주의, 이미지즘, 다다, 쉬르레알리즘, 포스트모더니즘"(『고원문학전집』 1권, 「저자의 말-전집을 내면서」)을 두루 섭렵했다.

이월란, 공순해 두 수상자의 작품집을 독파하면서 가장 먼저 느낀 점은 바로 지금부터 60여 년 전에 미주에 첫발을 디뎠던 고원 선생의 창작방법론을 그대로 실현하고 있구나 하는 동질감이었다.

두 수상자가 고원 선생과 창작방법론을 같은 궤도를 달리지만 다른 점은 고원 선생은 그 이후 미주에서 모국의 민주화와 통일운동의 전위대에 섰지만, 이 수상자들은 전혀 그런 기미는 없다는 점일 것이다.

그 대신 두 수상자는 작품 기법에서는 오히려 고원 선생이 이룩했던 성과를 넘어 감각적인 표현과 삶의 현장성에 대한 밀착도를 높여 독자들에게 한결 친밀하게 다가섰다는 점이 중요한 성과라 하겠다.

둘 다 이런 경지에 이른 것은 이미 노마드시대에 접어들어 버린 유럽과 미국의 선진국형 삶의 가치관과 양식이 체질적으로 익숙해져 미국에 살든 유럽에 살든, 또는 한국으로 돌아가서 살더라도 그 생활

양식은 크게 달라지지 않게 되어 버렸음을 의미한다. 노마드시대의 국제인이 된 것이다. 비록 한글로 창작을 했지만 이걸 영어든 불어든 독일어로 옮겨도 그대로 수용될 수 있는 감각과 가치관이 이 두 작가의 작품은 지니고 있는 것이다.

다만 공순해 작가는 한국적인 전통문화에 대한 애착이 강하게 나타나지만 그게 집착이나 편견이 아닌 현대 노마드인의 교양인이 지닌 지구상의 국가나 민족이 지닌 고유문화로 수용하는 선이란 점에서 충분히 동화될 수 있음을 주시할 필요가 있다.

우리의 교민문학이 이처럼 국경과 민족의 한계성을 넘어선 예는 이미 독일의 이미륵이나 러시아의 아나톨리 김, 미주의 강용흘 등등이 있지만, 이들과 이월란, 공순해는 바로 당대의 삶을 담아냈다는 점에서 그 결이 다르다.

이 수상을 계기로 앞으로 두 작가의 많은 활약을 기대한다.

심사위원 임헌영(문학평론가)

제13회 고원문학상 수상소감

이월란

오늘이 처서입니다. 폭염과 열대야의 뒷모습도 어느새 성큼 멀어져 있습니다. 강아지 산책 때문에 체크하는 일몰 시각은 매일 정확히 1분씩 빨라지고 있더군요. 줄어드는 수명 같아서 섬뜩할 때가 있습니다.

흐르는 시간이 보이는 것 같은 요즘, 시간이 멈춘 듯 설레는 소식을 받았습니다. 분에 넘치는 큰 선물입니다. 메모장을 보니 2011년, 복간호인 『문학세계』 20호부터 거의 매년 작품을 싣는 소중한 혜택을 저 또한 누려왔습니다. 문학박사 故 고원 시인을 기리는 고원기념사업회에서 주시는 귀한 상을 받게 되어 영광입니다. 백지와 다름없는 척박한 땅에서 이민문학을 시작하신 그분과 한결같이 그 뜻을 기려 문학사업을 이어가시는 분들이 계시기에 저 또한 이렇게 글을 쓰고 또 발표할 수 있는 것이 아닌가, 다시 한번 감사의 마음을 가지게 됩니다.

유타라는 외진 곳에서 글을 쓰다 보면 LA 같은 큰 도시의 문학단체에 대한 상식이 거의 없습니다. 가상의 세계가 현실을 압도해가고 있는 요즘은 더욱, 온라인에서만 보이는 문우들이 흡사 가상 인물들처럼 여겨지기도 합니다. 별처럼 멀게만 느껴진 그곳으로부터 이렇게 귀한 상을 받고 보니 갑자기 가까워진 느낌입니다.

문학상에 응모할 때마다 로또를 사는 기분입니다. 긁지 않은 복권은 설렘의 원천이기도 하죠. 권태와 싫증 사이에서 집중력과 신선도를 유지하는 좋은 모티브가 되기도 합니다. 로또에 당첨된 적은 없지만 이렇게 소중한 상은 로또 그 이상일 겁니다. 유타에선 로또가 불법입니다. 그래서인지 합법적인 욕심과 불법이 교묘하게 얽힌 그물 사이로 대어를 낚은 것 같은 묘한 기분이 듭니다. 나는 지금 행복한가, 라는 인간의 기본적인 질문 앞에선 더욱 그렇습니다. 기쁨과 즐거움을 의도적으로 삭제시킨 저의 글들이 어딘가 모자란 곳이나 어딘가 아픈 곳에 확대경을 들이대고 그 커진 구멍 속에 똬리를 틀고 있어서인지도 모르겠습니다.

복권을 의미하는 Lottery의 어원이 운명을 뜻하는 이탈리아어인 Lotto라고 합니다. 인터넷에서 바다에 관한 아주 짧은 시를 읽고 마음이 흔들려 글을 쓰기 시작했습니다. 취미생활을 운명과 연결 짓기엔 좀 우스운 감이 있지만 그 취미생활이 삶의 많은 부분을 차지한다면 운명 외엔 다른 이름을 찾을 수가 없습니다. 글을 쓸 때 제가 사는 세상은 '지금 여기'와는 좀 다른 곳인 듯합니다. 시제를 초월한 실체가 형상화되는 곳, 카타르시스를 뛰어넘는 쾌락과 통증이 혼재하는 '그때 그곳'에서의 오묘한 환상을 좇기 위해 오늘도 詩라는 영매를 따라갑니다.

방언 터지듯 글이 터진 곳에서 기도에 대한 응답처럼 귀한 상을 주신 분들께 감사의 말씀을 올립니다. 선한 일을 한 것도, 칭찬받을 일을 한 것도 아닌데 과분한 선물을 받았습니다. 더 열심히 더 좋은 글을 써서 이민문학과 미주문학에 기여하라는 격려의 말씀으로 받습니다. 정찬열 선생님을 비롯한, 고원기념사업회를 만드시고 발표의 장을 닦아주시는 분들과 『문학세계』를 만드시는 모든 분들께 다시 한 번 감사드립니다.

2024년 8월 22일
유타에서 이월란 드림

이월란 약력

1964년 경북 김천 출생
1988년 도미
2014년 유타주립대학 비교문학과 졸업
2009년 계간 『서시』 신인상
2011년 제13회 재외동포문학상 시 우수상
2008년, 2010년, 2012년 경희해외동포문학상 시 입상
2012년 SLCC Chapbook Contest 당선
2007~2012년 Korean Times of Utah 시 연재
2013년 경희해외동포문학상 단편소설 입상
2021년 제23회 재외동포문학상 단편소설 대상 수상
2023년 제8회 동주해외작가상 수상
2024년 제13회 고원문학상 수상
현재 미주한국문인협회 이사

시집 2007년 「모놀로그」
　　　2009년 「흔들리는 집」
　　　2011년 「The Reason」
　　　2016년 「오래된 단서」
　　　2023년 「바늘을 잃어버렸다」

제13회 고원문학상 수상자가 선정한 시 다섯 편 · 이월란

두 개의 공원

하나의 공원으로 가고 있었어요

벤치는 생각처럼 앉아있고 나무는 기다림처럼 서 있는 곳이에요 먼 곳들이 모여 있는 가까운 곳이죠 낙서장의 유서처럼 찢어버려도 그만인 날, 악몽이 깃들지 않는 서정적인 취향 그대로 식상해진 나를 지나쳐버려도 좋은 날이에요 초록 사이로 뒷모습들이 걸어 다녀요

입구에서부터 피클볼 소리가 팡팡 날아다녔어요 주고받는 운명이 저리도 가볍다니 서로 받지 않겠다고 사치를 부리네요 쳐다볼수록 왼쪽 오른쪽 왼쪽 오른쪽 번갈아 거절당하는 피클볼이 되었어요 주로 허공에 떠 있었죠 퍽 하고 떨어진 공이 철조망을 따라 굴러가요 운명처럼 따라가요

통통 걸어가던 피클볼이 꿈틀, 경계를 깨워요 체크무늬 셔츠가 배를 깔고 누워 있어요 겨우 생겨난 구석의 그늘을 하루 쓰고 버리는 일회용 지옥처럼 부둥켜안고 있어요 홈리스적인 침묵이 시체스러워요 부피를 버린 나뭇잎처럼 전혀 입체적이지 않아요 바람 불면 날아가겠죠 발끝에 피어있는 꽃은 더욱 보들레르적이구요 보이는 실체보다 그의 알리바이가 궁금해진 건 순전히 하나의 공원에 온 탓이에요

〈

　나갈 때까지 하나의 공원이길 바랬어요 오직 두 사람 사이의 피클
볼이길 바랬어요 그저 무료해진 공원을 슬쩍 달래주고 싶었을 뿐이
에요 기어이 팡팡 천국과 체크무늬 지옥을 건설해버린 두 개의 공원
을 결코 나오고 싶지 않았어요

안개와 아버지

세상의 반은 백내장을 앓았어요.
수술대에 오르지 못한 어둠이 버티고 있을 때
물려받은 다초점 렌즈 너머 아버지는 부작용이 넘치는 중
범인 수색에 뚫린 구멍처럼 텅 빈 시선으로
한 쪽 눈을 가려도 집으로 가는 길이 두 개로 보였을까요

수정체 같은 엄마는 반질반질한 눈물을 깜빡이며
다래끼처럼 생겨난 아침에 한 쪽 손으로 용서를 가리고 있었어요
먼 바다가 키운 은갈치 구이로 밥상은 눈부시고
남자와 여자 사이엔 죄로 이어진 다리가 있어
먼저 건너오는 쪽이 죄인이 되는 거라고
안개 자욱한 동굴이 키우는 아이들은
잘못 만난 하나님처럼 그저 숭배하고 복종하는 바람에

세상의 반은 당신의 여자들
흉몽을 덮고 자는 밤마다 태어나는 아비뇽의 여자들은
뭘 먹을지 그려보는 분식집 테이블처럼 일상적이었어요
붉은 떡볶이 국물에 하얗게 삶긴 계란은 속살처럼 전위적이어서
입을 닦고 돈을 내는데 화대를 지불하듯 왜 낯이 뜨거웠을까요
아무 데서나 아무렇게나 떠오르는 당신은

장애가 피가 되고 살이 되는 모순의 실험실 같았어요

당신의 함정에 빠진 아이들은
거친 바다를 항해하는 크고 멋진 배를 떠올렸죠

향수에선 늘 매춘의 냄새가 났어요
벽에 닿으면 맺히는 세상은 습관처럼 주인을 실험 중
나는 물방울이 되어 넣어도 아프지 않을 당신의 눈 속에 떠있었나요
한쪽 눈을 가린 채 아버지, 당신은 무엇과의 거리를 재고 계셨나요
언제나 가해자 편에 서서 피해자를 다독이며
한 번쯤 속여 본 것들이 손을 잡으면 세상이 되는 거라고
반신이 움직이지 않는 방에서도 부활하신 나의 아버지

살아갈수록 살아있다는 기분이 조금씩 달라져요
살아있다는 건 함정에 빠졌다는 것
살아있다는 건 함정에서 빠져나왔다는 것
그리고 이제 그 어느 쪽이어도 상관이 없어졌다는 것
당신으로 가려진 세상은 더 크고 더 넓어서
넘어져도 일어날 데가 많았대요 떨어져도 기어오를 데가 많았대요
〈

죽은 것과 다름없는 당신의 장지에서 가장 멀리 도망쳤을 때
냉장고 위에서 아버지만 기다리던 바나나 한 손
지금은 정말 보기만 해도 토할 것 같아요 라며
복숭아맛과 자두맛과 사과맛을 합친 오묘했던 노란 손을 다시 잡아요
손이 많은 아버지
안개만 먹고 자란 아이들은 기일을 기억하느라 생일을 잊었어요
노을이 뒷짐을 지면 하루를 여의던 그때 조금씩 눈치챘어요
안개와 아버지가 한 몸이었다는 걸

Re: 꿈

밤새 화장실을 찾아다닌다 재래식 문을 두드리며 배설을 꿈꾼다 어떤 식으로든 미완성이다 나는 오프라인에 있고 꿈은 온라인에 있다 협곡처럼 스며드는 푸른 기척, 미료한 얼굴을 데리고 다닌다

바람에 우는 비즈커튼 사이로 고스트처럼 빠져나오는 외진 생각, 쫓고 쫓기는 사냥꾼의 해먹은 논쟁처럼 어둠은 약자를 솎아낸다 악행과 변명을 떼어놓지 못해 꿈을 반짝이던 여자와 사이즈가 스몰에서 미디엄으로 바뀐 뒤 꿈을 접었다는 여자가 연이어 등장했다 오늘을 만진 건 어쩌면 꿈이었을까

말줄임표로 끝나버리는 꿈의 문체에 끼어든 후 에스키모처럼 영혼을 잃었다 꿈과 꿈을 잇기 위해 또 다른 꿈을 잇대어야 했다 어제의 손을 자꾸만 놓치는 건 꿈이 이어지지 않기 때문, 새벽녘 끝물에 달아오르는 꿈의 체위를 바꿔야 한다 흉몽과 길몽의 기준을 벗어버린

별과 밤사이에는 정교한 어둠에 걸린 깊이가 산다 거울 속에서 본 얼굴은 퇴행을 꿈꾼다 리비도의 베개 속에서 태어나는 눈이 없는 아이는 문신 같은 상처가 있다 간밤의 위장술에 시간이 녹아내리는 기억의 고집˚, 히스테리한 앨범에 굴절된 사진들이 꽂힌다

〈

꿈 없이 해몽되고 있는 하루를 살았다 돌아눕다 잡혀오는 곳, 오늘보다 조금 더 부풀어 올랐던 어제의 꿈이 떠내려간다 물 위에 뜨는 기름처럼 떠오르는 꿈을 남모르게 걷어내는 일, 바닥을 보기 위함이다

어둠의 눈은 안다 가슴에서 눈동자까지의 거리인 걸, 눈뜨면 다시 가슴으로 돌아가 머뭇거리는 사연인 걸, 마카롱처럼 달콤한 꿈으로 짜인 이불을 턱밑까지 당겨 꽁꽁 언 꿈을 해동시킨다 녹아내린 꿈이 흐르기 시작하면 해마의 손을 놓친 기억들이 주춤주춤 휩쓸린다

꿈을 신봉하게 되었다 철로가 끊어진 날 길에서 떨어진 후, 굳은 하반신으로 꽃신을 신은 엄마가 천국으로 간 후, 눌러도 튀어 오르지 않는 건반 하나 꿈의 악보에 붙들려 있었다 누가 나를 들여다보는가 꿈 밖으로 뛰쳐나와서도 길을 잃었는데 비행기를 놓쳤는데 시험지를 잃어버렸는데 낳은 아이를 또 낳았는데

욕창 같은 꿈에서 깨어나면 엄마의 꼬리뼈가 떨어져나간 자리가 보였다 환골탈태 중인 그녀를 꼭 붙들고 싶었다 소변 줄을 달고 사는 그녀에게 개구리반찬 놀이처럼 묻고 싶었다 죽었니 살았니

〈

이상한 냄새가 두려워 도망치다 보면 빠져드는 생시의 늪
나를 낳은 것은 꿈이었다

* 살바도르 달리의 그림(1931)

우유베개

1
나를 눕힌 것은 뜬구름 잡는 잠이 아닙니다
초유가 딱딱하게 굳어버린 머리맡의 기억입니다
다산으로 말라붙은 가슴마저 햇살 아래 말려야 했다는
개연성 없는 감상입니다
더 이상 젖지 않아 살균되지 못한 아기를
행주 옆에 방치했을 늙은 여자는 노산이 취미였습니다
머리를 괴는 곳마다 눈물이 고였다는 말도 거짓말이 틀림없습니다
달콤한 연유를 뺏어먹은 언니는 농구선수처럼 키가 자라고
벌컥벌컥 물을 마셔도 목이 마른 이유가 어렴풋해질 때쯤
시들어가던 엄마의 욕창이 베갯잇에 피어올랐습니다.

2
아기를 낳고
젖 마르는 약을 먹은 여자는 우유를 마실 자격이 없습니다
정신이 번쩍 들어 아기고양이를 입양하고 빈 젖을 물린 여자는
우유만 먹고 우유부단해진 아이만 나무랍니다
탁아소에 누워있던 아기를 눈으로 밟고 다닌 적도 없습니다
어물어물 넘어간 몸조리마저 처량한 희생이었다고 단언합니다
가끔씩 잔병치레하듯 수유가운을 입고 가슴을 만집니다
불린 가슴으로 꼭 짠 세월을 한 방울 두 방울 떨어뜨립니다

오십견에 목이 꺾인 날은 우유베개를 베고 해피드림을 꿉니다
비린내에 잠이 깼는데 엄무우우우우
암소 한 마리 출렁이며 걸어 나옵니다

3
엄마의 법에 충실한 로펌에서 18주 산후휴가를 받은 딸은
보란 듯이 하루 종일 젖을 먹입니다
내가 질투를 느끼는 대상이
D컵으로 부풀어 오른 가슴인지
더 이상 엄마가 필요 없는 디지털 산모인지
고슬고슬한 핏덩이를 끌어안고 눈을 맞추는 새파란 엄마인지
내 딸은 맛도 못 본 젖을 오물오물 배터지게 빨고 있는 딸의 딸인지
통통한 아기침대가 알 리가 없습니다
먹고자고싸고우는 앱의 운용체계로 들어가 버린 로봇아기가
쌔액쌕 알파와 오메가를 읊조리다 모유 한 모금 뱉어냅니다
자궁처럼 흔들리는 베시넷엔 젖 도는 소리가 쉴 새 없이 흐릅니다
와이파이 프레임 속에서 매일 옷을 갈아입는 혼혈아기가 자면서 웃습니다
액정을 쓰다듬으며 나는 비로소 수면에 공감하고 싶습니다
잠 속의 우유를 마십니다

조우

누구일까

반사되는, 집중하기에 너무 해묵은 빛
눈동자로 작아지는 기색을 감출 수 없습니다

너는 내가 보이니?
무심코 떠오르는 생각이 내가 되다니

생각이 짓무른 날 나를 하나씩 버립니다
립스틱과 입을 맞추며 나는 핑크색입니다
손수건을 접으며 나는 닦을 수 없는 눈물입니다
열쇠를 흔들며 나는 들어갈 수 없는 문입니다

저물녘이면 발이 저려옵니다
운명을 가져본 적이 없어서일 겁니다
닿을 수 없는 숨은 여행이 돌아다닙니다

미개한 맹목이 우거집니다
생각의 무게를 빼면 어둠으로 타는 그림자
망설이는 목숨이 한 점씩 떨어져 나올 법도 합니다

〈

이게 뭐지

돌아보다 넘어지는 장애물, 슬픔의 외피를 가진 유물입니다

높은 선반 위에는 조금씩 남아있는 나를 모아두었습니다

내가 묻고 네가 대답하면 내가 되는 오늘

어제의 끝말이 치매에 걸렸습니다

만삭의 하루는 양수처럼 흘러내리는 울음소리

아이의 말을 따라하고 아이의 머리를 빗기다보면 내가 있을까요

주문한 듯 내가 왔을 땐 이미 착각이 나를 다 써버린 후

낭비되기 좋은 내가 다시 배달되는 아침입니다

물방울이 매달린 만큼 과육이 붉어지는 열매가 되고 싶었습니다

눈물만큼만 무거워지는 존재의 기슭, 물과 닿은 한 줌의 땅에 불과했습니다

버릇처럼 서로 모른척하기 바빴습니다

유행하는 옷을 입고 유행하는 사람이 되고자 합니다

그러다보면 닮아갈지도 모릅니다

외도는 것들의 종착지가 되지 않고자 합니다

그러다보면 멀어지기 마련이니까요
대체로 너무 인간적이지 않은 인간을 꿈꾸어갑니다

나를 모면하지 못한 위기의 날들은
아무 일도 일어나지 않는 날들을 향하고 있겠지요
간절히 원한 적도 없이 때마침 내게 중독되어 있습니다

밝히는 눈이 되었습니다
숨기는 범인이 되었습니다
상습정체구간에서 정체를 불리고 있습니다

이미지를 클릭하면 이동합니다
누가 나를 선택했을까요
이동 중입니다
어딘가를 향해 옮겨가고 있습니다

제13회 고원문학상 수상소감

공순해

　고원 선생님 함자를 처음 접한 곳은 뉴욕문학동인회에서였습니다. 《신대륙》의 리더 박현 선생이 1987년 어느 날 LA에서 발간된 《해외문학 울림》 창간호를 줬습니다. 발행인이 고원 선생님이셨습니다. LA에서도 뉴욕에서도 그때는 한글문학의 발아기여서 글 쓰는 사람들끼리의 애틋함이랄까, 서로 관심을 많이 갖고 있었지요. 한때는 미 서부 한국문인협회, 미 동부 한국문인협회로 부르던 때도 있었고요. 현재 가지고 있는 《울림》 3호까지 보면 서부 동부 가리지 않고 서로 기고하고 격려했지요.
　그 후 〈고원문학상〉이 제정되고, 13년이 흘렀습니다. 이제 고원 선생님도 미주 한글문단사에서 역사가 되셨고, 〈고원문학상〉도 역사가 되었습니다. 역사의 궤적을 그리는 문학상을 수상하게 되어 감동의 '울림'이 더욱 깊습니다. 고원 선생님의 유지를 잘 지켜나가고 있는 정찬열 선생님께도 감명을 받습니다. 후배 된 자로서 선배의 유지를 받들고 미주의 한글문학을 더욱 발전시켜야 함은 마땅히 해야 할 길, 저 또한 그 길에 함께 서서 겨자씨만 한 힘이라도 보태야 할 것입니다. 미주에서 한글문학 하는 모든 사람이 한곳으로 모여 길을 만들어 후배들에게 이 아름다운 유산을 물려줘야 할 것입니다. 해서 처음 수상 소식을 듣고 뭔가 짐 진 듯한 느낌, 무거운 느낌, 아니 무서운 느낌까지 들어서 앞이 캄캄해졌습니다. 잘 해낼 수 있을까….
 이 땅에서 우리의 생명이 이어지는 한 역사는 이어질 것이기에 그 에너지로 잘 해낼 수 있으리라 믿습니다. 혼자가 아니니까요. 울림이 공명을 낳고 새로운 창조를 이루리라 믿습니다. 심사로 수고하신 분들께 머리 숙여 인사드리고, 저를 저로 만들어주신 분께 가장 큰 감사를 바칩니다.

공순해 약력

　서울 출생. 서울 공립 중학교 국어 교사 봉직. 1985년 가족 이민으로 뉴욕 도착. 1986년 〈뉴욕 한국일보 신춘문예〉 수상 계기로 동인 《신대륙》에 참여. 《신대륙》 와해로 글쓰기 휴지기 20년.

　2008년 은퇴. 시애틀로 이주. 2009년 제2회 〈시애틀문학상〉 수필부문 대상 수상을 계기로 〈시애틀문학회〉에 입회. 그 수상작으로 《수필문학》 등단. 2017년 《에세이문학》 재등단.

　2011년 제13회 〈재외동포문학상〉 수상, 2019년 제6회 〈재미수필문학상〉 수상, 2021년 제39회 〈현대수필문학상〉 수상. 그간의 저서로 《손바닥에 고인 바다》, 《빛으로 짠 그물》, 《꽃이 피다》, 《한없이 투명에 가까운》, 《울어다오》 출간. 현재 〈(사)한국문인협회〉, 〈시애틀문학회〉, 〈재미수필문학가협회〉에서 활동 중.

제13회 고원문학상 수상자가 선정한 수필 세 편 · 공순해

미제레레

  비록 바깥은 봄볕으로 화창하지만 기온은 날 선 영하(零下)다. 비애랄까, 왠지 기묘한 정조(情調)가 느껴진다. 오늘따라 라디오의 음악조차 그렇다. 차이콥스키의 첼로 변주곡. 선율이 써레로 훑듯 가슴을 긁는다. 휘몰아치는 감정, 갈기 일어난 마음 안에서 홀연한 아이의 눈동자가 또렷하게 머리를 든다.
  2007년 4월, 미 전국이 왈칵 뒤집혔다. 충격은 한인사회가 더 컸다. 버지니아텍 총기 사건. 보도에 의하면 부상자 29명, 사망자 32명으로 미국을 충격으로 몰아넣었던 컬럼바인 고교 총기 사건보다 더 많은 희생이었단다. 범행 동기는 경제적 불평등과 피해망상이라고. 그러나 이유가 꼭 그뿐이었을까.
  후속 기사로 다음과 같은 사실이 알려졌다. 경미한 자폐증을 가지고 있는 그 애는 8살에 부모를 따라 미국에 왔다. 성적은 우수했으나 어린 시절부터 학우들의 조롱을 견뎌내며 1.5 세대가 치러내야 할 짐에 눌려 초중고를 거쳐 대학까지 외톨이로 지냈다. 누군가에게 하이! 하고 말 건네는 것조차 어려워해, 룸메이트마저 그에 대해 아는 게 전무했다. 그는 영문과로 전과한 뒤 시작(詩作)에서 해방감을 느끼기도 했다. 그러나 작가가 되기 위해 소설을 써 출판사에 보내기도 한 그를 교수는 부적응자로 강의실에서 밀어냈다. 자폐증이 심해진 그

는 자기 세계를 더욱 요새화해 갔다. 브레이크가 고장 난 폭주 기관차처럼 분노로 질주했다. 자신을 괴롭힌다 생각하는 사람들의 이름을 명단으로 적기까지 했다. 그는 그걸 자신의 영혼을 위로하는 작은 노트라고 불렀다. 룸메이트도 모를 만큼 조심스럽게 치밀하게 충격 사건을 계획했다. 그리고 마침내 분노의 신에게 자신까지 희생물로 바쳤다.

며칠을 두고 이 사건이 톱기사로 올라왔다. 뉴욕 포스트, 데일리 뉴스, 뉴스 데이… 손님들은 가게에 와서 신문을 집어 계산대 위에 올려놓았다. 그때마다 나는 그들이 눈치 안 채게 신문을 뒤집어놓고 물건값을 계산했다. 표지 전면에 실린 그 애 얼굴, 그 눈동자가 가슴을 파고들었던 탓이다. 모두 살인자로만 생각하는 얼굴의 그 눈동자가 왜 그리 슬퍼 보였을까. 끔찍한 살상을 한 것 같지 않게 갈구하는 눈, 이웃과 관계를 맺으며 나도 살아가고 싶어요, 외쳤지만 받아들여지지 않아 슬픈 눈. 제비꽃같이 연약한 그 눈동자.

그 눈에 조카의 죽음이 오버랩됐다. 중학교 때 부모 따라온 조카였다. 질풍노도와 환경의 억압을 이겨내고 대학을 졸업했던 해, 노동절 휴가 바로 전날이었다. 회사에서 퇴근 준비하던 그 애가 쓰러졌다는 연락을 받았다. 병원으로 달려갔을 땐 이미 뇌사상태였다. 뇌혈관이 막혀 터졌다 했다. 뇌사상태 사흘 만에 의사는 익스파이어를 선언했다.

갑작스러운 재앙에 언니와 형부는 혼란 그 자체였다. 그런 가족에게 힘이 돼 준 건 조카의 친구들이었다. 존 바운 고교 역대 한인 동창들이 모두 모였다. 장례식장이 발 디딜 틈이 없었다. 식장 바깥 길거리까지 메웠다. 모두 억울하고 비통해하며 분해하던 얼굴들. 그들은 한결같이 말했다. 이만큼 살기까지 얼마나 버티며 고생했는지 몰라요, 이제 좀 살아보나 했는데, 먼저 가다뇨. 서로 끌어안고 울었다. 1.5세대로 적응하며 살아가기가 어찌 힘들었던가 생생하게 느껴지던 그 광경. 어린 또는 젊었던 그들의 새로운 사회에 대한 적응의 고통이 가슴을 에었다. 사교적이던 조카가 그 어려운 시절을 친구들과 함께 버텨냈음이 짐작됐다. 그러나 이 애는 혼자 그 힘든 시간을 통과하려다 이렇게 파국을 맞았구나.

어려움에 부딪히면 어디에선가 도움의 손이 다가오는 게 인간의 삶이다. 헬렌 켈러에게 설리번이 오듯 왜 그에겐 그런 기회가 오지 않았나. 이것도 불공평 아닌가. 그 기사가 계속되던 주간, 나는 입맛을 잃었다. 조카를 사랑했던 만큼 그의 파국이 가슴 아팠다. 둘 다 스물셋이었다. 우리 아이도 8살에 미국에 왔다.

그 애의 슬픈 눈동자, 노예로 미대륙에 첫발을 디딘 사람들도 그 비슷한 눈을 가졌다. 눈 속 깊이 스며 있는 비애. 성경을 읽으며 느꼈던 첫 번째 부조리는 아브라함의 종이었다. 원 역사가 끝나고 하나님의 구원 역사를 위해 택하신 첫 사람 아브라함. 그러나 그는 종들을 거느린 족장이었다. 공의의 하나님이 어째서 불평등을 허용하셨을까. 성경을 읽을 때마다 혼란스러웠다. 이 모순은 화폐 발생사에서 풀렸다. 인류 최초의 화폐가 물물 교환이 아니라 인간 교환이었다는 설. 〈비인탄생(非人誕生)〉의 역사는 이처럼 오래다.

화폐란 무엇인가. 욕망을 해결할 재화다. 욕구로 해서 화폐로 전락한 노예 계층이 이미 아브라함 시대 전부터 있었다니, 본능에 충실한 인간의 역사는 얼마나 오래된 것인가. 하와를 못 말리신 하나님이시니 그 탐심도 말리실 수 없었나 보다. 대신 십계명 뒤에 바로 이어 종에 관한 계명을 주셨다. 욕망은 힘이 세다. 창세기부터 불평등했던 인간이 인지가 발달한 요즘이라고 해서 평등해질 리는 없다. 오히려 더 교활하게 공평을 가장한다.

그 사건이 일어났을 때 한인사회는 아연 긴장했다. 로드니 킹 사건으로 일어난 흑인 폭동으로 큰 피해를 본 적이 있는 한인사회는 한인이 사회 이슈화되는 것에 극도로 예민하다. 그러나 그때 미국 사회는 성숙함을 보였다. 그 애도 피해자라고 한인사회를 위로하며 33번째 피해자로 그 애를 추모해 줬다. 비로소 관심을 보인 사회에 그 애의 분노와 슬픔이 풀렸을까. 분노를 품게 하는 현실이 꿈처럼 깨어날 수 없다는 것이 더없이 절망스러웠다던 그 애. 왜 그 애는 기회를 얻지 못했을까.

차이콥스키의 첼로 변주곡이 끝나자 라디오에선 참회의 시편 〈미제레레〉가 흘러나오기 시작했다. 너무 아름다워 금지됐었다던 천상의 선율. 아, 신이시여! 저희를 불쌍히 여기소서.

삽 한 자루

데칼코마니는 뭘까, 콜라주 기법은 피카소에 의해 겨우 알겠는데. 공강(空講) 시간에 미술과 담당인 친구에게 물었다. 교무실 창가에 앉아 있던 친구가 스케치북을 들고 내 자리로 왔다. 스케치북을 한 장 찢어 반으로 접고 한쪽에 물감을 흩뿌리더니 나머지 반을 그 위에 덮어 문질렀다. 종이를 펴자 나비 한 마리가 나타났다. 아하! 선대칭도형. 신묘했다. 절로 감탄이 터져 나왔다.

미술계에 한창 새로운 기법들이 등장하던 때였다. 동양화하던 박래현 선생님은 태피스트리와 판화를 하기 위해 가족을 떠나 미국으로 가시기도 했다. 미술계의 그런 흐름은 우리 술자리의 좋은 안줏거리였다. 그는 유일한 내 술친구. 친구의 얘기를 들으며 글쓰기에 이런 기법을 적용하면 어떨까, 막연히 공상하곤 했다. 그러나 내 글쓰기는 육십이 넘어서야 제자리로 돌아왔다.

최근 아주 작은 줌 모임에 참석했다. 강사가 시 한 편을 파워포인트로 올렸다. 이성선의 「삽 한 자루」였다. 아마 울림을 주는 좋은 시의 예문으로 이를 소개했나 보다. 그러나 나는 시를 들여다보다 뜻밖의 것을 발견했다.

삽 한 자루 벽에 기대섰다 흙을 어루만져 씨를 묻고 밭을 뒤집어 노을 갈아 밤을 심어 새벽 열고

지금은 묵묵히 몸을 씻은 후 집에 돌아와 벽 앞에 서 있다
적막한 평화로움
나의 손에 부려질 때와는 달리 너무나 멀리 떨어진 곳에서 무심히 자기로 돌아가 있다
그러나 저 깊은 손이 어느 날 대지 위에 나를 묻어 하늘로 돌려보내리라.

데칼코마니! 가만히 속으로 외쳤다. 3연을 중심대(帶)로 해서 1연과 5연이, 2연과 4연이 대칭되고 있었다. 씨를 묻는 시작의 시간과 돌아갈 마무리의 시간이 짝을 이루고, 삽이 돌아와 선 집이란 장소와 무심히 서 있는 멀리 떨어진 장소가 겹치고 있었다. 그리고 이 시간과 장소를 평화란 낱말 하나가 보듬고 있었다. 삶과 죽음을 통해 이르고자 하는 평화. 교묘하게 이미지와 어휘를 배열한 시인의 눈과 솜씨가 놀라웠다. 정말 좋은 시였다.

그러자 기억은 대번에 옛친구에게로 날아갔다. 몇십 년이 흘러 이제 삽 한 자루의 신세를 져야 할 때가 가까워져 오는 시점이다. 그간 서로의 근황도 전혀 모르고 살아왔지만 이제 우리는 만나야 하지 않을까. 장엄하게 내려앉는 노을을 퇴근길의 퇴계로에서 만났을 때, 이런 날 마시지 않으면 언제 마시냐, 친구는 외쳤고, 그래, 저 황혼을 마시러 가자, 나도 맞장구쳤었다. 노을에 깊게 마음을 베인 우리는 곧장 명동 골목으로 내려갔었지. 그 시간에 대한, 친구에 대한 그리움이 짙은 노을이 되어 밀려왔다. 너무 멀리 떨어진 곳에서 무심한 삽 자루처럼 살아가고 있는 우리.

요즘의 예술은 환(幻)이다. 영화고, 미술이고, 문학이고, 이미지의 총공습이다. 삶조차도 그러하다. 친구가 태평양 건너 저쪽의 삽 한 자루라면 나는 이쪽의 삽 한 자루를 이루고 있다. 둘이 이루고 있는 데칼코마니. 그간 친구 덕에 콜라주 기법 비슷한 수필은 종종 써 왔지만 이젠 데칼코마니 기법도 적용해 봐야 할 것 같다.

무의미하다

　지옥처럼 검은 액체, 커피 탓이었나. 잠자리에 들었지만 냉큼 잠이 들지 않는다. 반쯤 무의식 상태에서 생각이랄 것도 없는, 맥락 없는 그 어떤 것들이 구름에 달 섞이듯 머릿속을 배회한다.

　시에는 무의미 시가 있는데 소설에도 무의미 소설이 있던가. 수필에도 무의미 수필이 있던가. 그러자 덤불 같은 배경 위에 구본웅이 그렸다는 이상의 모습이 불쑥 떠오른다. 경계가 없는 어둠 속에 잠겨 있는 남자. 상실의 시대를 살아간 그들이 그 사회에서 할 수 있었던 것에 무엇이 있었을까. 영과 육을 온전히 지킬 수 없던 시대. 하긴 지금이라고 나아질 것도 없지. 질서의 나라, 무질서의 나라. 이어 의식이 헐거워지며 힘겹게 절벽을 기어 올라가자 그네가 나타난다. 발 하나를 내밀어 걸쳐 본다. 둥근 구멍으로 발이 쑥 들어가며 밑을 알 수 없는 느낌에 몸이 부르르 떨린다. 의식이 좀 더 헐거워지며 육신의 경계가 허물어져 느낌이 가볍다. 육 위에 남아 있는 시간과 영 위에 남아 있는 시간은 각기 다르다. 생체시계는 똑바로 가기에, 즉 직선적이어서 바꿀 수 없다. 영의 시계는 끊임없이 움직인다. 이렇게 해서 또 하루가 가는구나. 무력감이 덮친다. 인간은 시간 위에 그냥 내동댕이쳐진 존재. 주어진 시간 위에 어떤 금을 내나, 어떤 자국을 내나… 육신의 무게가 좀 더 할랑해진다. 팔 위에 하루의 흔적이 느껴진다. 살면서 얼마나 많은 흔적, 무슨 흔적을 남겼을까. 흔적을 따라

가다 보니 푸른 벌판을 흐르는 소리가 들린다. 들릴 듯 말 듯 가느다란 소리, 케텔비의 초원 위를 건너오는 종소리? 조종(弔鐘) 같기도 한 소리. 몽롱한 환상 속에 꽃잎이 분분히 흩날린다. 회오리를 일으키며 꽃잎들이 먼짓덩어리처럼 감돈다. 하늘은 눈 감은 채 침을 뱉는다. 씻지 않은 거지 얼굴의 때 같은 구름이 낀 날인가. 오신다던 분은 언제 오실까. 언어가 없고 들리는 소리도 없으나 그 소리가 온 땅에 통하고 그 말씀이 세계 끝까지 이르도다, 라고? 지금 초원은 썩어가고 있다. 돌로 변한 플라스틱이 새로운 반석으로 등장한 시대. 잃어버린 송어는 강철로 만들어져 폐차로 가득 찬 주차장에 내걸린 지 이미 오래됐다. 호수는 죽은 물고기로 가득 찼고 공동묘지는 시체로 넘친다. 매장할 곳이 없어서 냉동 트럭에 실려 일 년째 냄새를 풍기며 차례를 기다리고 있다. 그래도 누구는 화성으로 이주할 준비 하느라 초속 28만 9,682km의 속도로 전해지는 화성과의 통화를 놓치지 못한다. 지금 지구는 영화 촬영소 세트장 같다. 파리가 있으라 하니 파리가 세워졌고, 콘스탄티노플이 있으라 하니 이것이 세워졌다. 할리우드가 지배하는 세상. 그들이 웃기는 대로 낄낄거리고 그들이 울리는 대로 흐느끼며 살아 주기만 하면 되는 세상. 세상은 온통 일루전이 지배한다. 환(幻), 강력한 영상은 이미지를 넘어서는 실제의 존재처럼 지배자 행세를 한다. 예술적 창작이라고 낄낄거리며 자기들끼리 칭찬을 주고받는다. 파편화된 인식을 하와이언 레이처럼 한 줄로 꿰어 목에 건 것을 포스트모더니즘이라 한다고? 움베르토 에코는 이를 미친 세상을 이해하는 척하는 거라고 한다. 상처의 고유함을 믿는 것만이 우리에게 주어진 공평한 특권이다. 무너진 무덤, 무너진 일상. 남은 건 기억뿐이다. 기억은 공기와 같다. 어디에나 내려앉아… 그리고 언제나 시간을 호흡하게 한다. 마지막 어머니, 공기는 지금 우리를 살해하고 있구먼… 음, 몰려오는 저 잿빛 구름은 뭐지…

　방의 공기가 무겁게 느껴지며 그 무게에 아차, 몸이 절벽 아래로 떨어진다. 아찔한 채 몸이 오그라들며 공포로 온몸이 조여온다. 몸무게가 줄어든다. 손에 들고 다니는 파우치만큼 작아져 가볍게 아래로 떨어진다. 완전한 나락으로, 죽음처럼 진한 잠 속으로.

　* 위의 내용엔 성경, 리처드 부라우티건, 레이 브레드버리, 움베르토 에코의 말이 둥둥 떠다니고 있음.

시

강언덕　강화식　고현혜　권귀순
김연주　김은자　김은집　김인기
김정옥　문창국　박 앤　서연우
송마리　송호찬　안경라　안희숙
양기석　오광운　오연희　이용언
이정정숙　이창윤　이춘희　정국희
전혜선　조옥동　조찬구　최무길
황미광　황박지현

발렌타인데이

강언덕

거리마다 때 묻어 구르는
사랑이란 한마디 말로
감히 이 마음 어찌 전하겠소
삼일도 안가 시들어버릴
붉은 장미 한 다발로
이 깊은 정 어이 대신 하겠소
한평생 당신 쪽으로만
흐르고 있는 이 강물
눈감아도 훤히 보이지 않소
당신이 끓인 국이
싱거워도 맛있다 말하거든
그게 내 사랑인 줄 받아주오
당신 입원실 누워 있을 때
천정만 보며 서성이거든
가슴 속에 내 눈물 흐르는 줄 아시오

옛날엔 장미꽃 초콜렛 없이
황소처럼 눈으로 바라만 봐도
산골 물 돌을 보듯 서로를 알며
눈치로 그렇게 살아오지 않았소

해묵은 장처럼 폭 익은 사랑
함부로 어찌 말할 수 있겠소
뼛속 깊이 간직한 채
언젠가 조용히 떠나는 거지.

강언덕

1996년 월간 『한국시』 등단. 재미시협 이사장, 미주문협 이사. 문학 이사 역임. 영랑문학상, 재미시인상, 한국미주문학상 수상.

방향을 잃은 자리

연선 강화식

달빛이 작게 물든 검은 하늘에
구름이 물처럼 머리 위로 흐르고
들풀이 젖은 체온으로 전파를 쏘며
땅의 신경을 건드린다 주인 행세로
광야도 아닌 작은 뜰에 병풍 바람이 찾아 들자
신이 찾아온 듯 묘한 밤

듣는 폭이 좁아질수록 점점 큰 소리 쏟아내고
언어가 뚝 뚝 끊어진 공간의 굉음을 들어야 하는
핏대 받이를 잘라내서 발밑으로 저장하고 싶은 날

이물질 부스러기 한 개 튀어 올랐다가
방향을 잃고 자리를 옮겼다
깊숙한 메스꺼움이 출렁출렁 위로 뿜어내자
새 자리는 비위 상한 용트림이 흔적으로 남아있어
악마가 엿볼 것 같은 묘한 풍경 속 밤

풍경을 떨쳐내려 애쓰지만 고개 드는 서. 울. 함.
밝음을 닫으니 그분의 미소가 보이고
마주 잡은 손이 항생제처럼 열을 다스리며

오늘의 기억을 편집해 준다

강화식(Sharon Hwashik Kwon) 필명 강연선(康娟仙)

서울 출생. 1985년 LA 이민. 2017년 애틀랜타 이주. 2007년 신춘문예, 미주 중앙일보 중앙신인 문학상 시부문 당선. 제3회 해외풀꽃시인상 수상, 『문학세계』 수필부문 신인상, 한국 『미래문학』 시부문 신인작품상 수상. 애틀랜타 문학회 부회장 역임. 애틀랜타 연합 장로교회 부설 행복대학 문예창작반(글여울) 강사. 글여울 신인문학상 심사위원 및 운영위원장. 시집 『텔로미어(꿈꾸는 시앓이)』 공동시집 『물 건너에도 시인이 있었네』. hwashik219@gmail.com

산티아고 가는 길

고현혜

떠나 본 사람은 알지
짐이 가벼울수록
발걸음이 사뿐해진다는 것을
걷는다고 영혼이 맑아지는 것도
도려낸 상처가 아무는 것도 아니지만

걸어 본 사람은 알지
그날 밤 머리를 누울 수 있는 침대와
허기를 채워 줄 한 끼의 식사
비에 적은 몸을 씻겨 줄 따뜻한 물만 있다면
(끽끽) 뱃속 깊이 새어 나오는 웃음을 참을 수 없음을

여명이 트기 전 가방을 메고
화살표를 찾으며 걸어 본 사람은 알지
신발 끈을 묶었다
풀었다 하는 일이 익숙해 지면
그제서야 조금 자기 마음이 보이기 시작한다는 것을
그제서야 자신에게 필요한 것이
햇살이었는지
그늘이었는지

빗속이었는지
바윗돌 위에 잠시 앉았다 가야 하는 건지
들판에 잠시 머물다 가야 하는 건지
바람 속에 머리를 풀 것인지
묶을 건지
친절하게 물어보기 시작한다는 것을

자기 가방을 메고 그곳에 도착한 사람들은
후회하지, 왜
그렇게 첫발 떼기를 망설였는지를…

자기가 메고 온 가방을 내려놓으며 알지
떠날 수 없었던 그 많은 이유가 이유가 아니었음을
필수품이라 생각한 물건처럼
어깨에 무게를 더한 두려움뿐이었다는 것을

지구의 끝이라 믿었던 피스테라(fisterra)
해안 절벽 바위에 앉아
조용히 석양을 기다리며 알게 되지
순례길에 신었던 신발과 옷을 태우지 않아도

마음문에 달려있는 조가비가
바닷속 물해파리처럼
흔들리고 있음을…
멈추지 않는 시간 초바늘같이
그리고 길은
자신이 서 있는 자리에서
시작된다는 것을

고현혜(Tanya Ko Hong)

1991년 『한국시』를 통해 등단. 윤동주 미주문학상, 고원문학상 수상. 2022년 알바니아 국제 코르차 시인 축제에서 시 『아직 봄을 믿습니까』로 드리트로 알고리상을 수상했으며 'The War Still Within(KYSO Flash)'에 수록된 대표작품인 'Comfort Woman(위안부)'을 주제로 뉴욕에서 단막극을 발표했으며 극본을 집필하고 있다.

몸짓 읽기

권귀순

아직 이른 푸른 라벤더 한 다발
손바닥만 한 꽃밭에서 무섭게 번져 솎아줘야 한다며
친구가 들고 왔다
포장지 안에서 흘린 땀을 닦아주고 리본도 달아 문
고리에 걸어두고는
오가며 툭, 건드리면 아프다고 향기를 지른다

싸고 또 싸도 숨길 수 없는 것이 향기라고 불쑥 일
러주던 사람
밀려든 편지를 싸맨 향기에 빗댄 그의 은유 그립다
저절로 넘치도록 버려두라는

멀리 번져나가는 향기
벌을 불러오려고 온몸으로 질러대는 감출 수 없는
무방비의 아우성

꽃이 웃는다고 아프지 않은 게 아니지
저 아우성은 살아야 한다는 처절한 몸짓

어느 아침 라벤더는 물기 마른 가벼운 얼굴로

어디론가 날아갈 것처럼 한 방향으로 일제히 몸을 틀고 있었다
그렇구나, 우리는 모두 어디로 떠나려고 하지
꽃이든 바람이든 기우는 그림자든
나는 놀라 얼른 그 몸짓을 받아 투명한 꽃병에 담았다
향기라는 몸짓을

권귀순

『펜과 문학』 등단. 시집 『오래된 편지』, 『백 년 만에 오시는 비』가 있음.
가산문학상 시 부문 수상, 윤동주서시해외작가상, 배정웅문학상 수상.
kwiskwon@yahoo.com

화성과 금성 사이

김연주

두 별이 부딪쳤다
궤도 이탈?
아니, 견인력의 결과

단단한 끌림은 언제나 양쪽 동일하다

푸석한 황토와 마른 풀포기에서 단련된 단단한 육체
백자에 스민 영롱한 빛, 고운 모습이지만 당찬

금성과 화성의 만남은 언제나
둘 사이에 있는 지구 위에서 이루어진다

선남선녀의 상대에게 빨려드는 놀라운 매력
부딪치고, 물러서기 반복하다
한 걸음 뒤로 가면 한 걸음 앞으로 나아가는
거칠고 부드러운 오묘한 마주침의 조화
거친 흙속에 발 묻어 버팀목 되어주는 화성
온화함으로 급한 성정 도닥여주는 금성

초록별에 별 하나 꽃 하나 더 피우고 싶은

둘의 만남
마침내 봄 되고 여름 되고 가을 되고 겨울 되어
사계가 열린다

티격태격도
깨지듯 하나가 되는 것도
둘만의 사랑의 기술

금성과 화성이 충돌할 때마다
지구는 더더욱 푸르러진다

김연주

2019년 『문학세계』 시부문 신인상. 글마루문학회 동인.
미주한국문인협회 회원. 1984년부터 LA 거주. Janetkim1205@gmail.com

틈의 기원

김은자

틈은 기원의 이유, 바람과
빛 사이 피어오르는 꽃을 보라
물과 결 사이
출렁이는 파도를 보라
생명은 남과 여의 틈 속에서
음표와 쉼표 사이의 외로운
음악처럼 태어나 어둠과
빛 사이의 벌어진 여명처럼
산다는 것은 틈을 비집는 일
서로의 빈 곳을 끝없이 어루만지며
종말을 향해 달리고 쓰러지는 일
유정과 무정 사이의 이별이 그렇듯
가을과 겨울 사이에 더운 장마가
그렇듯 간격 속에 흐르는
너와 나 사이의 썩지도 않는
간극이여, 발원을 묻지 말라
기원의 족보를 가진 슬픈 종족이다

김은자

서울 태생. 숙명여자대학교 졸업, 82년 도미 현재 뉴저지에 거주. 『시문학』 등단. 『비대칭으로 말하기』(현대시학 출판) 등 3권의 시집과 산문집 『슬픔은 발끝부터 물들어온다』(미학사 출판) 등이 있음. 재외동포문학대상, 윤동주해외문학상, 해외풀꽃시인상 등 수상. 재외동포문학상 심사위원 역임. 중앙일보 시칼럼과 뉴욕일보 시칼럼 연재, 현 뉴욕 1660Am K라디오에서 〈행복한 문학〉 진행. 뉴욕 붉작문학회 회장.

사색의 담장을 발로 차다

김은집

나를 둘러싸고 있는 담장은
하늘에 닿을 듯 높다

벽돌을 하나씩 쌓고 올라서서
담장 뛰어넘기를 계속한다

어쩌다 가까스로 담장을 넘을라치면
턱 막아선 관념의 뭉치에 부딪친다
생각에 상처를 내는 건
언제나 담쟁이덩굴의 반대 때문이다

담장 너머엔 누가 사는지 모른다
그 너머의 세계는
어쩌면 내가 상상도 못하는
묵묵한 은유의 세계가 있을지 모른다

벽돌은 계속 쌓이고
담장보다 더 높아졌다
해어진 마음의 눈이
닳고 닳은 시간을 빨아들인다

〈

힘겹게 넘어온 담장 밖이 조용하다

꽃향기 바람에 날리지도 않고
파도 소리 가슴을 치지도 않고
그리운 이, 숨결도 없다

그저 또 다른 세계에서
홀로 서 있는 내가 있을 뿐이다

김은집

충남 서천 출생. 성균관대학교 신문방송학과 졸업. 1980년 도미 Merrill Lynch 에서 근무. 30여 년간 부동산 회사, 자산운용 및 컨설팅 회사 운영. 『문학의 식』으로 등단. 시집 『우리들은 별들 사이로 스쳐가네』. 재미시인협회 부회장, 부이사장 역임. ejkim130@hotmail.com

눈꺼풀 수술

김인기

안과에서 시력 검사를 하면
자꾸만 눈을 크게 뜨고 보라고 한다
그래야 잘 보인다고.

또, 눈꺼풀 수술을 하라고 한다.
그래야 잘 보인다고.

나는 이미도
남의 허물들을 너무나 잘 보고
그것도 너무 크게,
너무 또렷하게 보고 있는데…

사람들은 나를 보고
무엇이든지 잘 먹어서
소화력이 좋다고 한다.
크고 뚜렷이 보이는
저 잘못들을 보면
나는 저것들을 받아 소화하는 능력이 약하여
정신적으로 체할 때가 많은데…
〈

그래도

눈꺼풀 수술을 해야 하나?

김인기

경남 남해 출생. 1973년 시전문지 《풀과 별》 추천, 1996년 NATIONAL LIBRARY OF POETRY CONTEST 입상, 1996년 《워싱턴 문학》 신인상, 1999년 계간지 《한글 문학》 시 천료. 2000년 제2회 재외동포문학상 시 입상. 2002년 시집 『부끄러워도, 그렇게』(가톨릭출판사 출간). 2006~2007년 워싱턴문인회 제10대 회장 역임.

몸에 기억

김정옥

나른하게 늘어진 봄볕 받으며
기울어지는 히야신스 모서리에
하얀 나비 한 마리 숨을 고르고 있다.

이 세상도 저 세상도 아닌
어디쯤인지
요양원 창가에서 졸고 있던 그녀

어느 날 간호사가 백조의 호수
테마곡을 튼다

시간도 몸체의 반 또한 멈추어버린 그녀
휠체어에 기대어

아슬아슬하게
우아하게 팔을 뻗어
발레를 한다

프리마돈나였던
그녀의 몸이 기억을 하고

리듬을 탄다
꿈을 꾸듯

유리창에 성기는 서릿발 같은
싸한 마음
창가에 어린다

김정옥

추계미술대학 회화과. NI, SAIC, 경희 사이버 대학원 졸업. Elgin College 미술 강사 역임. 미주중앙일보 시 당선. 풀꽃시인상 수상.

두 그림자

문창국

언 호수는 빛을 뿌리지만
수면까지 스며들지 못해요
오랫동안
호수를 바라보는 할머니의 시선은
빙판 위에서 잔설로 흩어지네요
지난가을에 핀 갈대도 세월에 발목 잡혀
흰머리만 바람에 흔들리고 있어요

그녀 등 뒤로 두 그림자 비치네요
마치 그녀 곁에 그가 있었던 것같이
마치 오래전부터 함께 있었던 것같이
제일 좋은 때는 아직 오지 않았어요*
한 시절이 다 가도록 산처럼 일어났던
서로에게 앉아 쉴 의자 같은 작은 부두
빛나는 여름의 호수였어요

살아온 내력을 모두 기억할 필요는 없어요
하고 싶은 말은 너무나 평범해서
입 밖으로 내지 못해요
혼자서도 대화가 익숙해지기까지 시간이 필요했어요

보고 싶다는
사랑한다는
이런 말들은 하지 않아요
더 이상 추억을 만들고 싶지 않아요
곁에 있어 서로가 빛났던 그때
남은 생 동안 그 이야기면 충분하니까요

* 로버트 부라우닝

문창국

시집 『아니 그리워』 『시애틀 아리랑』. 한국문인협회 워싱턴주 지부 7, 8대 회장 역임. changkmoon@hotmail.com

겨울 숲

박 앤

헐거워진 겨울 숲
그제야 속 모습 드러난다
여기저기 쓰러져 뒹구는 나뭇등걸들
볕 한 줌 들지 않는 습한 바닥에서 아무도 모르게
푸석한 마른 비늘 떨구며 잦아든다

알전등 침침한 건넛방
고목처럼 누워 띄엄띄엄 숨을 이어가던 조부
온기 잃어 마른 가지 묶음 같던 그의 손
그 쓸쓸함

시신을 모신 뒷방처럼
음습하고 적막한 냄새가 숲에는 배어있다
하늘 향해 자신의 냄새를
향 피우듯 피워 올리는 그들

재의 수요일*
거뭇하게 묻어있는 내 이마의 십자표 나뭇재
잠잠히 일러준다, 헐거워지라고
〈

* 사순시기 첫날, 참회의 의미로 이마에 재를 받는 가톨릭교회의 의식

박 앤 (Anne Park)

서울 출생. 성균관대학교 국어국문학과. 미국 메릴랜드대학교 컴퓨터공학과 졸업. 『워싱턴문학』 시 공모 입상(1997), 한국 문예지 『문예운동』으로 등단(2002). 가산문학상(2010), 제1회 배정웅문학상(2019) 수상. 시집 『못다 지은 집』(선, 2009), 『폐가의 아침』(시산맥, 2023)이 있음. apmp051217@gmail.com (240-463-8343)

옷걸이

서연우

첫 면접에 거절당한 남자의 한 쪽 어깨가 기우뚱하다
물음표를 짓는 표정 외엔 할 말이 없다는 듯

의심 가득한 표정의 상담사는 두 눈을 껌벅거린다
빛이 들어 오지 않는 곳에서 살고 있었나요
비타민 D가 부족하면
남자도 골다공증에 노출될 수 있어요
아! 근육운동은 필수에요, 단백질 파우더 잊지 말고요
잔소리 같지만 거울을 보며 자주 복식 호흡도 해 보세요

세 번째 데이트에서 화장이 지워져
아이디를 요구받은 여자가
자리를 박차고 일어나 공중목욕탕으로 향했다
안개 자욱한 사우나실에서
나오지 않는 땀과 눈물을 삼키며 녹슨 기타줄처럼 흐낀다

나는 너를 떠났다
분명 힘든 일인 줄 알았지만
내가 고른 옷을 입고 햇살 눈 부신 보도블록 위를 걸어가기 위해
무성하게 머리를 기르고

생략되었던 이차 성징을 되돌려 받기 위해
꼬인 목을 서너 번만 돌려 풀어주면
몇 겹의 포장지를 찢고
드러날 선명한 얼굴

멋지게
팬터마임을 해 보일 거야

한때
너의 갈빗대였던 상처를 기록하는
처음 시인이 되어 있을 거야

서연우

대구 출생. 2013년 『서울 문학인』 시부문 등단. 2014년 『미주문학』 신인상 수상. 제9회 동주해외작가상 수상. 시집 『빗소리가 길고양이처럼 지나간다』가 있음. 미주 문협 뉴미디어 분과장. 미주 시협과 가톨릭문협 회원.

신생아 선언문

송마리

나는 신생아를 환영한다.
이 세상에 갓 도착해
보지 못하고 말하지 못하는 능력을 지닌 이들
그들의 무력한 능력은 가장 귀히 여김받아 마땅하다.

나는 신생아를 환영한다.
어엿한 부모의 품에 도달한 이들을
베이비 박스에 배달된 이들을
세 발로 기어야 할 이들을
머리가 둘인 이들을 환영한다.

나는 신생아를 환영한다.
그 누구보다도
가장 최근의 천국의 기억을 소유한
가장 생생하게 천국의 모습을 지닌
그들을
환영한다.

나는 신생아를 환영한다.
그럼에도 불구하고 그들의 옹알이를

그럼에도 불구하고 그들의 보챔을
그럼에도 불구하고 그들의 방황을
그럼에도 불구하고 그들의 성장을
환영한다.

송마리

2023년 『문학세계』 신인상 시 당선으로 등단. 1969년 충남 부여 출생. 충남 대학교 영어영문학 학사와 석사 취득. 미국 Roosevelt Univ. 영문학 석사 취득. 충남대학교 영문학 박사과정 수료. 전 충남대학교 어학연구소 교수. 전 삼라 한의대 ESL 교수. 전 타라 한방 병원장. prayingmarie@gmail.com

시리우스에서 온 편지

송호찬

시리우스 별 두 번째 행성에서 편지가 왔습니다.
빛의 속도로 날아왔습니다.
깜깜한 우주 공간을 여덟 해 남짓 날아오는 동안
편지는 어둠에 까맣게 물들어 읽을 수 없었습니다.
하지만 누가 보낸 것인지 알고 있는 나는 답장을 씁니다.
날아온 편지를 먹지 삼아 받쳐 놓고 흰 종이 위에
편지를 씁니다. 다시 여덟 해를 날아갈,

- 비가 내립니다 어머니, 여기 오셨을 때 만들어 놓으신 뒷마당 텃밭 위로 봄비가 내립니다. 비가 드물다는 건조한 사월, 텃밭 구석에 심어 놓은 귤나무에도, 어린 감나무에도, 나무 아래 보라색 붓꽃에도, 하얀 수선화에도 비가 내립니다. 위쪽 화단에서 내려다보는 대추나무, 등줄기를 검게 적시며 손톱만 한 그 잎싹에 빗방울을 튕기며 내립니다. 알로에에도, 극락조에도, 군자란에도, 이름도 서먹한 플루메리아와 하와이안 히비스커스에도 내립니다. 벌새가 알을 품은 집을 촘촘하게 가려주는 아보카도 나무 이파리에도 투덕투덕 내립니다. 탁자 위 화분마다 들어앉은 다육이들에게도, 담장에 가득한 담쟁이 이파리에도 내립니다. 담 넘어 뒷집 야자수에도, 지붕 넘어 멀리 보이는 유칼립투스 가로수에도 봄비가 내립니다. 그 해 밝았던 봄날 텃밭에 심어주신 상추 모종, 갓 모종, 고추 모종, 여러 푸성귀 모종에

내어주셨던 손길처럼 봄 빗방울이 온 대지에 골고루 내립니다. 이렇게 또 봄이 왔습니다. -

   지난밤 꿈에 다녀가셨던가.
   지붕 치는 빗소리에 깨어 어렴풋한 새벽에 들어앉아 곰곰 더듬어도 어떤 모습이었는지 무슨 말씀을 하셨는지 도통 기억나지 않는다.
   그저 몇 마디, 뒷마당이 어쩌고저쩌고 주워섬긴 것은 나였던 것 같은데
   언제 또 오시려나 생각하는 사이, 잠시 멎었던 새벽 비가 다시 지붕을 친다.

송호찬

대전에서 자람. 2003년 시 「흔적」으로 만해시인학교 백일장 장원, 2007년 시 「빗살무늬토기」로 미주한국일보 문예공모 당선. 현재 미국 캘리포니아 어바인 거주. hochansongpoem@gmail.com

너를 보내고

안경라

아프구나 나도
그런 나에게
어제부터 비가 내렸어
멀쩡했던 지붕은 새고

떨어지는 빗물을
넘쳐흐르게 할 순 없지
물이 고이면 버리고
차이면 또 내다 쏟고

살아가는 날들이 맑을 수만은 없다는 걸
만 년 전부터 알고 있었지만
무심히 흘러갈 뿐인 물의 원형이 부럽네
눈물의 어미가 그립네.

안경라

미주 중앙일보 시 당선(1990). 『한글문학』 시 추천 완료(1993). 미주동포 문학상, 가산 문학상, 해외풀꽃시인상, 고원문학상 수상. 재미시인협회 회장, 이사장 역임. 현재 재미시인협회이사, 미주한국문인협회이사, 고원기념사업회이사, 해외풀꽃시인상운영위원, 글샘터 강사. 시집 『듣고 싶었던 말』, 『아직도 널 기다려』 외 공저.

낯선 귀향

안희숙

눈 감아도 선한 고갯길
물신선 선덕이네
알금뱅이 개똥이네를 지나
굽이굽이 돌아 오르면
턱으로 숨은 차오르고

취하듯 다복솔 짙은 내음에
털버덕이 주저앉아
몇 가락 어우러져도 보며
쉬엄쉬엄 감아내리던
산동네 고향 어귀

홀랑 벗기운 벌건 흙이 왜글왜글
버혀져 뒹구는
수득수득한 나무들이
길을 막네요

솔봉이도 고라니도 보이지 않고
언죽번죽한 이들만 득시글글
새참 들던 언막이 곁에 버티고 서서

선 눈총으로 나를 쫓아요

깨끼떡 나눠줄 그 누구도 없어
상석에 술 한잔
너부죽이 절 올리고
속 울음 목이 메어
회똘회똘 돌아오는 낯선 고갯길

안희숙

충북 괴산 출생. 81년 미주로 이주. 88년 『현대문학』으로 등단. 93년 시집 『길 잃은 한낮』 상재. 82년~2001년 미주 시인협회 '외지' 동인. 98년~2001년 한국일보 NC 지국장. 2017년-현재 GA 애틀랜타 여성 문학회 회원.

다방

양기석

추억 속 맴 도는 혜화동 로타리
이젠 흘러간 옛 다방 간판이 보여
반가움에
허름한 계단을 올라 문을 열었다

옛날처럼
반겨주는 예쁜 마담은 없었지만
세월을 잊은 듯
낡은 테이블이 정겨웠다

따뜻한 커피 향에 젖는 시선 너머
내겐 낯선 카페의 간판들
커피 한 잔이 그리워도
선 듯 들어설 수 없는 소외된 영역이디

예쁜 마담의 미소는 없었지만
낡은 의자에 몸을 묻고
커피 향 속에

부질없이 흘러간 세월을 붙잡는다

양기석

1987년 미국 이주. 2018년 『문학세계』 신인상 수상. 2020년 『시문학』 신인상 수상.

덤

오광운

하나씩 자리를 비우면
새로운 생의 비밀이 열리고
들려오는 끝의 소리는
마치
당신과 나를 스친 바람 소리로 들린다

가야 할 길
가고 있는 날
당연하고, 부적절한 덤의 경우도 있다

어제, 오늘도
빛과 바람 속에 존재했던
누가, 누구도,
떠난 백사장
지금도 눈앞에 선한 끝자락
태양의 축을 떠난 시작이다

믿겨지지 않는 거울 속에 나
나만 홀로 남아
아무도 보이지 않고

밀려오는 두려움
덤!

오광운
1980년 이민. 2018년 『시문학』 등단. 제1집 『끌고 온 바다』, 제2집 『바람의 끝』, 제3시집 『떠나온 길』이 있음. kwangwoon.oh2@gmail.com

꽹과리

오연희

지체 없이
하늘을 품고 들이닥치는 천둥소리
날카롭고 단단한 쇠로 변화무쌍한 선율을 이끌며
거침없는 신명으로 단숨에 마음을 사로잡네

암수 구분 음양의 조화 속
농악대를 이끄는 수장 꽹과리
장구, 북, 징과 함께 생동하는 풍물 놀이패
출몰하면 빈부귀천 사라지고 오직 흥만 남네

움퍽한 몸체, 잡을 끈, 몸체를 두드리는 채
작은 몸을 치고 막고, 막고 치는
쇠의 깊고 얕은 음색을 조율하는 절묘한 호흡
경쾌한 화음에 취해 마냥 붙좇았던 아련한 기억

산과 들, 낯선 동네 지나고 또 지나
어둑한 지구에 혼자 남겨졌던가
어르신들 한데 모여 건너 건너 동네
전설 따라 삼천리, 내 집을 찾아 주었던가
〈

존재의 집, 수시로 흔들리는 낯선 곳에서
아득한 외로움에 눈가 붉어질 때면
구름 기차 잡아타고
꽹과리 앞세운 그곳으로 내리 달리곤 하지

오연희

『심상(心象)』〈시〉 등단. 에피소드 포도 예술상, 시와정신 해외시인상, 해외문학상 대상, 미주 윤동주문학상, 코위너 디카시 공모전 대상 수상. 시집 『호흡하는 것들은 모두 빛이다』 『꽃』 『오늘도 소풍』 산문집 『시 차 속으로』 『길치 인생을 위한 우회로』. 현재 미주한국문인협회 회장.
ohyeonhee@hotmail.com

낙화암

이용언

안개가 수만 군사처럼 침범한다. 계백은 어디 있는가? 지나가는 바람의 소매를 잡고 매달리는 망국의 탄식, 티끌처럼 날린다. 그때 하늘 노을은 얼마나 붉었을까? 허공은 깃털보다 가벼운 꽃들을 멀리 날려 보낼 수는 없었을까? 모진 죽음으로 이름을 얻은 벼랑. 떠밀리다 바위 모서리를 부여잡은 솔뿌리 아래 강물은 흘러 흘러가지만, 한(恨)의 고삐에 매여 가지 못하는 푸른 백마강. 옹이진 역사 속 천년 무영(無影)으로 지는 낙화. 들린다, 지금도 백제가 우는 소리

이용언

1950년 서울 출생. 경희대, New York Theological Seminary -M.Div 졸업. 미주한국일보 문예공모전, 재외동포문학상 입상, 시산맥 제1회 창작지원금 수혜. 배정웅 문학상 수상. 시집 『국경지대』 yongulee@gmail.com.

내가 먼저

이장정숙

무엇을 했던가
팔이 저려 뒤척이는 밤
통증보다 깊은 곳에
내가 웅크리고 있습니다
무엇을 할 수 있을까
서늘하여 사방을 둘러보면
날 선 시간 위에
내가 서 있습니다
조여오는 생에 걸려
절뚝거리다가
문득 깨달은 것은
사로잡힌 것으로부터 도망쳐
순리대로 흘러
그 날에 가 닿을 수 있도록
내가 먼저
나를 기다려 줘야 한다는 것이었습니다

이장정숙

미주시인(2008년), 계간『자유문학』(2009년)으로 등단. 시집『공룡의 발자국을 따라가다』,『돌고래의 잠』, 영시집『Spring Days in peril』 한·아세안 포럼 시부문 해외문학상, 제3회 배정웅 문학상, 제6회 해외풀꽃시인상, 도서출판 지식공감문학 시부문 문학상 수상. 한국문인협회, 재미시인협회, 미주시학 회원. jjjeongsug@gmail.com

김환기의 백자 풍경

이창윤

김환기 화백의 백자 그림들을 보고 있으면
무의미 시에 전념했던 노시인이
그의 만년에 있었던 인터뷰에서, 시는
철학으로 굳어지기 이전의 부드럽고 물컹물컹한
그 무엇이라고 했던 말이 찾아오는 것이다

정교하고 단단하고 매끈한 백자들을
다시 물컹하게 만들어서
한 쪽을 쥐어 받기도 하고 다른 한 쪽은
빵처럼 부풀려서, 비스듬하게 놓아 보기도 하고
달항아리를 하늘에 띄워서 가을이 주렁주렁 매달린
감나무 가지들 사이로 보여주는가 하면
항아리를 가로질러 새들을 날려 보내기도 하는 것이다

이것은 느닷없이 찾아온 나의 엉뚱한 생각인데
그 시절 그의 인터뷰에서, 국보 102호, 국보 187호
그리고 60억 100억을 호가하는 백자를 만든
도공들로부터 맞아 죽을 각오를 하고
그렸다는 농담을 했을지도 모른다는 것이다
예술이라는 완벽한 정신이 때로는

자유라는 황홀한 거리를 함께 거닐기도 할 때
나도 겨우 시인이 되는 것이다

이창윤

경북의대 졸업 1964년. 『현대문학』 시추천 완료 1966년. 미시간 주립대학 의대 교수 역임. 시집 『잎새들의 해안』, 『강물은 멀리서 흘러도』, 『다시 쓰는 봄편지』, 『내일은 목련이 지는 날 아닙니까』, 『쓸모없는 것들과 함께』가 있음.

바다와 하늘이 맞닿은 그곳

이춘희

눈에 보이는 어둠
나른한 가장자리
흰 기러기 한 마리
높은 상공에 푸른 선 그으며 사라지고
태양은 주름 접힌 듯
검은 수평선 위로 줄무늬 이루며
터지는 빛 무더기
하루가 태어나고 있다.

그동안 잠시 밀려났던 것들;
멀리서 개 짖는 소리
달그락거리며 문 여닫는 소리
수군거리는 발소리
쓰레기차 물 뿌리는 소리
새들의 눈가에 이슬 맺히고
환영, 삶의 미세한 부스러기
푸른 잎사귀처럼 떠 오르는
새벽

텅 빈 하늘

모두가 내 것이다.

이춘희

성균관대학 영어영문학과 졸업. Hofstra University, New York, 노인학석사. 2008년 『창조문학』 수필가 등단, 2021, 『시문학』 시인 등단. 2009년 미동부한인문인협회 제18대 이사장 역임. 2024년 미동부한안문인협회 부회장. 2024년 국제PEN 한국본부미동부지역위원회 입회. 뉴욕중앙일보시문학동아리 회원, 뉴욕중앙일보 오피니언칼럼니스트. 시집 『지금이 그리워지는 어느 날』, 한영수필집 『 무성한 떨림』 monicachunelee@gmail.com

대머리 여가수

정국희

1막 (이집트식 커튼이 있는 실내)
이집트 신사가 이집트식 안락의자에 앉아 이집트 신문을 읽고 있다
이집트 숙녀는 오달리스크처럼 붉은 반바지를 입고 이집트식 침대에 비스듬히 누워있다
마티스가 죽었다는군, 신문을 보던 남편이 쯧쯧 혀를 차며 말했다
죽은 지 일 년이 지났는데 시체가 따뜻했어요 부인이 일어서며 말했다
심부름을 가다가 죽었다는군 83세면 아까운 나이야 남편이 말했다
어머나 가엾어라 그 어린 나이에 죽다니 부인이 손뼉을 치며 울었다

2막 (긴 침묵)
울지 말아요 그 사람도 당신이 죽었을 때 울지 않았으니 제발 눈물을 거두어요
대체 울지 않는다고 누가 당신에게 침을 뱉겠소
놀란 표정으로 민머리 남편이 쯧쯧 혀를 찼다
당신 곁에서 평생을 함께한 사람이 죽었다고
그렇게 눈물 흘릴 필요는 없어요
제발 이제 뚝 그쳐요 우리와는 아무 상관 없는 사람이에요
그리고 이제 해가 떴으니 잠자리에 듭시다
〈

3막 (다시 이집트식 커튼이 있는 실내)

웃음이 삽을 쳐들고 제비처럼 유혹하는 시간

전설 같은 소문이 참말처럼 전송되는 이집트 신화처럼

침묵하고 있는 동안 날이 밝았다

마지막 대사가 교회 종소리처럼 사라지고 시계가 일곱 번을 쳤다

햇빛이 들어오지 못하도록 커튼을 닫고 잡시다 남편이 혀를 차며 말하자

당연하죠 부인이 일어서며 말했다

이집드식 키튼이 내려지고 남편이 아내의 허리를 부축하며 무대 뒤로 사라진다

정국희

미주한국일보 시 당선, 〈시와정신〉 평론 신인상, 재외동포문학상, 가산문학상, 동주해외작가상 수상. 미주시문학회 회장 역임, 미주한국문인협회 회장 역임, 시집 『로스앤젤레스, 천사의 땅을 거처로 삼았다』(한국문화예술우수도서선정) 외 3권.

Mortals

정혜선

1

05시 04분 야간반 식량 수송 다람쥐 새벽 귀가 중 교통사고로 즉사 가족들 소식 듣고 현장으로 달려왔지만 시신 수습 불가 절단되고 으깨진 시신 향해 오열 바퀴 소리 요란한 도로 앞에선 슬픔도 무색 죽음의 강 아스팔트는 평소 사고 잦은 곳으로 설치류들 사이에 요주의 지역이었음 사고를 당한 다람쥐는 오크트리맨션 801호 주민으로 알려졌으며 인근 인간거주구역 재개발 공사로 도토리 공급량이 절반으로 줄어 월동 준비 기일을 못 맞출까 괴로워했다는 이웃들의 제보 위험을 무릅쓰고 도로 질주를 감행해야 했던 사연에 안타까움 더해져 사실상 같은 처지에 놓인 노루 족제비 사슴들 사이에서도 인간 사회에 대한 반발 시위 논의가 이어짐 오크트리맨션은 작년에도 유사 사건 발생 후 인간거주지역에서 평화시위를 펼쳤으나 큰 주목을 받지 못하고 동원된 일부 다람쥐가 시위 중 사고를 당하는 등 불상사가 있었으므로 대규모 시위계획에 회의의 목소리도……

2

죽음을 전시하며 아침이 도착했다. 스쿨버스를 보내며 손 흔들던 사람들 돌아가고 나면 우드헤이븐 길모퉁이에 사는 러시아 노부인은 리버로드로 간다. 아침에 볼 때도 걷고 오후나 저녁에도 걷고 혼자 걷고 때로 누군가에 의지하기도 하면서 그녀가 언제부터 어디로 언제까지 걷는지 헤아리기는 어렵다, 왼쪽 가슴께로 손을 얹어 쉬어 가며 걷고, 오십여 년 전 중국 떠나온 이웃을 만나면 멈추어 이야기를 나눌 때도 있다, 그들의 고향은 다르고 광대하며 이제 너무 멀다, 돌아갈 이유가 없어지면 고향은 타국이 된다고, 그들은 이 땅에서 죽을 것이다, 심장이 뛰는 속도에 대해 느린 대화를 나누는 동안 죽음은 공중 부양한다, 육중한 트럭이 두 사람의 이야기를 뭉개 버린 줄도 모르고, 죽음의 감각이 멀다 우드헤이븐과 리버로드 일 점 일 마일 무한궤도에서

3

  오늘 너는 죽을 것이다, 예언하는 이가 있다면 못 믿겠지만 궁금할 것이다 오늘은 아닐 거라고 암호를 풀지 못한 해독사처럼 꽃의 문을 열지* 못한 정원사처럼 작별 없이 멀어졌던 인연이라도 떠오르면 문득 깊은 한숨 쉬고 주먹을 쥐었다 폈지도, 달려오는 혈색에 안심할 것인가? 도대체 안도는 미래에 있지만 나는 완성하지 않은 채 죽어가는 모든 것, 알려지지 않고 지워지지 않는 도처의 아무개처럼 아무렇지도 않게 아무렇게나 그렇게 모든 죽어가는 것들로…

  * 정미셸 시집, 『꽃의 문을 열다』

정혜선

진주 출생. 부산대학교 일어일문학 전공. 2014년 미국 《워싱턴문학》신인문학상 우수상 2015년 한국 《포엠포엠》신인문학상 당선 2023년 제 2회 정지용 해외문학상 수상. 2014년 미국 『워싱턴문학』신인문학상 우수상 수상. 2015년 한국 『포엠포엠』신인문학상 당선. 2023년 제2회 정지용해외문학상 수상. hyesun.rakove@gmail.com

가로수가 있는 길

조옥동

천연한 위엄
마음 정갈하게
하늘도 헐어버린 비인 공간

여름날의 행진
낙엽으로 해산하고
색색으로 조각나는 가을
발아래 내려앉아
가늘게 떨고 있는 꽃나비 되고

무릎도 꿇지 못하는 몸
손가락 마디까지 치켜들고
思慕의 정 실타래
별빛 속에 밤새워 풀어내나
이별만 연습하며 가는 길

철새 쫓아 보내고
애태우는 가슴
반쪽으로 여윈 푸른 달
〈

하얀 눈 찬 손 비벼 가는 허리 여며주고

눈물 삼켜 떠나면

생명의 물줄기 속살 뚫고

핏줄 속 타고 오르는 여리디여린 소리

바이올린 소리는

숨겨낸 열꽃들 마른 입술 내밀다

조옥동

1997년 미주한국일보 신춘문예 입상, 1998년 『현대시조』, 2001년 『한국수필』, 2006년 『시사사』 시 등단, 『시와정신』 평론 등단. 시집 『여름에 온 가을엽서』, 『내 삶의 절정을 만지고 싶다』, 수필집 『부부』(부부공저) 발행, 1999년 해외동포 문학상 2005년 현대시조 좋은작품상 2014년 한국평론가협 해외문학상 2018년 해외풀꽃문학상 2019년 윤동주미주문학상 수상, 재미시협 회장 윤동주문학 선양회 서부지역 이사장 역임, UCLA 의과대학 연구직 35년 근속 은퇴. ooakdjo@gmail.com

노랑과 반 고흐*

조찬구

쓸쓸함이 차 있는
고흐의 방

회색 하늘이 낮아
햇살 따라 왔던 곳

올리브 숲
싸이프러스 나무
밤이면 별들이
바람에 밀리고
그림자
조용히 잠기는 강

카페 테라스엔
노란 등 흔들리고
해바라기, 밀밭

따스함 속에
고흐는 가고
문 앞 테이블에

빈 와인잔
오지 않는 고흐를
기다린다.

* 네델란드 화가

조찬구
서울 출생. 이화여대 졸업. 뉴욕 중앙문학 동아리. 2017년 『시문학』 등단.
Chan 0407@gmail.com

어떤 실종

최무길

어느 날 침상에서 일어나보니 한쪽 팔이 없다 왼쪽 팔이 사라졌다 남은 오른쪽 팔로 얼굴을 만져보니 머리가 사라졌다 거울에 비춰보니 역시 얼굴이 없다 왼쪽 팔과 얼굴이 없는 상태에서 아침 식사를 하려고 부엌으로 내려갔다 테이블 위엔 어제 마시다 남긴 포도주가 잔에 그대로 있었다 그 옆에 책이 열려 있었다 책의 카버를 보니 '시간의 짧은 역사'였다 화장실로 갔다 화장실의 대형 거울에도 얼굴은 비치지 않았다 얼굴이 없어져 조금은 쓸쓸하긴 했지만 불행하지는 않았다. 다시 부엌으로 갔다 먹다 남긴 레드 와인을 다 마시고… 어떻게 마셨는지 알 수 없다 어쨌든 마셨고 와인은 식도를 타고 위장으로 내려간 후 전 몸으로 퍼졌다 보이지 않는 얼굴이 화끈거리며 달아오르기 시작했다 폰을 집어 들었다 어디엔가 연락해야 한다는 생각이 들었지만 폰의 연락처에는 누구의 전번도 없다 폰을 식탁에 내려 놓았다 머리를 손으로 쓰담아 보았다 왼손이 돌아왔다 윈도우 밖으로 희미하게 빛이 비쳤다 자동차 헤드라이트 빛이었다 앰불런스가 도착한 모양이다 아직은 병원에 가기가 싫다 의사이든 간호사이든 하얀 가운을 입은 사람들이 싫다 두 사내가 가까이 다가왔다 스트레처에 몸이 실렸다 구급차에 실려 가고 있었지만 도착하게 될 그곳이 어디인지 알고 싶지 않았다 두 사람은 내내 침묵하고 있었고 그들도 얼굴이 없었다.

최무길

강원도 춘천에서 태어나다. 2008년 『문학시대』를 통해 수필 등단. 2015년 수필집 『무너지는 것들 속에서』 출간. mookilchoi7@gmail.com

소나기

황미광

한 번도 쉬지 않았다
무섭게 달려야 살아남았기에
숨죽이고 앞서갔다

갑자기 도착한 곳
온몸으로 부딪히며 멈춰 선 곳

직선이 곡선이 되어야 하는 법칙에 따라
방울방울 둥글어지며

바다와 강물 위에
나뭇잎과 꽃잎 위에

그리고
너희 집 지붕 위에서 둥글어졌다

무엇을 보며 달려 왔는가
무엇에 쫓겨 그토록 숨 가쁘게
뛰어왔는가
〈

아무도 붙잡지 못한 세월
혼자 미끄러져 살다가
온몸으로 멈춰서야 하는 자리에서

빗줄기 빗방울 되듯이
한번은 둥글게 세상을 껴안고

그렇게 마지막 인사 나누며
땅속으로 스며 들것을

황미광

국립대만사　대학교 문학박사, 국제펜한국본부 이사, 한국디카시인협회 뉴욕지부장, 하늘가족재단 이사장, 뉴욕 퀸즈시립대학교수, 미주 가톨릭방송 사장, 미동부한인문인협회 회장, 대한민국 국민포장, 뉴욕 여성교육자상, 경희 해외문학상, 디카시 계관 시인상 등 수상. 시집『지금 나는 마취 중이다』,『너의 잎새가 되고 싶다』등.

온돌에 누워

황박지현

말끔하게 닦여진 매끄러운 바닥
열꽃으로 달아오르면

방 안 가득 햇살 그림 그려놓고
어디든 마음대로 누우라고
콩물 먹인 자리를 펼쳐주네

햇살이 노오랗게 익어가던 겨울 오후
할머니는 함지박 가득 노란 콩을 내오시고
골라 담던 콩 하나 떼구르르 굴러가면

나도 따라 떼구르르
온 세상이 내 것인 양 이리저리 떼구르르

온돌, 너였구나
내가 30년간이나 찾아 헤매던 온기

황박지현
2017년 재미시협 신인상, 재미시협 회원, 『외지』 편집위원. 시집 『글자 사이로 바람이 불면』. freedomofthinking@naver.com

시조

김동찬
변완수
정찬열
정호원

팽목항 파도

김동찬

교통사고로 세상 뜬
서른여섯 동원이 형,
자식을 먼저 보낸
어머니가 떠올랐다.
일주기,
겨우 참으시고
뇌졸중으로 쓰러지고만.

울 어머니
시커먼 가슴을 생각한다.
울지도 못하고
말도 못 하고
주먹으로 치셨듯이
오늘도
파도는 쳐서
쉬지 않고
파도는 쳐서.

# 김동찬

미주한국일보 문예공모 시 입상(1993). 『현대시』 재등단(2002). 수필집 『LA에서 온 편지』, 시조집 『신문 읽어주는 예수』, 시집 『봄날의 텃밭』 등이 있음.
soloktc@hanmail.net

양란(洋蘭) 1.2

변완수

가녀린 꽃대 우에
고개 갸웃 숙은 얼굴

의뭉한 이 손길이
뻗다 멈칫 섰더니라

네 기품(氣品)
청렬(淸洌)할세라
차마 범치 못할레라

분 단장 않은 맵시
아(雅)코, 정(淨)코, 순(純)한지고

다소곳 무릎 세워
널 괴고 앉았느냐

네 모습
이리 곱거니
뉘와 향을 다투랴

변완수

1934년 경북 문경에서 태어남. 1967년 미국 유학. American University of International Studies 수학. 해외문예지 『울림』에 시조부문 당선. 월간 〈Korean News〉와 〈美國生活〉에 '東과西' '東西南北'이란 고정칼럼을 약 7년간 씀. wwbyun@aol.com

오뉴월 땡볕 아래 서서

정찬열

캘리포니아 산천에
자카란타꽃* 피어날 때면

난분분 흩날리는 보라색 꽃이파리 사이로 뙤약볕 아래 깨밭 매던 어머니가 보인다 밤새 바람 불어 꽃잎 소복이 쌓이면 밭 귀퉁이에 호청 깔고 참깨를 털던 어머니 수북수북 쌓여가는 깨를 보며 하따 오지다 징허게 오지다야 참말로 오지게 웃던 우리 엄니 웃음소리며 흩어진 깨알을 쓸어 담으며 오~매 으째야 쓰꺼나 깨 한 말이면 느그들 한 학기 납부금인디 하던 모습이며 게으르게 깻단을 날라 오는 나에게 혀를 끌끌 차며 하시던 그 말씀 지금도 귓가에 맴돈다

죽으면
썩을놈의 삭신
애깨서 뭐 한다냐

* 자카란타꽃과 참깨꽃이 신기하게 닮았다.

정찬열

미주중앙일보 신춘문예 시 등단(1999). 계간 『문학의식』 평론 등단(2015). 산문집 『쌍코뺑이를 아시나요』 『산티아고 순례길 2천 리』 『북녘에서 21일』 등. 시집 『길 위에 펄럭이는 길』. 현, 『문학세계』 발행인 겸 편집인.

용과 악용 외 1편

정호원

진달래 바위동네 굴뚝목에 산불 났다
아궁이 모닥불을 회오리가 부채 젓다
들먹인 골바람마저 붙는 불에 풀무질

산신령 화부께서 소방서에 전화 건다
도착한 소방차는 가마를 탄 봄아씨다
치마폭 바람잡이로 키질하는 방화범

공중 추렴새

돌팔매 한 마리가 원반 타고 날아오다
시위를 떠난 화살 맞불질로 골받이다
동강 난 부스러기를 메새 죽지 퇴내다

정호원

중국연변방송 고급편집(교수), 중국작가협회 회원. 연변작가협회 부주석, 연변작가협회산문창작위원회 위원장, 연변방송국문학부 부장 역임, 소설, 수필, 시, 가사, 평론, 동화 등 문체 천여 편(수) 발표,《안중근 평전》,《함경도 사람》,《연변 사과배》등 도서 19권 출판.

수필

고대진 권조앤 김재동 김카니
김향미 김홍기 김희봉 노 려
민유자 박연실 박유니스 박인애
성민희 윤덕환 이에스더 이영미
이재훈 이정숙 이정아 이주혁
전동순 정동철 정문자

하느님, 부처님, 그리고 수학

고대진

　임진왜란 직후 도쿠가와 이에야스가 일본의 패권을 잡아가는 과정을 픽션의 형식을 빌려 그리면서 일본 사무라이의 세계를 서양 독자들에게 소개한 제임스 클라벨의 소설 〈쇼군〉은 베스트셀러가 된 후 미니시리즈로 제작되어 1억2000만명이 시청하는 공전의 대히트를 쳤다. 최근에 리메이크까지 방영되었지만 1980년의 쇼군에는 리차드 챔벌린이 존 블랙손 선장으로 나오고 토시로 미푸네가 나중에 쇼군이 되는 요시 토로나가 역으로, 요코 시마다가 마리코 토다로 나오는 인기 연속극이었다. 필자도 아주 바쁜 박사과정 학생 시절임에도 불구하고 너무 재미있어서 열심히 시청했었다. 보면서 극 중에 나오는 대사들을 이곳 사람들이 어떻게 받아들일까 하는 의문이 들었다. 불교 사상을 접한 동양 사람들에게는 자연스러운 대사지만 서양 사람들에게는 이해하기 힘든 말이었기 때문이다. 예를 들면 여기서 가끔 나오는 마리코의 대사 "죽는 것은 산다는 것과 다르지 않아요" 같은 말이다. 서양사람들이 저 말을 어떻게 받아들일까? 하고 궁금했다. 수학적으로 말하자면 '삶=죽음'이라는 말인데 '어떻게 그럴 수 있는가? 이건 난센스야. 말장난이지.'라는 반응이 나올 수밖에 없을 것 같았다. 하지만 불교의 영향을 받은 우리는 이런 말을 자주 들을 수 있었다. 불교의 핵이라는 반야심경을 보면 "색즉시공 공즉시색" 즉 있는 것은 없는 것이고 없는 것은 있는 것이라는 말이 핵심 메시지로 나온다. 죽는 것이 사는 것과 다르지 않다, 라는 것을 받아들임으로써 즉 죽음과 삶을 생각하지 않게 함으로서 온 정신을 상대의 칼에만 전념하게 하려는 당시 사무라이들의 교육 방식이 선불교에서 나온 것이기에 그런 대사가 극 중에서 자주 나오게 된 것이 아닐까?

진(truth)과 위(false)에 기초한 이분 구조의 논리가 지배하는 그리스에서 비롯된 서양 문화에서는 진은 결코 위가 될 수 없으며 위는 진이 될 수 없다. 진이 아니면 위, 위가 아니면 진이다. '죽음이 삶과 다르지 않다.'라는 명제는 이 이분법 논리로는 접근조차 할 수 없다. 세계를 이분법 논리(double valued logic)로 설명하려는 서양 철학과 수학에 길들여진 우리에게 진과 위가 하나가 되는 일분법 논리(single valued logic)를 받아들이는 일은 무척 어려울 수밖에 없는 것 같다. 이를 받아들이기 위하여 선불교의 선사들은 수수께끼 같은 화두를 하나 잡고 몇십 년 동안 매달려 생각하다 마음이 열려 진위 구별이 없는 논리를 깨우치고 해탈의 경지에 이르기도 한다. 이때 비로서 진위가 구별이 없는 상태, 죽음과 삶이 구별이 없는 마음의 상태로 변해 부처의 마음이 된다. 이 경지를 많은 선사들이 도전하고 얻으려 노력했지만 부처가 된 사람들은 많지 않는 것을 보면 쉽지 않은 듯하다.

인간의 삶에서 오는 모든 고뇌와 고통은 무엇 때문에 생기는 것일까? 한 마디로 줄여 말하면 인간의 유한성에서 온다고 볼 수 있을 것 같다. 유한한 생명, 유한한 재화, 유한한 땅 등이 무한을 향하는 욕망과 충돌하여 번뇌와 투쟁이 시작된다. 즉 인류의 문화란 인간의 유한성을 극복하려는 노력이며 무한에 대한 도전이라고 할 수밖에 없다. 생각해보면 인간은 유한성을 극복하기 위해 신을 생각하고 신을 우리의 생활과 정신으로 포함시켜 종교를 만들어 무한을 우리 안에 끌어들인 것이라 볼 수도 있다. 인간이 유한에 만족한다면 굳이 무한을 생각할 필요가 없을 것이다. 그러나 우리는 생명이 끝나고도 무한히 사는 법을 이야기한다. 기독교는 신에 대한 믿음과 선행으로 구원을 얻어 영생을 얻게 되고 그렇지 않으면 영원한 멸망의 구렁으로 떨어진다고 한다. 이것은 수학에서 실수에 '+무한'(+∞, 신, 천당, 구원)과 '-무한'(-∞, 악마, 지옥, 멸망)을 도입하여 확장된 실수 공간을 만드는 것과 유사하다. 현대 수학에서는 이 과정을 컴팩트화(compactification)라고 하는데 두개의 무한, 즉 +∞ 과 -∞을 도입하는 법은 '두 점 컴팩트화(two point compactification)'라 한다. 두 무한을 도입하는 대신 +무한과 -무한을 하나로 묶어 원을 만들어 하나의 무한을 도입하는 방법을 '한점 컴팩트화'(one point compactification)'라고 하는데 불교에서 말하는 공즉시색 색즉시공의 죽음과 삶이 구별이 없는 마음의 상태와 비슷한 것 같다.

통계학도 비슷하다. 무한히 많다고 가정하는 모집단에서 유한한 작은 부분을 추출해서 조사함으로써 모집단 전체에 대한 특성을 규정지으려 한다. 무한에 대한 진실을 유한을 통해 해결하려 하는 것이다. 이 무한한 공간에 대한 진실을 찾기 위해 작은 부분을 추출하는 일을 샘플링이라 하는데, 이는 무한에 가까운 데이터를 분석하는 데는 엄청나게 많은 계산이 필요하고 또 자료를 넣을 수 있는 컴퓨터의 용량이 엄청나게 커야 하기 때문에 유한을 통해 근사치 해법을 찾으려는 수학자의 타협안이다. 여기에 더해 논리의 값도 진이나 위만 있는 것이 아니라 0.7의 진이나 0.99의 진 혹은 0.3의 진이라는 개념을 도입하는 다분 법 논리(multi-valued logic)를 쓰기도 한다. 완전한 진리를 추구하기보다 30퍼센트의 진리 혹은 70퍼센트의 진리를 받아들여 진리의 확률을 함께 기술하는 법을 베이즈 방법(Bayesian method)이라 부른다. 이와 비슷하게 볼 수 있는 다분 법 논리인 퍼지 논리(fuzzy logic)는 벌써 컴퓨터 프로그램으로 쓰여 세탁기나 전기 밥솥의 프로그램에 이용되고 있다.

　요즈음에는 무한에 가까운 양의 데이터(빅데이터)를 저장하고 그것을 계산할 수 있는 컴퓨터의 능력이 개선되어 샘플링 대신 자료 전체를 분석하는 일이 가능하게 되었다. 샘플링 없이 무한에 가까운 모집단 자체를 분석하려는 시도이다. 인공지능(AI)도 그런 노력의 한 종류인데 클라우드 컴퓨팅과 기계학습(machine learning)을 통해 무한에 가까운 엄청난 양의 자료를 분석하는 일을 가능하게 한다. 무한에 가까운 자료를 직접 다룰 수 있게 된 것인데 이 무한을 하느님으로 여기는 것은 아닌지 모르겠다. 무한을 직접 분석하려는 이 불온한(?) 시도가 어떤 결과를 가져올지 필자같이 멍청한 사람은 짐작하기조차 어렵다. 혹시 새롭게 하느님으로 등극하는 'AI'는 알까?

고대진

제주 출신. 텍사스대학 명예교수. 『미주문학』, 『창조문학』, 미주중앙일보 신춘문예를 통해 등단. 무원 문학상, 미주 가톨릭문학상 수상. 에세이집 『순대와 생맥주』가 있음. poet2.scientist1@gmail.com

뿌리

권조앤

아침에 나무에 물을 주기 위해 뒷마당에 나갔다. 여기저기 스프링쿨러가 닿지 않는 곳에 물을 주다가 대추나무가 눈에 들어왔다. 대추가 아주 커다랗게 달려 여물어 가고 있다. 예년보다 많이 열렸다.

저 대추나무를 어디서 구입해 심었는지 모르겠다. 맞아, 선교헌금 바자회에서 사 왔었지. 묘목에 불과한 대추나무를 선교비에 쓴다고 해서 어느 정도 자란 값을 주고 사 왔던 기억이 났다. 15년 전쯤인데 이제야 제법 나무 같다. 참 더디게 자라며 뿌리를 안정시켰는지 올해는 꿋꿋한 모습에 나뭇가지가 휘어지도록 대추가 달려있다.

뿌리를 내리기까지 얼마나 힘이 들었을까. 사막 기후에 목이 타도 물도 맘껏 못 마시며 겨우겨우 생명을 지킨 나무다. 이젠 깊은 땅속의 물을 빨아들일 수 있어 완전하게 성공의 가도를 달릴 것이다.

우리의 삶도 대대손손 뿌리를 내린 고국을 등지고 임의든 타의든 신대륙 패권국가인 미국으로 모종이 되어 하늘 멀리 물 건너왔다. 뿌리를 내리기 위해 힘든 줄도 모르고 젊음을 바쳐 바닥에서 뿌리를 내려가며 살야야만 했다. 어느새 70을 훌쩍 넘기고 말았다. 이민자가 되어 겪어야 하는 어려움도 그러려니 했다. 힘들어도 고생인지 모르며 살다 보니 자식들은 미국 사회의 일원이 되어 잘 살아가고 있다.

어려서 기저귀 차고 건너온 딸이 40세 후반이 되었다. 저는 저대로 제 딸을 위해 열심히 돌보는 것을 바라본다. 시간의 영원성은 내가, 딸이, 또 손녀로 이어지며 뿌리가 단단하게 내려가며 이어지는 삶을 말한다. 수백 년을 살 수 있는 나무들도 처음엔 모종이었다. 인간의 수명보다 몇 배씩 긴 것을 보면 인간인 나의 수명의 짧음이 아쉬울 때도 있지만 자연의 이치임을 어쩌랴.

아침에 물을 주다 보면 생각이 많아진다. 낯선 땅에 겁도 없이 이민 와서 새로운 삶을 시작했는데 팔자인지도 모르겠다. 전쟁과 같은 삶의 현장에서 지칠 줄 모르고 일을 하여 얻어낸 노후의 생활을 감사한다.

대추나무에 대추가 주렁주렁 달리기까지 그네들도 많은 인고가 필요했을 것이다. 장석주 시인의「대추 한 알」의 시를 떠 올렸다. "저게 저렇게 붉어질 리가 없다 / 저 안에 태풍 몇 개 천둥 몇 개 번개가 몇 개 들어서서 붉게 익힌다는~ 저 혼자 둥글게 될 리는 없다. 서리 내리는 몇 밤 땡볕 두어 초롱달 몇 날이 들어서서 둥글게 만드나 대추야, 너는 세상과 소통하였구나."라는 시의 내용이다.

어디 대추뿐이랴. 어떤 열매든 꽃이던 나무잎파리 하나도 다 자연의 순리를 따라 참고 견디어 살아가는 것이다. 대추나무를 옮겨 심고 몇 년이 지난 후에 자라기 시작했다. 영양분을 섭취하기까지 걸린 세월이다. 오늘따라 세상에 존재하는 모든 것들이 다 소중하다.

이 아침, 고생을 고생이라 느끼지 않고 열심히 살아온 이민자들의 삶에 존경과 자부심을 동시에 느낀다. 대추나무에게 찬사와 격려의 박수를 보낸다.

권조앤

2016년 『문학세계』 수필부문 신인상 수상. 수필집 『마디』 공저. 현, 오렌지 글사랑 회장. joannkwon1208@gmail.com

주전자

김재동

　옛날 어렸을 적에 우리 삶의 주변에서 흔히 볼 수 있었던 것 중의 하나가 '주전자'였다. 흰색이나 약간 노란색의 알미니늄 계통의 양철 주전자가 대부분이었지 않나 생각된다.

　으례 물을 담아 식사 때 각자 먹을 만큼 컵에 부어 마셨기에 보통 '물 주전자'라 불리었다. 그런데 가끔씩 이름이 달라질 때가 생긴다. 혹여 집에 반가운 손님이라도 찾아오면 웃어른이 어린아이들에게 막걸리 술 심부름을 시킨다. 그때 사용한 것이 물주전자다. 동네 가게에 가서 빈 주전자에 허연 막걸리 술을 채워주면, 이때부터 주전자는 '술 주전자'로 불린다.

　다시 말해 같은 주전자인데도 눈에 보이는 외양의 모습 대신, 그 안에 '무엇을' 담느냐에 따라 이름이 바뀌게 된다는 사실이다. 이렇다 보니 누가 알겠는가! 혹시, 누가 주전자 속에 흙을 집어넣으면 '흙 주전자'도 되고, 돈을 집어 놓으면 '돈 주전자'가 될 수도 있겠다는 생각 말이다.

　우리는 사람들을 만나면, 대부분 눈에 보이는 외적 모습으로 그 사람을 판단하고 받아들인다. 표정이나 인상, 옷차림이나 말씨로 좋은 사람과 악한 사람, 교양 있는 사람과 망나니, 부자와 가난뱅이, 귀한 사람과 천한 사람 등으로 미리 구별하려는 성향이 있다. 그렇기에 인간은 속이 비어 있으면 불행하게도 눈에 보이는 외적 모습을 치장하고 꾸미기에 바빠지는 모양이다. 대한민국을 대표하는 서울 강남이 '성형의 메카'로 불리는 것만 봐도 쉽게 알 수 있는 일 아닌가!

이런 사회에서는 그래서 내적인 실익보다는 자칫 사람들이 외적인 허세에 소중한 시간과 돈을 낭비할 위험이 커질 수밖에 없겠다는 생각이 든다. 분수를 벗어난 사치, 빚을 내서라도 무리하게 모는 고급 외제차, 사기를 쳐서라도 출세만 하면 된다는 빗나간 욕망들이 대다수 사회의 가치관을 끌고 간다면 인간의 고귀한 품성과 행복은 더 이상 기대하기 어려운 일 아니겠는가!

인간의 가치가 하찮은 '주전자'만큼도 취급받지 못한다면, 이건 분명 너무나도 슬프고 비참한 노릇이다. 찌그러진 주전자마저도, 그 안에 황금을 담으면, 볼품없는 외양과는 달리 누구나 탐내는 '황금 주전자'로 보물 취급을 받기에 말이다.

그렇다면, 인간의 진정한 가치도 눈으로 볼 수 있는 외적 모습 대신 내 안에 담겨있는 '생각'으로 내가 어떤 사람인지 평가받아야 옳은 것 아닐까?

알고 보면, 인간 가치는 또 하나의 '주전자'에 비유될 수도 있겠다. 외양은 주전자 일 뿐, 내 안에 담겨있는 '생각'에 따라 우리 인생이 달라지기 때문이다. 마치 같은 주전자인데도 물을 담으면 '물 주전자'가 되고, 물을 부어버리고 그 안에 술을 담으면 '술 주전자'가 되듯이 말이다.

그래서일까? 내 마음의 생각 안에 칼 막스를 담으면 '공산주의자'가 되고, 김일성을 담으면 '주사파'라 불린다. 내 생각 안에 부처를 담으면 '불교 신자'가 되고, 마호메트를 담으면 '회교도'로 불리고, 예수 그리스도를 담으면 '크리스찬'이 된다. 생각 안에 거짓을 담으면 '사기꾼'이 되고, 선을 심으면 '착한 사람'이 되고 악을 담으면 '악인'이 되듯이 말이다.

그런 가운데서도 한 가지 다행인 것은, 어느 때라도 마음을 바꾸면 인생이 달라질 수 있다는 생각이다. 같은 사람인데도 생각 안에 부처 대신 예수를 담으면, 불교 신자 대신 '크리스찬'이 될 수 있고, 칼 막스 대신 자유평등을 심으면 그 순간 공산주의자에서 '민주주의자'로 바뀌게 된다는 사실 때문이다.

한세상 살다가는 우리네 인생 삶이 잘못된 '생각' 하나만 바꾸면 우리의 인생에 아름다운 꽃이 피게 된다는 희망으로 가슴이 벅차오른다. 이 얼마나 크신 창조주의 선물인가!! 그래서일까? 오늘따라 머리 위에 떠도는 뭉게구름이 무척 아름답다.

김재동

수필가, 의사, 기톨릭 종신부제, 미주 기톨릭문협 초대 회장 역임. 『아프니까 인생이다』 등 4권 출판. jkim8009@yahoo.com

사라져가는 문패

김카니

몇 달 전 한국에 갔을 때, 어릴 적 살던 곳을 찾았다. 재개발 구역으로 선정되어 모든 집이 곧 허물어지고 그곳에 새 고급 아파트가 들어선다고 했다. 수십 년 동안 살아온 노인들이 반대해서 개발이 늦어졌단다. 단독주택보다 편리한 아파트 생활을 선호하는 젊은이들은 진즉에 모두 떠나 노인들만 살고 있었다. 그곳엔 자식들과 함께했던 추억과 흔적이 남아 쉽게 떠나고 싶지 않았을 거다. 어렸을 적 골목 어귀에서 동네 아이들과 고무줄놀이, 사방치기 등 매일매일 놀이를 바꿔가며 즐겁게 뛰어놀던 생각이 아련하게 다가온다. 머지않아 흔적도 없이 사라질 동네를 생각하니 씁쓸해진다.

70년 이전에는 대부분의 집이 단독주택이었다. 대문에는 대부분 문패가 달려있었다. 그때는 집주인만이 자기 집에 문패를 달았다. 그것을 권한이자 성공의 척도로 생각했다. 특히 첫 집 장만 시에는 최우선으로 자기 집에 멋진 문패를 달았다. 자부심이었다고 할까. 대리석, 자개, 나무 등으로 비싼 재료로 만들며 부를 과시했다.

우리 집은 할아버지 성함이 한문으로 새겨졌다. 돌아가신 후 아버지의 이름이 올라갔다. 무엇으로 만들어졌는지 기억은 나지 않지만 한문 문패가 대문 옆에 붙여졌다. 그때만 해도 멋진 이층집이나 큰 저택 대문에는 부를 과시하듯이 번쩍거리는 문패를 달았다. 마치 문패가 권세와 부를 말해주는 듯했다.

우리 집 옆집은 새로 이사 온 사람이 집 두 채를 헐고 저택으로 다시 지었다. 웅장한 철재 대문에 황금빛으로 큼직하게 이름 석 자가 또렷했다. 어떤 집은 세대주 이름 옆에 아들 이름도 써 붙인 집도 있었다.

이제는 아파트가 즐비하게 동네를 메꾸어서 쉽게 문패를 찾을 수가 없다. 내가 살았던 집은 철재 대문 그대로이지만 문짝 주변에 녹이 슬고 문패가 보이지 않았다. 그 자리는 오랫동안 방치되어 보기 싫게 남아있다. 그곳에서 오랫동안 살아온 몇몇 집은 아직도 낡은 대문에 초라한 문패가 역사를 말해주듯 꿋꿋이 달려있다.

예전에는 자기 이름을 많은 사람에게 알려 불러주는 것을 명예롭게 생각했다. 지금은 자신의 이름을 남에게 알리는 것을 꺼린다. 개인정보를 잘못 공개했다간 낭패를 보기도 한다. SNS나 뱅크, 크레딧카드 회사에서도 닉네임을 요구한다. 특히 한국 사이트 유튜브 아이디를 보면 모두 알아보지도 못하게 숫자와 알파벳으로 많이 섞어 읽을 수가 없다. 요즘 한국에서 태어나는 아기의 이름을 외국어로 많이 짓는다. 훗날 개개인의 이름이 필요 없어 사라질까 봐 두렵다. 이름 석 자 알리는 것이 옛날 정서 문화로만 남는다.

아파트 보급이 일반화되고 개인정보에 대한 중요성이 강조되어 오면서 정말 보기 힘들어진 것이 문패다. 점점 사라져가는 고유 이름 석 자가 들어있는 문패. 한갓 기억으로 남기기에는 아쉬운 생각이 든다.

김카니(Connie Kim)

『재미수필』 신인상 수상. 『그린에세이』 등단. 그린에세이 작가회 회원. 별뜰 문학회 회원. 재미수필문학가 협회 이사장 역임. 수필집 『구름이 붓이 되어』.
apoconnie@yahoo.com / conniekim221@gmail.com

편지

김향미

오늘은 작정하고 지갑 정리를 했다. 오래전에 선물로 받아 아껴 뒀던 새 지갑을 꺼냈다. 낡은 지갑 속에 있던 것들을 식탁 위에 모두 꺼내 놓고 보니 수북하다. 몇 달러는 됨직한 동전들, 몇 장의 지폐를 먼저 새 지갑에 챙겨 옮겼다. 지갑 갈피 갈피에 신용 카드와 운전 면허증 그리고 몇 종류의 보험 카드들도 끼워 넣었다. 이제는 무용지물이 되었지만 그동안 신주단지처럼 모셔 놨던 코비드 19 백신 증명 카드까지 다시 챙겨 넣고 나니 어느새 날씬했던 새 지갑이 제법 두툼해져 버린다. 하지만 식탁 위에는 물건을 사고 받아 두었던 영수증들과 접어 놓은 종이들이 꽤나 많이 남아있다.

이참에 버릴 건 버리자는 심산으로 영수증을 하나씩 펼쳐 본다. 언젠 반품해야 할지 모를 불상사를 대비하기 위해 버리지도 못하고 끼고 있던 영수증들. 찬찬히 들여다보며 기억을 더듬으니 대부분이 내버려도 될 만한 휴지 조각들이다. 엉뚱하게 아껴 뒀던 빛바랜 영수증들과 하찮은 메모들이 적혀있는 작은 종이들을 구겨 던진다. 이제 작은 흰 봉투 하나가 남았다.

봉투 겉에는 해피버스데이라고 쓰여 있다. 봉투를 집어 드는 순간 가슴이 또 뭉클해 진다. 나에게는 다정한 표현이나 말을 건네기 늘 쑥스러워하는 무뚝뚝한 두 살 터울의 남동생이 있다. 그 동생이 이

년 전 내 생일에 준 봉투다. 해마다 생일이 되면 내가 성큼 구입하지 못하는 값비싼 가방이나 물건을 올케의 손을 통해 선물해 주던 동생이 어느 해부터인가 물건 대신 조금은 두툼한 돈 봉투를 건네 주기 시작했다. 봉투 안에는 돈 외에는 아무것도 없는, 말 그대로 돈봉투였다. 하지만 그 안에는 누나를 향한 동생의 마음도 함께 넉넉히 들어 있는 걸 나는 알고 있었다.

이 년 전, 나는 육십 살이 되었다. 남편의 지휘 아래 온 가족들이 나 모르게 준비해 준 써프라이즈 생일 파티는 나를 울다가 웃게 만든 감동의 날이었다. 한 달 전부터 나를 놀래 켜 주려고 작전을 짠 남편과 아이들 그리고 가족과 친구들은 내가 얼마나 큰 사랑을 받고 있던 사람인지 알려 주려고 태어난 사람들 같았다. 나는 행복해서 울음을 터트렸고 가족들은 그런 나의 모습에 웃으며 함께 즐거워했다.

파티는 끝나고, 그날 서녁 나는 동생이 선물로 건넨 돈봉투를 열어 보고 또 한 번 울어 버리고 말았다. 예년보다 좀 더 두툼한 봉투 안에는 내 가슴에도 다 넣을 수 없는 태산 같은 그의 사랑이 함께 넣어 있었다. 누나의 육십 평생 지나온 삶에 보내는 격려와 응원 그리고 축복과 사랑이 투박하지만 간결하게 또박또박 마음을 눌러 담은 듯 쓰여져 있었다.

- 누나에게/지난 60년 동안 정말 성실하게 열심히 열정적으로/ 잘 살았어! / 힘들고 어려웠던 시간도 잘 이겨냈고/ 즐겁고 기쁜 일들은 주위 사람들과 늘 나누려고 했던 모습들…/ 앞으로의 날들도 사랑하는 식구, 친구들과 행복을 누리며/ 하나님의 많은 복들을 받기를 늘 기도할께!/ 정말 축하해! -

나는 동생이 써 준 이 짧은 편지를 그날부터 지갑에 부적처럼 넣어두고 다닌다. 가끔씩 고단한 일상에 지쳐 있을 때 지갑 속에서 조용히 꺼내 보며 큰 힘을 얻곤 한다. 제 누나에게 살가운 표현조차 할 줄 모르는 재미없는 녀석이, 육십 년 일생을 잘 살아냈다고 내 등을 토닥이며 박수 쳐 주는 수줍은 사랑의 응원가가 아닌가.

이제 새 지갑 속에 반짝이는, 동생이 내 목에 걸어준 금메달을 쏘옥 집어넣었다. 무뚝뚝한 그에게 내가 화답하는 가장 찐한 애정 표현이리라.

드디어 지갑 정리가 끝났다. 두툼한 가방에 지갑을 넣는다. 깊은 잠을 잘 수 있을 것 같은 푸근한 밤이다.

김향미

1979년 도미. 2004년 『문학세계』 수필부문 신인상. 미주한국일보 문예공모 수필 입상. 미주한국일보 '여성의 창' 필진 역임. 고원 기념사업회 회계 이사, 미주한국문인협회 총무이사 역임, 현 부회장. 글마루 문학회 동인. ghmkim@hotmail.com

I watching you

김홍기

"이거 이젠 버리지, 그동안 한 번도 입지 않은 옷인데" 아내가 퉁명스럽게 말했다. 몇 년 전 손님이 전해준 군복이었다. 황토색 바탕에 군데군데 개구리 등 무늬가 그려진 야전점퍼는 색이 바래고 목 부근과 소매도 실밥이 터져 너덜거렸다. 요즈음은 일부러 찢어진 옷을 유행처럼 입는다지만 남이 입던 헌 군복이라 내키지 않아 한 번도 입지 않은 옷이었다.

내가 그를 처음 본 것은 정비소를 시작하고 얼마 지나지 않았을 때였다. 그러니까 벌써 십여 년 전 일이다. 그는 구릿빛 얼굴에 행색이 초라한 키 큰 중동사람이었다. 한여름에도 때 묻은 털모자를 쓰고 다녔다. 자그마한 픽업트럭에 버려진 중고품이나 고철을 싣고 정비소 앞을 자주 지나다녔다. 재활용품이나 주우러 다니는 사람이겠지 생각하며 관심을 두지 않았다.

그는 나를 보면 "I watching you"라고 소리치곤 했다. 짜~식, 나를 지켜본다고. 지가, 뭔데 나를 지켜봐? 내심 불쾌했다. 내가 저놈한테 뭘 잘못했나 생각해 보았지만 기억나는 일이 없었다.

안개가 채 걷히지 않은 아침이었다. 그의 차에 문제가 생겨 정비를 의뢰했다. 아주 간단한 문제였다. 수리를 해주고 돈도 받지 않았다. 사실 내가 녀석의 차를 공짜로 고쳐준 이유는 늘 나를 보고 있다는 그의 말이 마음 한구석에 꺼림칙하게 남았기 때문이었다. 껄끄러운 녀석이 첫 손님이라니 불편한 마음은 좀체 가라앉지 않았다. 그후 그의 자동차에 이상이 생기면 나를 귀찮게 했다. 그때마다 내색하지 않고 조언도 해주고 수리해 주었다. 그럴수록 집요하게 접근해 오더니 정비 후 나온 고철 등을 가져갔다. 때로는 일하는 내 곁에서 내가 듣든 말든 한참을 수다스럽게 떠들다가 슬그머니 자리를 뜨곤 했다. 사실 그도, 나도 영어에 익숙하지 못해 서로 하는 말을 다 이해하지 못한다.

비가 많이 내리던 날이었다. 그에게 전화가 왔다. 자동차가 도로에서 움직이지 않는다며 와 달라는 다급한 목소리였다. 혼자 일하는데 어떻게 갈 수 있겠냐며 단호하게 거절했다. 통화를 끝내고 난 후, 그의 목소리가 메아리 되어 귀청을 울려댔다. 빗속에서 안절부절못하는 모습이 눈앞에 어른거렸다. 일단 정비소 문을 닫았다.

그가 있는 곳으로 가서 살펴보니 연료가 떨어져 차가 멈춘 것이었다. 그를 내 차에 태워 주유소에 갔다. 기름을 사려는데 돈이 없단다. 하는 수 없이 내 신용카드로 기름통과 연료를 사주었다. 주유소에 갈 때나, 그의 차로 돌아오는 내내 그는 너무도 차분했다. 다급한 쪽은 오히려 나였다. 마음속에서 울화가 치밀었지만, 꾹 참고 정비소로 돌아왔다. 옷도 젖고 마음도 젖었다. 뒤따라 정비소로 돌아온 그는 "sorry" 한마디뿐이었다.

며칠 뒤, 그가 찾아와 돈과 함께 제법 묵직한 비닐백을 내게 내밀었다. 자기가 아끼는 옷이라고 말했다. 지난 비 오던 날 나를 보니 이 옷이 필요할 것 같았단다. 겨울이 되면 추울 텐데 입으라고 했다. 짧은 순간 무슨 말을 해야 했지만 아무 말 못 하고 얼떨결에 받고 말았다.

그는 양팔을 크게 벌려 말없이 나를 가슴에 안았다.

비닐봉지를 열어 보니 군복이었다. R.j perri라는 이름이 박힌 명찰과 계급장까지 달려 있었다. 무겁고 치수도 커서 내 몸에는 맞지 않을 것 같았다. 그런데도 그 야전 점퍼를 버릴 수는 없었다. 비록 헌 옷이지만 준 사람이 아끼던 물건이고, 선물 아닌가. 사실 나는 그가 어디에 사는지 식구들은 몇이나 있는지 아는 것이 별로 없었다.

그 후 몇 주째 그가 보이지 않았다. 늘 지나다니던 사람이 보이지 않으니 무슨 일이라도 있는 걸까? 그새 미운 정이라도 쌓인 것인지 자주 생각났다. 구릿빛 얼굴에 유난히 하얀 이를 드러내며 손을 흔들어 주던 그였다.

두 달쯤 후, 그가 정비소로 찾아왔다. 리사이클 회사가 문을 닫았다고 낙담하며 하소연을 늘어놓았다. 자기 자동차가 낡고 오래되어 말썽을 많이 피웠는데 그때마다 잘 고쳐주어 고마웠단다. 그는 유타주 시골 마을로 이주한다며 "이 길을 지나면서 정비소를 내가 살펴주었는데, 앞으로는 누가 너를 지켜 봐주지?"라며 걱정이 가득한 얼굴로 내게 말했다.

그제야 그가 말했던 'I watching you'라고 했던 이유를 알게 되었다. 늘 혼자서 일하는 나를 위해 자기가 지켜보고 있다는 말을 그동안 내가 잘못 이해했었다. 그는 동네에서 일어난 사건 사고들을 자세히 알고 있었다. 몇 블럭 떨어진 사무실에 강도가 들었다느니, 동네 리커 마켓에 권총 강도가 들어 돈을 훔쳐 갔다느니, 첵크를 케쉬로 바꿔 주는 환전소 노인은 강도가 쏜 총에 맞아 별이 되었다느니, 침 튀기며 주절주절 나에게 말했었다. 페리가 떠난 뒤 옷을 집으로 가져와 식구들 앞에서 입어 보며 옷 주인에 관해 설명해 주었다. 모두 시

큰둥한 반응을 보였다. 혼자 객쩍은 표정으로 다시 봉지에 싸 옷장 속에 깊숙이 넣어 두었다.

　이사를 하게 되었다. 옷장을 정리하다 잊고 있었던 비닐봉지를 발견했다. 버리자 느니 보관하자 느니 아내와 나는 실랑이를 했다. 결국, 아내 의견을 따라 재활용 쓰레기통에 옷을 집어넣었다. 돌아서는데 어디선가 귀에 익은 목소리가 들린다.

　"I watching you"

김홍기

2019년 〈미주한국일보〉 문예공모 수필부문 당선. 2019년 『에세이스트』 수필 신인상 수상. 수필U동인지 『바다 건너 당신』 공저, 오렌지글사랑 『마디』 공저. hongi6363@gmail.com

발레리나와 시인

김희봉

여행은 나와의 포옹이다. 낯선 길로 떠난 나를 만나 악수한다. 삶에 초췌했던 내가 활기차게 배낭을 진 내 어깨를 다독인다. 단숨에 몽생미셸 성벽이나 마테호른 정상을 산지기처럼 오른다. 첫 만남의 설렘으로 하늘 자락에 입맞춤한다.

꿈꾸듯 유럽에서 몇 주 살기로 했다. 금혼 기념으로 한국의 인터넷 여행사 프로그램에 서둘러 합류했다. 실수였다. 광고는 이태리 부티크 호텔에 짐을 풀고 유럽 여러 곳을 다녀오는 쾌적한 패키지 투어였다. 그런데 성원 미달로 매일 짐을 싸서 도는 자유여행으로 변했다고 통보가 왔다.

작가 김영하는 "여행의 이유"에서 길을 잃으라고 했다. 길 잃고 헤맨 만큼 내 영토 란 뜻이었다. 나는 매끄러운 관광을 기대했지만 힘들되 기억에 남을 여행이 될 예감이 들었다. 사람 뇌는 심리적 지름길을 좋아한다. 그러나 편하면 쉽게 잊어버린다. 고통의 할큄이 깊을수록 뇌는 그때와 공간을 생생히 기억한다고 나를 타일렀다.

한국서 온 운전기사는 50대 초반 독신 발레리나였다. 현지 리무진 기사 대신 급히 조달된 그녀는 무료 여행, 알바 가이드란 여행사 대표의 말을 믿고 온 듯했다. 수줍고 가냘픈 그녀는 유럽의 길을 전혀 몰랐고, 사방에서 튀어나오는 차들에 소스라치게 놀랐다. 한 손에 핸

드폰 지도를 보며 운전하는 그녀를 보고 우리는 몹시 불안했고, 대표의 무성의와 몰염치에 속이 끓었다.

12인승 밴을 빌려 토스카나 지방으로 떠난 날부터 일행들의 불만은 심해졌다. 유럽 교차로엔 신호등 없이 좁은 회전 로터리에서 빠져나갔다. 자칫 출구를 잘못 나가면 한참 헤맸다. 몇 번 접촉 사고가 날 뻔도 했다. 현지 기사를 고용했다면 아무 문제가 없을 일이었다.

저녁때 기가 죽어 멀찌감치 혼밥을 먹는 발레리나 기사에 대한 성토가 이어졌다. 목숨 걸고 다닐 바엔 여행을 접겠다는 사람들도 생겼다. 불평이 한국에 있는 대표보다 눈앞의 발레리나에게 쏟아졌다.

일행 중에 시인이 있었다. 시집도 두어 권 낸 50대 중견 여류시인이었다. 그런데 그녀의 질타가 가장 매서웠다. 비용을 내고도 정당한 대우를 받지 못하는 데 대한 분노였다. 과대광고를 한 여행사의 사기성과 무자격 기사에 대한 불신 등을 조목조목 따졌다. 모두 사리에 맞는 말이었다.

그러나 마음이 무거웠다. 내 인생 금빛 나는 여행을 참담하게 마칠 수는 없었다. 저녁때 일행들에게 특산 포도주를 대접하며 말했다. "나도 화가 납니다. 그러나 이번은 저희들 금혼 여행입니다. 동행의 인연을 믿고 부탁드립니다. 도와주셔야겠습니다."

우선 나는 발레리나 기사 조수석에 앉았다. 회전 로터리를 돌 때마다 꼼꼼히 GPS로 출구를 확인하며 나갔다. 성공하면 하이 파이브로 자축했다. 그것만으로도 조금씩 불안이 가시고 화색이 돌았다. 결혼 반세기의 여정을 반 자조적 농담 섞어 털어놓으니 한 사람씩 자기 이야기를 비치기 시작했다.

로베르토 베니니가 감독한 1997년작 "인생은 아름다워(La vita e

bella)"를 찍은 아레쪼(Arezzo)로 갈 때는 영화 이야기를 했다. 풍성한 유머와 상상력으로 나치 유대인 수용소에서 어린 아들 조슈아와 아내를 구한 귀도 이야기. 결국 귀도는 비극적으로 죽었는데 왜 인생은 아름답다고 했을까. 나치의 잔악함도 꺾지 못한 가족 사랑이 아름다운 삶의 본질이기 때문이리라. 우리는 그들 옛집 앞 광장에서 영화 같은 반나절을 보냈다. 귀도가 아들과 탔음 직한 빛바랜 자전거가 햇볕을 쬐고 있었다.

크로아티아로 가는 긴 산길 여정에선 영성 가득한 류시화의 시들을 낭송했다. 장대비가 쏟아지는 차창 밖을 보며 모두 귀 기울여 들었다. "인생은 폭풍우 속에서 어떻게 살아남을 것인가가 아니라 빗속에서 어떻게 춤을 추는가 하는 것이다." 험한 폭우를 뚫고 덜컹거리는 차에 매달려 절벽 길을 오르는 밤. 우리는 상상의 춤 잔치를 벌였다. 발레리나는 백조처럼 추었다. 표정이 순해진 시인이 명상 시 한 소절을 읊었다. "내가 사랑과 연민의 마음을 갖기를. 만약 내가 그 마음을 가질 수 없다면 친절하기를, 만약 내가 친절할 수 없다면 판단하지 않기를. 만약 내가 판단하지 않을 수 없다면 해를 끼치지 않기를. 그리고 만약 내가 그럴 수 없다면 가능한 한 최소한의 해를 끼치기를."

마지막 여정인 크로아티아에서 드브로브니크 성곽에 올랐다. 눈부신 하늘을 옹기종기 머리에 인 황토색 지붕들과 퍼덕이는 은빛 윤슬을 내려다보며 이 땅의 작곡가, 도라 페아체비치의 피아노곡을 들었다. 백일몽이라고 했다.

높은 성루에 올라 우리 일행은 처음으로 어깨동무 사진을 찍었다. 그 앞에서 나는 아내에게 무릎을 꿇고 조가비 같은 금혼 반지를 건넸다. 뜻밖의 모습에 모두 환호했다. 발레리나는 긴 팔을 올려 하트를 만들고, 시인은 알뜰히 영상 기록에 담았다.

발레리나는 몸으로 글을 쓴다. 시인은 언어로 삶을 쓴다. 비록 표현법은 다르나 예술가의 품사는 규율과 계약과 권리 같은 명사가 아니다. 분노와 모욕같이 날 선 감정의 추상명사는 더욱 아니다. 역경일수록 서로 배려하고 사랑하고 연민하는 동사를 현재진행형으로 살아내는 사람들이다. 예술의 혼불은 남과 함께 사는 세상에서 더욱 빛난다. 남을 연민하며 나를 성찰하고, 나를 배려하는 남을 보듬는다.

길 잃은 여행길에서 "남은 나의 받침돌(ㅁ)"이란 돌 팻말을 찾았다. 남을 포용하는 인생은 아름답다.

김희봉(金希峰)

서울 출생, 서울대 공대, 미네소타대학원(환경공학)졸업. 『현대 수필』 신인상(1997), 제1회 〈시와정신〉 해외문학상(2022) 수상. 샌프란시스코 한국일보 (환경과 삶) 칼럼 연재(1995 -2022). 수필 산문집 『불타는 숲』(2001), 『안개의 천국』(2017) 출간. 미주 수필가 협회 창립위원, 버클리 문학 협회장. 『버클리문학』 주간. 전 샌프란시스코 동만 수자원공사(EBMUD) 환경사업팀장. 현 Enviro 엔지니어링 대표. danhbkimm@gmail.com

나의 한국 여행기

노려

한 여자가 여행 일정이 잡혀 있어서 모임에 나올 수 없다면서, 이태리로 갔다가 거기서 다시 스위스를 거쳐 파리로 간다고 했다. '우리 딸네랑 같이 가는 거예요.'

'어머나 유럽 여행을 오래 하시네요. 좋으시겠어요.' 했다. 말은 안 해도 여행 가는 사람에게 질투가 난다. 여행 가는 쪽에서도 여행은 물심양면의 여유로움 없이는 못 하는 일이므로 대놓고 나타내지는 않더라도 은근한 자랑거리이다.

나는 여행을 많이 하지 못했다. 주변사람들이 봄가을로 외국 관광을 다니는 걸 새삼스럽게 알게 된 건, 여행을 다녀오는 사람들로 받은 선물이 쌓여가기 때문이었다. 이스라엘에서 샀다는 한국어로 된 주기도문 팻말이나 프랑스제 예쁜 비누 같은 걸 받을 때마다, 번번이 '아유 뭐 이런 걸 다.' 했고, 부럽다는 표시를 대신해서, 그들의 여행 이야기를 재미있게 들어주곤 했다.

그것도 옛날이다. 웬만한 여행은 그저 일상의 하나가 되었다. 언제인가부터는 리버 크루즈다, 유럽 기차여행이다, 1000년 넘은 오페라좌의 일등석 자리 포함 등등의 수사어가 붙는다. 같이 갈래요?를 몇 번이나 거절했던가. 나중에 은퇴하면요. 하면서.

"난 여행이라고는 피난 간 것밖에 없다." 대학시절 친구들과 하도

놀러 다니니까 어머니가 하시던 말이다.

그런 식이라면 나도 "난 여행이라고는 엄마 만나러 한국에 간 것밖에 없다."라고 말할 수 있다. 1982년 미국에 오자마자 결혼을 했는데, 아버지가 돌아가셔서 1984년에 정신없이 한국에 다녀온 이후, 먹고 살기 어려운 이민 생활에 한국을 20번이 넘게 다녀왔으니까.

혼자 계신 어머니를 아이 좀 봐 달라는 명목으로 1986년에 미국에 오시게 했고, 오신 김에, 그렇게나 가고 싶어 한 여행으로, 10박 11일 유럽 관광을 보내 드렸다. 그러나 한두 달이 지나자 한국으로 가고 싶어 하셨다. 그런 식으로 10번이나 미국을 다녀왔다는 것이, 어머니의 자랑이었다. 아들 낳으면 버스를 타고 딸 낳으면 비행기 탄다고 할 때다.

나는 무엇 때문에 그렇게 많이 한국에 간 것일까. 주로 음력설이나 추석 때 간 이유는 사실 어머니보다는 동생들을 위한 것이었다는 것이 정확한 여행목적이라고 해도 된다. 내가 한국에 있는 기간만이라도 어머니 돌보느라 고생한 동생들이 자기들 가족만의 시간을 보내라는 것이었다. 하지만 '맏딸이 왜 미국으로 가버렸냐'라는 말을 결국은 들었다.

"어두워지기 전에 일찍 와라."라는 어머니의 잔소리를 들으면서 어머니 집 목동에서 친구들을 만나러 강남을 오고 가는 것 이외는 한 일이 별로 없다. 한 보름 정도의 기간 동안 적어도 대여섯 번은 어머니랑 냉면 먹으러 가는 것을 빼면.

내 주변 사람들이 30년 만에 처음으로 한국에 간다거나, 10년 만이라고 하면, '아유, 이번에 한국 가시면 놀라시겠어요. 정말 너무 많이 변했거든요.'라고 잘난 척은 할 수 있었지만, 그럴수록 한국이 아닌

다른 나라에 대한 동경은 컸다.
　이 세상 어딘가에 다른 나라가 있다는 걸 일찍이 알게 해준 사람은 알프스의 소녀였을 것이다.
　비탈진 산속에서 양을 키우며 혼자 사는 할아버지, 조그마한 여자아이를 할아버지한테 놓고 가는 아줌마. 울지도 않고 지푸라기 포대기에서 자는 조그만 여자아이 - 역시 조그만 여자아이였던 나의 마음을 부풀게 해준 - 까만 곱슬머리 하이디의 모습에서, 바다 건너 산 너머 먼 곳에 참으로 우리와는 다른, 내가 모르는 나라가 있구나. 했을 것이다.
　어머니가 요양원으로 가시자, 요양원을 보러 다녀오고 나서, 못내, 몇 달 후에 또 한국에 갔었다.
　요양원 면회가 끝나고 나면, 온 시간이 내 것이 된다. 광화문에서 버스를 타고 졸업 후 처음으로 홍대 앞에 갔었다. 정릉에서 7번 버스를 타고 바로 학교 정문 앞에 내리던 그 시간들은 깊은 과거 속에 꽉 꽉 뭉쳐져 버렸는지, 희미하게라도 눈앞에 나타나지 않는다. 매일매일 드나들던 다방과 라면 파는 집, 짜장면집은 흔적도 없는 낯선 거리. 미지의 나라에 온 멀뚱한 여행객이 된다. 그리고, 그해 세 번째 한국방문은 어머니 장례식이었다.
　어머니가 돌아가시고 나서, 태어나기 시작한 손주가 세 명이 되었다. 이 집 저 집 아가들을 봐주다가, 다 제쳐놓고 불현듯이 한국을 다녀왔다. 그야말로 무작정 떠나다 식으로 비행기 표를 산 것이다. 내 젊은 시절과는 물론 완전히 달라진 인사동 작은 호텔에 머물렀다.
　"엄마가 없는 한국이 이렇게 좋을 수가…" 나의 머릿속을 꽉 붙잡고 있던 어머니가 없으니 서울 거리를 활활 활보할 수 있잖아. 한다면, 후레자식인가? 인생 4막 중에서 제2막과 제3막의 세월을 채웠던, 어머니 나라 여행의 두꺼운 막이, 나의 의지와 상관없이 스르르 내려진 것이다.

지난해 겨울 방학 때다. 딸네와 아들네가 멀리 남쪽 따뜻한 나라로 다 같이 놀러 가잔다. 네 살, 세 살 그리고 한 살이 안 된 애기랑 다 같이. 여행 떠나기 전부터 여행지에서의 내 모습이 눈에 선했다. 자는 아이들은 우리가 지킬 테니 너희는 나가서 실컷 마시고 놀아라. 할 것이고, 식당에 가면, 애기는 내가 안고 우유병 먹일 것이다. 그런데, 막상, 비행기 속에서부터 애기가 내 당번이 될 줄은 미처 생각도 못 했다.

딸네랑 이태리로 스위스로 불란서로 다닌 그 여자가 어떤 여행을 했을지가 짐작이 된다.

애들이 부모와 함께 다녀온 여행이 너무나 좋았었는지, 지네 아이들이 좀 더 크면 또 다 같이 이번엔 한국에 가자고 한다. 과연. 은퇴한 내 인생을 꿈속의 알프스 소녀를 만나는 대단원의 장으로 꾸며 볼 수가 있을는지? 어머니 대신에 손주들과의 여행으로 꾸며질는지?

노 려

1952년 서울 출생. 홍익대학교 산업미술 대학원 졸업. 기전전문대학교 전임강사. 뉴욕한국일보 문화부 기자, 뉴욕 한국일보 웨체스터 지국장 역임. 한국디자인하우스, 아시아나 기내지 통신원. 2008년 『한국수필』 등단. 현, 미동부한인문인협회 회장 역임. 국제PEN 한국본부 미동부지역위원회 운영위원. 저서 『그랜드 센트럴에서 달리기』. nohryo@gmail.com

맛

민유자

맛있는 맛은 우리를 즐겁게 한다. 행복에 젖게 한다. 어떤 맛은 까마득한 오랜 세월이 지나도록 잊히지 않고 돌판의 글씨처럼 기억에 깊이 새겨진다.

매일 밥상을 차려내야 하는 주부로 한평생 솥뚜껑을 붙들고 살아온 나지만 늘 어려운 것이 맛 내는 일이다. 맛을 내려면 우선 머릿속으로 그림을 그리지만 한결같이 높은 완성도가 성취되지는 않는다.

요즘은 사시사철 싱싱한 재료가 풍성하고 지구 반대편의 특산물까지 어렵지 않게 구할 수 있다. 부엌 설비는 가전제품을 비롯하여 다양한 주방기기가 얼마나 많은지! 그럼에도 입맛을 새롭게 하려고 외식을 자주 하게 되니 맛의 추구는 그 끝을 모른다.

맛있는 맛을 최고의 경지로 이끌어내려면 여러 가지 요인이 조화롭게 어우러져야 한다. 혀가 감지할 수 있는 맛은 짜고, 달고, 맵고, 시고, 쓰고, 고소하고와 감칠맛이 있다. 싱싱한 재료와 양념으로 그 맛을 적절히 배합해 놓았어도 온도와 식감, 향취와 색감도 한몫을 한다. 입으로만 먹는 것이 아니고 눈과 코로 맛과 멋을 함께 즐기기 때문이다. 거기에다 기분 좋은 분위기와 과거의 기억까지 중요한 영향을 받는다. 첫술을 뜰 때의 음식의 온도를 적당히 맞추고, 수저를 놓을 때의 충일한 만족감을 느끼도록 정성을 다하면 두고 두고 그 맛을 기억하게 만드는 성공적인 요건이 된다. 그리고 보면 요리 한 상 차려내는 것이 가히 예술의 경지에 이른다고 할 수 있을 정도니 내가 늘 허덕이는 것은 당연지사라 하겠다.

  글에도 맛이 있다. 맛있는 음식은 한 입을 먹고 나면 땡겨서 또 먹고 싶듯 글도 읽다가 맛있는 부분들은 거슬러 올라가 다시 읽게 된다. 공감이 가는 부분에서 무릎을 칠 만한 색다른 표현을 만나면 진한 감칠맛을 느끼고, 진솔한 감정이 표출된 부분을 만나면 음식에서 식재료 고유의 맛을 잘 살린 것 같은 신선함을 느낀다. 재미있는 상상력이 동원된 글을 보면 적절한 향신료로 향취를 살려낸 상큼한 요리 같고, 유익한 지식을 얻을 때는 입안 가득 침이 도는 고소한 맛을 음미할 수 있다. 철학적인 깨달음을 얻고 자신을 성찰하고 돌이킬 때는 보약을 먹은 듯하다.

  글맛을 높은 경지로 이끌어내는 데도 여러 가지 요소가 있다. 식재가 싱싱해야 하듯이 뚜렷한 주제와 그에 걸맞은 제재가 신선할수록 좋다. 대부분의 독자를 사로잡는 매력이 되기 때문이다.

  작자의 마음을 잘 표현하는 매끄러운 문장력은 기본양념을 조화롭게 구사하는 일이다. 어느 특정한 맛이 너무 강하거나 약하면 기본부터 미흡한 느낌이 든다. 또 불필요한 양념이 들어가면 눈살이 찌푸려지듯 자랑이나 자만심, 지식의 오류가 있는지도 살펴야 한다.

  음식의 조리 과정이 단계마다 적절한 순서와 시간이 있듯이 글에는 구성이 잘 짜여야 글맛이 산다. 주제와 별로 관계없는 부분이 길게 나열되거나 내용의 선후가 뒤바뀌면 독자를 목표한 곳으로 이끄는데 방해가 되어 글의 탄력이 줄어든다.

작자의 상상력이나 진솔한 감정 고백은 산행에서 들꽃이나 멋진 바위, 폭포를 만나는 것과 같이 독자에게 경이로운 즐거움을 선사한다.

만일 철학적인 문제의식이나 사회적인 이슈에 대하여 생각할 여지를 주거나 해법을 암시해준다면 바람직한 글이 된다. 독자가 감동하고 깨달음을 얻어서 개인을 넘어 사회적으로도 영향을 미치는 양약이 되니 예술혼이 살아있어 글의 가치는 훨씬 높아진다.

평생 맛을 늘 추구해왔지만 감로수를 받아 지극정성으로 밥 한 끼를 대접해서 누군가의 기억 저편에 아롱진 흔적을 남기는 일이 있었던가?

늘 고심하며 단신(短身)의 깊지 않은 우물에 두레박을 던져넣고 씨름을 하지만 투철한 의식으로 치열하게 빚어낸 글 한 자락으로 누군가에게 감동의 눈물 한 방울 흐르게 할 수 있을까?

민유자

2003년 미주한국일보 신춘문예 수기부문 수상(효부). 2006년 미주 『문학세계』 17호 수필 신인상(나팔꽃). 2016년 해외문학 시부문 신인상(소나기). 2018년 미주문협 소설 신인상(거벽). 2018년 시집 『왕도 안 부럽소』, 2022년 수필집 『도란도란』이 있음. yujaster@yahoo.com

축구가 이렇게 재미있는 거였어?

박연실

　나의 축구사랑은 티비 예능 프로그램을 보면서 시작되었다. 축구 규칙은 몰라도 축구 하는 사람들 모임이 재미있었다. 축구에 대한 얄팍한 지식이 쌓이고 관심을 넓혀가다 보니 축구 관련 유튜브나 월드컵 경기까지 챙겨 보는 열성팬이 되었다. 한국 경기는 물론이고 우리 승패에 영향을 미치는 다른 나라의 것도 찾아본다.
　이번 카타르 월드컵에서 H조에 속한 우리나라는 포르투갈, 가나, 아르헨티나와 경기를 했다. 어느 하나 만만한 상대는 없었다. 시간이 맞지 않아 새벽에 치러지는 경기도 많았다. 내 평생 스포츠를 보기 위해 아무도 깨지 않은 시간에 일어나 티비 앞에 앉은 것은 그때가 처음이었다.
　스포츠는 언제나 새로운 것을 보여준다. 매 경기마다 재미와 긴장과 예상치 못한 일이 일어나 지루할 틈이 없다. 부상당한 손흥민 선수는 불편한 검은 마스크를 쓰고 종횡무진 운동장을 달렸다. 가나와의 경기에서 심판 판정에 항의하다 레드카드를 받은 우리나라 감독은 포르투갈 전에서는 관중석 벤치에 앉아 지시해야 하는 초유의 사태가 발생했다.
　우리나라가 포르투갈과의 경기에 승리하고, 가나가 우루과이에 0대 2로 패함으로써 마침내 16강 진출이 확정되었다. 다른 나라 득점이 우리나라 16강 진출에 영향을 미칠 수 있기 때문에 끝까지 안심할 수 없는 상황이었다.

　축구를 잘 모르고 흥미도 없던 시절에는 축구란 단지 남자들이 군대에서 하는 운동으로 알고 있었다. 편리한 손을 젖혀두고 왜 발로 차는 경기를 할까 하고 의아하게 생각했다. 정교함이 떨어지는 발을 쓰는 것도 이해가 안 되었지만 공이 손에 닿기라도 하면 핸드링 반칙이라는 어이없는 규칙에 헛웃음이 났다. 넓은 운동장에서 어디로 튈지 모르는 하찮은 공을 따라 이리저리 뛰는 선수들의 모습이 우스꽝스럽기도 했다.

　선수들은 공을 쫓아 열심히 질주한다. 처음에는 골대를 향해 무조건 뛰는 줄 알았는데 차츰 선수의 움직임이 눈에 보이기 시작했다. 그들이 뛰는 방향과 속도는 상황에 따라 전략적 규칙이 있다는 것을 알게 되었다.

　방향을 예측할 수 없는 공은 상당히 매력적이다. 정지된 공은 선수 발끝에서 비로소 생명을 얻는다. 거침없이 앞으로 나아가기도 하고 단단한 것에 부딪혀 튕겨 나오기도 한다. 준비된 선수를 만나면 속도는 더 빨라지고, 더 정확한 방향으로 간다.

　경기를 보면서 젊거나 심지어 어리기까지 한 선수가 원하는 곳에 공을 꽂아 넣는 것을 보면 고된 훈련을 견뎌냈을 그에게 경의를 표하게 된다. 내가 감히 가늠할 수 없는 강도이지 않을까 짐작만 할 뿐이다. 반대로 골을 넣을 좋은 기회를 놓치기라도 하면 안타까움에 탄식과 한숨이 절로 나왔다.

　골대를 빗겨 화면 밖으로 나가는 공을 보려고 나도 모르게 고개를 옆으로 쭉 빼고 티비를 향해 몸을 기울였다. 자세히 보기 위해 앞으로 다가가다 머쓱해 뒤로 물러났다. 더 큰 티비를 사야 하나, 황당한 고민을 잠시 했다.

둥근 공은 공평하게 굴러간다. 손흥민 선수에게도 가고, 지고 있는 팀 선수 앞에도 떨어진다. 그들은 공을 서로 뺏으려 힘싸움을 하고 화려한 발재간으로 상대팀을 속인다. 공을 잡은 손흥민 선수를 순식간에 여러 명의 수비수가 둘러싼다. 그럼에도 불구하고 촘촘히 막고 있는 다리 틈 사이로 공을 빼내어 절묘한 슛을 시도한다. 머리 하나는 더 큰 선수가 앞을 막아서면 그의 머리를 훌쩍 넘겨 골대에 꽂아 넣는다. 공이 그리는 포물선이 예술작품만큼이나 아름답다.

손흥민은 오른발, 왼발을 자유자재로 쓰는 전천후 선수이다. 골대 왼쪽으로 달리고 있던 그에게 공이 날아왔다. 쉽지 않은 각도이다. 오른발로 공을 차면 골대 밖으로 나갈 수밖에 없는 위치였다. 그때 한 치의 망설임도 없이 왼발로 오른쪽 골대 구석으로 정확히 공을 밀어 넣었다. 수천 번, 수만 번 골대를 향해 공을 찼을 그의 노력이 짧은 순간에 빛을 발했다. 관객의 함성이 터지고 앉아있던 나는 벌떡 일어났다.

그 순간 깊은 깨달음이 왔다. '아, 준비된 자에게 기회가 오는구나.' 그는 공의 흐름을 이해하고 원하는 지점에 보낼 수 있는 준비가 되어 있었다. 힘의 완급을 조절하고 방향을 맞출 수 있는 정확성이다. 아주 미미한 가능성을 두고도 골대를 향해 끝까지 질주하는 절실함이다. 기회를 득점으로 연결하려 애쓰는 간절함이 전해져 순간 울컥해졌다.

이제 와 새삼 내가 준비할 것은 무엇일까. 인생을 다 산 듯이 넋 놓고 있다가 불에 덴 것처럼 화들짝 정신이 들었다. 공을 한번 멀리 차

보고 싶은 앙큼한 욕심이 스멀스멀 올라온다.

인생도 공처럼 굴러간다. 둥근 것이 탄력을 받으면 예상치 못할 만큼 힘이 실린다. 둥근 것이 가진 매력이자 치명적 약점이다. 때로는 멈추고 싶어도 멈출 수가 없다. 한 치 앞도 알 수 없는 인생이다. 내가 운명에 맞서서 속도와 방향을 얼마나 조절할 수 있을지는 잘 모르겠다. 준비한다면 그것조차도 피해갈 수 있을까.

이제는 굳이 찾지 않아도 알아서 온 세계 축구 경기와 관련된 동영상까지 계속 컴퓨터에 올라온다. 손흥민 선수의 득점 순간만 모아놓은 영상을 보면 막힌 속이 확 뚫리고 스트레스가 해소된다. 늦게 배운 축구가 시들시들한 아줌마를 살맛 나게 하는 이유이다.

그나저나 나는 언제쯤 공을 찰 수 있을까. 마음은 이미 선수처럼 뛰고 있는데.

박연실

2019년 『재미수필』 신인상 수상. 수필집 『언니, 내년엔 프라하 가자』, 수필집 『마디』 공저. yeunsilpark@gmail.com

필화

박유니스

　한국을 방문했던 어느 해 가을, 친구 H 시인과 함께 원주 '박경리 문학의 집'을 다녀왔다. 아침 일찍 강남에서 버스를 타고 정오 무렵에 원주시 단구동 토지길에 있는 문학관에 도착했다. 〈토지〉의 서희 이름을 딴 카페에서 차를 마시며 잠시 휴식을 취한 후 그날 행사에 스며들었다. 박경리 선생의 사위 김지하 시인이 손님을 맞이했다.

　함께 간 친구는 행사 자체에는 크게 관심이 없고 김지하의 동선을 열심히 살폈다. 동인지 '맥'의 발행과 편집을 맡고 있던 친구는 김지하의 글을 원했고 김지하는 여러 해째 그녀의 원고 청탁을 거절하고 있었다. 그의 원고를 받아 내려는 친구의 계획은 집념에 가까웠고 이제는 두 사람의 자존심 대결로까지 이어졌다. 김지하는 나와 문리대 같은 학번이지만 미학과 전공인 그와는 캠퍼스에서 동선이 겹칠 일이 별로 없었고 5.16 혁명 때의 일로 그는 재학 중에 학교를 오래 떠나있었다. 내가 친구에게 도움이 됐으면 했지만 어려울 듯했다.

　잦은 수감 생활의 후유증 때문인지 김지하는 구부정한 허리에 승복 비슷한 한복을 걸치고 몰려드는 방문객을 맞고 있었다. 70년에 그는 풍자시 〈오적(五賊)〉을 발표하여 문단과 정계에 큰 파문을 몰고 왔다. 오적이란 재벌, 장성, 장차관, 국회의원 그리고 고급 공무원을 을사오적에 빗대서 비판한 연시로 당시 한국 사회에 만연한 비리와 부정부패를 해학으로 신랄하게 풍자했다. 그의 글을 실었던 '사상계'는 폐간되었고 김지하는 구속기소 되었다. 74년에는 다시 민청학련 사건에 연루되어 사형 언도를 받았던 김지하는 여러 사람의 구명 운동으로 후에 사면 되었다.

나와 중, 고등학교 동창인 친구는 고교 때 국어 선생님이셨던 김상옥 시조 시인의 수제자로 당시 인정 받은 여류시인이었다. 그가 연간으로 발행하는 '맥'도 꽤 명성이 있었는데 끝내 원고 청탁을 거절하는 김지하의 깊은 속내를 알 길은 없었지만, 잦은 필화(筆禍)로 평생을 힘들게 지낸 그가 절필을 고집하는 것은 이해할 수 있었다.

절필을 생각할 정도까지야 아니지만 나도 요즘 꽤 성가신 필화 사건에 휘말려 있다. 이번에 상재한 수필집에 실린 〈강경 가는 길〉 때문이다. 언니들은 그 글이 아버지의 품위를 훼손했다고 한다. 한국을 방문했던 어느 해 주말, 남편과 차를 몰아 이제는 초로의 부인이 되었을 양순이를 찾아 나서면서 〈강경 가는 길〉은 시작된다. 양순이는 우리 집 소작농의 딸이었다. 이야기는 너덧 살 위였던 양순이와 나와의 우정과 일화들, 그리고 돌연 시골집으로 보내진 그녀를 그리워하는 내 마음을 담은 글이다. 집 안팎에 안개처럼 떠돌던 양순이 출생의 비밀을 어릴 때의 기억을 더듬어 썼다. 언니들은 '확실하지도 않은 사실을 글로 써서 아버지의 인격에 흠집을 냈다.'라고 연일 타박한다.

아버지를 향한 두 언니의 애정은 나와 동생들은 흉내도 낼 수 없다. 아버지는 언니들이 어릴 때부터 붓글씨와 피아노 교습을 시켰고 여름엔 물놀이로 겨울엔 스키장으로 두 딸만을 데리고 다니셨다. 우리 계동 집에 드나들던 일가붙이는 물론이고 눈치 빠른 고모들은 이

집에 똑똑한 아이는 큰애 둘뿐이라고 했고 일본어를 제대로 구사 못하는 나와 동생들을 저능아 보듯 했다.

광복과 함께 찾아온 한글은 우리 집 후발주자들에게도 새로운 세계를 열어 주었다. 어린이 잡지에 실린 내 동시를 읽으며 어머니는 만면에 함빡 미소를 짓고는 하셨다. 집안의 기류가 미묘하니 어느 정도 표정 관리를 해야 했는데 어머니는 표정 관리에 실패함으로써 중립을 지키는 일에 실패했다. 내가 쓴 글이 집안에 잠자던 시샘의 불씨를 되살리고는 했으니, 그때부터 나는 필화(筆火)를 겪은 셈이다.

광복 후 변하는 시류에 아버지는 발 빠르게 편승하지 못했다. 우물쭈물하는 사이 법조계에 아버지의 자리는 없었고 이어진 이승만 정권의 '농지 개혁' 정책으로 적잖은 토지를 수용당했다. 초등학교 고학년까지 일제의 교육을 받은 언니들은 '그때 그 시절'을 그리며 실의의 나날을 보내는 '도오짱'에 동조해서 그들만의 견고한 리그를 만들었다. 언제던가 어릴 때 살던 계동 집을 내 고향 집으로 묘사한 글을 썼는데 내가 태어나지도 않은 집을 고향이라고 했다고 문제를 제기했다. 무슨 연유에서인지 어머니는 타지에서 나를 출산하셨고 어찌 됐든 아버지와의 화려한 추억이 깃든 계동 집은 언니들의 성역이었다. 언제쯤이면 나는 모든 독자가 사심 없이 읽는 필화(筆花)를 쓸 수 있을까.

돌아가신 지 수십 년이 지난 후에도 당신이 자녀들 반목의 한가운데에 자리하고 있는 것을 아버지는 알고 계실까. 아버지가 모르시는 것이 한 가지 더 있다. 내가 〈강경 가는 길〉을 쓴 것은 아버지에 대한 추억을 소환하고 싶었고 그것은 내 나름의 아버지를 향한 화해의 몸짓이었다는 것을.

박유니스

『한국수필』로 등단. 재미수필가협회 이사장 역임. 수필집 『버지니아에서 온 편지』『그린 힐 언덕 위에』. park.eunice@gmail.com

무궁화꽃 피는 계절

박인애

현관 옆 창가 자리는 자연 채광만으로도 아늑하고 화사하다.
통창에 빛이 머무는 동안 그곳에 놓인 테이블에 앉아 골목길을 바라보기도 하고, 매일 달라지는 하늘을 보기도 하고, 요즘 한창인 배롱나무와 무궁화를 벗 삼아 책을 읽기도 한다. 시간의 흐름에 따라 햇살이 책장 위에 만들어주는 빗금을 따라가다 보면 몇 시간이 훌쩍 지나간다. 시간을 도둑맞은 기분이다. 억울하진 않다. 어떤 기쁨이 그보다 클까! 그곳에서 세인들이 남긴 명문장과 조우할 수 있으니 말이다.

옆집 뒷마당에 활짝 핀 무궁화가 우리 집 담장을 넘어와 기웃거리며 화려한 '블러썸 퍼포먼스'를 하는 동안 우리 집 무궁화는 참으로 잠잠했었다. 우리 나무는 앞마당에 있어 건물에 가릴 일이 없고 일조량으로 보나 물주며 공들인 정성으로 보나 성장 조건이 유리해 보이는데, 초록 잎만 무성한 채 멈춘 듯 보이니 조바심이 났다.
유월로 접어들자, 마디마디 꽃봉오리가 하나둘 맺히기 시작하더니 빈틈을 찾아보기 어려웠다. 올해는 개화가 늦었다. 하지만, 한번 발동이 걸리니 매일 아침 꽃잎을 활짝 열고 자기 좀 봐 달라고 몸을 흔들며 우리 가족을 부른다.

어릴 때 동네 친구들과 '무궁화꽃이 피었습니다'라는 놀이를 자주 했다. 술래가 되어 열 음절을 외치고 뒤돌아보면 그 짧은 시간에 얼마나 빨리들 움직이던지. 그들은 나를 향해 점점 다가오는데, 나는 움직임을 볼 수 없어 술래를 면치 못했다. 무궁화꽃도 그랬다. 한밤 자고 나면 매일 새로운 모습으로 살래살래 다가오는데, 나는 그 깜찍한 움직임 또한 볼 수 없었다. 컴퓨터 방을 벗어나 나무가 선물한 분홍과 초록빛을 보고 있으면 시린 안구가 정화되고 분주했던 마음이 가라앉았다.

배롱나무와 쌍벽을 이루며 어깨 겨루기를 하는 분홍색 무궁화나무 곁에서 흰색 무궁화나무도 행여 질세라 까치발을 들고 고고한 존재감을 뽐내며 꽃대를 밀어 올린다. 심은 곳이 경사져서 한쪽으로 자꾸 기우는 게 안쓰러워서 흙을 몇 포 사다 땅을 돋우고 이인삼각을 하듯 배롱나무와 다리를 묶어 주었더니 허리가 제법 꼿꼿해졌다. 균형을 이룬 화단이 편해 보인다. 둘이 의지하라고 붙여 놓았더니 어느새 친해졌는지 앞뜰이 소란하다.

김정숙 시인이 우리 집 앞에 화분을 놓고 가신 게 2020년 10월이었으니, 벌써 4년 전 일이다. 외출에서 돌아와 보니 집 앞에 화분 두 개가 놓여있었다. 분홍색과 흰색 무궁화라며 잘 키워보라고 하셨다. 나무젓가락보다 작은 가지가 어찌나 가늘고 바짝 말랐던지 과연 살아날까 싶었다.

그 무궁화는 30여 년 전 '라디오 코리아' 원창호 씨가 한국에서 가져온 것으로, 우리 땅에서 자란 토종이다. 내게 온 세월을 합하면 족히 35여 년은 되었을 것이다.

어느 날, 김 시인이 라디오를 듣다가 꺾꽂이한 무궁화를 나눠준다는 말을 듣게 되었다. 부지런히 갔는데도 이미 많은 사람이 줄을 서 있어서 간신히 받아왔단다. 성냥개비보다 조금 긴 가지 두 개를 얻어와 기른 게 무럭무럭 자라서 이미 여러 집에 분양해 주었고, 마침내 우리 집까지 온 역사와 전통이 있는 꽃이었다. 10월이 적기라 하여 화단으로 옮겨 심었다. 분홍색은 성장이 빨랐는데, 안타깝게도 백 년 만에 찾아온 한파를 견디지 못해 죽고 흰색만 살았다.

이듬해 화원에 갔다가 분홍색 무궁화를 보았다. 혼자 남은 흰색 무궁화를 위해 묘목을 사 왔다. 어느 정도 자란 걸 심어서인지 틈이 보이지 않을 정도로 잎이 무성해지더니 꽃이 활짝 피기 시작했다. 뭉클했다. 마디게 자라던 흰색 무궁화도 힘이 났는지 꽃봉오리를 맺기 시작했다. 가지가 약해서 잘 자랄지 염려가 많았는데, 더는 걱정 안 해도 될 만큼 꽃을 피워냈다. 낯설고 물선 땅에서 뿌리 내리느라 얼마나 힘들었을까 생각하면 안쓰럽고 고맙다.

오랜 세월, 대한민국 국화(國花)는 무궁화라고 배웠고 그렇게 알고 있었다. 근간 자료를 검색하다 보니 두산백과에 "무궁화는 법률이나 공식적 규정에 기초하여 국화로 규정된 것은 아니나, 정부에서부터 민간에 이르기까지 무궁화를 대한민국을 상징하는 꽃으로 받아들이고 있다."라고 적혀 있었다. 국화라고 해도 무방하다는 뜻으로 받아들였다. 무궁화를 기르고 나서야 왜 국화가 되었는지, 애국가에 왜 무궁화 삼천리 화려 강산이라는 말이 들어있는지 짐작하게 되었다. 강한 생명력 때문일 것이다. 무궁화는 어느 땅에서나 강인하게 뿌리 내리고 살아남는 우리 민족을 닮았다. "영원히 피고 또 피어서 지지 않는 꽃이다, 한 그루에서 이삼천 개의 꽃이 피고 진다"라는 책 속 정보를 직접 눈으로 확인하였다.

 화씨 백 도를 넘나드는 뜨거운 텍사스에서 활짝 핀 무궁화를 볼 때면 뭉클해진다. 외국에 살면 애국자가 된다더니 행사장에서 애국가만 나와도 목이 멘다. 이국땅에서 만난 무궁화꽃은 그냥 꽃이 아니라 조국을 생각나게 하는 상징이다. 그래서 설명할 수 없는 뭔가가 밑바닥에서부터 끓어오르고 보는 것만으로도 속 울음이 삼켜지는 거다.

 무궁화는 일제강점기에 나라를 빼앗겼던 우리 민족처럼, 민족의 꽃이라는 이유로 전국에 있는 나무가 뿌리째 뽑혀 불태워지는 수난을 겪었다. 말 못 하는 꽃도 언어를 잃은 우리 민족만큼이나 고통스럽고 아팠을 것이다. 일본인들이 자국으로 떠나면서 한국인의 정기를 끊어 놓겠다고 산에 쇠말뚝 박는 것을 보았던 6살 꼬마는 80이 넘은 지금도 당신 옆구리가 찔린 것 같은 통증을 느낀다며 치를 떤다. 누가 그 노시인의 마음을 치유할 수 있을까.

 그러한 상처를 딛고 무궁화는 다시 피었다. 이제는 대한민국 어디를 가도 무궁화를 쉽게 볼 수 있다. 무궁화는 우리나라만 화려 강산으로 만드는 게 아니라, 이국땅에서도 화려하게 피고 진다. 나라를 상징하는 꽃답게 고난과 역경의 세월을 이겨내고, 민족과 함께 당당히 살아남아 명맥을 이어가니 대견하고 자랑스럽다.

 날이 너무 더워서 외출에서 돌아올 때 차고로 들어오는데, 오늘은 화단이 궁금해 다시 나가 보았다. 무궁화나무 아래, 가지에서 떨어진 무궁화꽃이 수북이 쌓여 꽃무덤을 이루고 있었다. 창가에서 내다보며 화려하게 핀 꽃에만 눈길을 주느라 지는 꽃을 보지 못했다. 기를 쓰고 내게 달려왔는데, 떠나는지도 몰랐으니 얼마나 서운했을까. 고맙다고 말해주지 못한 게 너무 미안했다. 무궁화는 하와이 주화인 히비스커스와 비슷한 종이어서 말려 차를 만들거나 여러 용도로 쓴다는데, 감히 국화를 끓여서 마시겠다는 생각은 해보지 못했다.

무궁화꽃은 떠나는 모습조차 고고하다. 떠나야 할 때를 아는 듯하다. 여느 꽃처럼 마르고 시들어 추레해진 모습을 보이지 않고 활짝 펼쳤던 꽃잎으로 소임 마친 수술을 돌돌 말아 꽃송이째 땅으로 떨어진다. 스스로 수의를 지어 입고 깔끔하게 온 곳으로 돌아가려는 결기 같은 게 느껴진다. 아무도 힘들게 말고 나도 그리 떠날 수 있었으면 좋겠다.

지난달에 허리케인급 폭풍이 도시를 휩쓸고 갔다. 동네 지붕과 교회 벽이 날아가고, 오래된 나무들이 뿌리째 뽑히거나 쪼개지거나 가지가 부러져 거리에 나뒹굴었는데, 무궁화는 건재했다. 피하지도 못하고 고스란히 폭풍을 견뎌내는 모습을 창가에서 지켜보았다. 무기력한 나는 아무것도 해 줄 수 없었다. 허리가 반으로 접히고 폭풍우에 휩쓸려 쓰러진 듯 보였으나 무궁화는 다시 일어섰다. 시속 128km의 괴력으로 세워진 수십 톤 여객기를 가볍게 떠밀던 폭풍을 이겨냈던 거다.

나무젓가락만 했던 가지 하나가 수천의 꽃송이를 품은 나무로 성장했다. 쑥쑥 자라 남편 키를 넘어선 지 오래다. 영속성과 번영의 상징인 무궁화, 국화로서 한점 손색이 없어 보인다. 꽃피기 전, 진보랏빛 꽃봉오리는 영락없이 생김이 불 밝힌 촛불 심지 같다. 하늘 향해 심지를 한껏 돋우고 소원을 비는 듯 보인다. 대한민국이 평화롭고 살기 좋은 나라, 전 세계가 부러워하는 나라로 성장 발전하기를 간절히 기도하는 것 같다. 내 마음도 그러하다. 조국이 잘되어야 재외동포들의 마음도 편한 것이다.

9시가 되니 밖에서 독립 기념일을 축하하는 폭죽 소리가 요란하게 들려온다. 불꽃놀이가 시작된 모양이다. 한인 이민자가 많은 이 땅에도 평화가 가득하기를 소망하며, 가슴속에 흔들리지 않는 무궁화 한 그루 심어본다.

박인애

경희사이버대학교 미디어문예창작과 졸업. 『문예사조』 시부문, 『에세이문예』 수필부문 신인상. 달라스한인문학회 회장 역임. 한국문인협회 해외문학 발전위원회 위원장. 한국디카시인협회 텍사스지부장. 문예지 편집국장. LA 한국일보 칼럼니스트. 수필 강사. 세계시문학상, 해외한국문학상, 정지용해외문학상 등 수상. 에세이집 『인애, 마법의 꽃을 만나다』. 시집 『말은 말을 삼키고 말은 말을 그리고』. 편역, 6·25 전쟁수기집 『집으로』 외 다수 출간.

Dr. Berke

성민희

　Dr. Berke가 많이 변했을 거라는 내 예상이 맞았다. 미소는 그대로 인데 광대뼈 아래로 낯선 우물이 패이고 하얀 이빨보다 입가의 주름이 더욱 내 눈길을 사로잡는다. 굵은 바리톤의 음성은 한결 얇아지고 둔탁하다. 무심하게 밀려와 모래톱을 사정없이 쓸고 가는 파도처럼 세월은 사람의 몸과 마음을 모질게 훑어내고 가버렸다.

　이유도 없이 가슴이 답답하여 처음 심장내과 문을 들어섰던 때가 20여 년 전이었나 보다. 그때는 진료실이 많이 붐볐다. 예약을 하고 왔는데도 신문이나 잡지에 눈을 꽂고 한 시간이나 기다려야 했다. 분주하게 움직이던 대여섯 명의 간호사와 기다리던 환자 모습이 잔영처럼 남아있는데 지금은 턱이 세 겹이나 되는 늙은 백인 여자 혼자서 나를 맞이한다. 텅 빈 대기실에 맥없이 걸린 시계. 겉장이 꼬질꼬질한 잡지가 테이블 위에 가지런히 정리되어 있다.
　마주 보고 앉은 Dr. Berke가 누렇게 변색된 내 챠트를 뒤적인다. 마치 멀리 갔던 자식을 마주하고 앉은 듯 오랜만이군, 한다. 이제 괜찮아? 강산이 두 번이나 변하기 전인데도 어제 작성한 진료기록인 양 들여다보며 묻는다. 자신은 벌써 여든 살을 바라본다고 한다. 나는 환자의 말을 잘 들어줘. 잘 들어주는 의사가 좋은 의사야. 요새 젊은 의사들은 바빠서 그런 배려가 없지. 나는 이 자리에서 벌써 40년째야. 옛날의 그 책상에 그 의자. 그 위에 앉아있던 똑같은 그때의 그 사람인데 말투나 표정은 전혀 다르다. 의자에 푹 파묻힌 몸을 책상 앞으로 끌어당기는 모습은 다시 찾아와 줘서 고맙다는 인사를 온몸으로 하는 것 같다.

그는 서울에서 근무한 군의관이었다. 예쁜 한국 여자를 아내로 맞이한 것이 인생의 큰 축복이었다는, 처음 만났을 때 하던 말을 오늘 또 한다. 남편의 뒤에 서서 소리 없이 미소를 짓던 여자가 생각난다. 영어를 못하는 한국 환자를 위해 친절하게 통역을 해주던 아내는 7년 전에 세상을 떠났다고 한다. 병원 구석구석에 배여 있는 그녀의 손길을 떠날 수가 없어 아직도 병원 문을 열어두고 있다.

옛날처럼 EKG를 찍고 러닝머신 위에서 뛰는 테스트를 모두 마쳤다. 옛사람을 한 번 더 본 것만으로도, 아직도 당신을 잊지 않고 찾아준 것만으로도 행복하다며 진료비는 사양한다. 그때의 그가 심장전문의로서 유능한 의사였다면 지금은 서민들에게 무료로 진찰을 해 주고 처방전을 써 주느라고 해마다 라이센스를 갱신하는 따뜻한 의사다. 아니, 이제는 의사가 아니라 아버지이고 할아버지다. 매일매일 추억을 되새김질하면서 거기에서 나오는 에너지로 사랑을 베푸는 할아버지.

Dr. Berke를 만나고 돌아오는 길에 생각한다. 지나간 시간 속에 묻혀 있는 좋은 기억은 현재를 더욱 촉촉하고 건강하게 해 주는구나. 우리의 육체가 허물어지는 것은 어찌할 수 없는 자연현상이지만 무너지는 육체에도 요동하지 않고 버틸 수 있는 것은 영혼의 풍요로움이다. 그것은 보이지 않는 의식 어느 곳에 집을 지어놓고 절대로 늙지도 바래지도 않은 채 긍정적인 기운을 무한히 공급해 주는 것이다.

작년에 26년을 살아온 이층집에서 단층집으로 이사를 했다. 남편은 나이가 더 들어서 몸이 거동을 못할 때까지 살아야 할 우리 인생의 마지막 집이라며 리모델링에 정성을 쏟았다. 이사를 하기 전 약 두 달 동안 노인이 살기에 편리하도록 집의 구조를 모두 고쳤다. 왁자거리며 일하는 젊은 일군을 보며 속으로 중얼거렸다. '먼 훗날 이 집에 살고 있을 여든 살의 민희야, 예순 살의 민희가 너를 위해서 지금 이렇게 분주하구나. 네가 조심조심 사용할 샤워장 벽에 손잡이 봉을 붙이고 한 쪽 코너에는 의자도 만들었다. 혹 다니다가 넘어질까 봐 턱이 지는 문은 모두 없애고 온 집의 바닥 높이를 똑같이 맞추었다. 어느 외로운 날이면 저 근육질 히스패닉 청년이 오직 너를 위하여 땀 흘리는 오늘을 추억하렴.' 호호 할머니가 되었을 나를 생각하며 눈시울이 젖었다.

그때는 노년의 삶을 위해서는 집을 편리하게 리모델링하는 것이 중요하다 생각했다. 그러나 오늘은 보수하고 꾸미고 채워야 할 집이 하나 더 있다는 걸 알게 되었다. 또 하나의 중요한 준비는 추억의 창고를 가득 채우는 작업이다. 마음에 기억하고 싶은 사람, 고마운 사람, 사랑하는 사람을 많이 담는 일, 그것이야말로 암만 꺼내어 봐도 싫증 나지 않을 내 삶의 귀한 보석이다. 쓸쓸한 내 영혼을 띄워놓고 아무리 헤엄쳐도 지치지 않을 평화로운 바다다.

부인이 만들어 주는 김치부침개가 세상에서 제일 맛있다고 하던

Dr. Berke의 말이 떠오른다. 그것 또한 그를 행복하게 해 줄 좋은 추억이다. 어느 한가한 날 김치부침개를 만들어 한 번 더 병원을 찾아가야겠다.

성민희

재미수필문학가협회 회장, 이사장 역임. 저서 『사람이 고향이다』, 『아직도 뒤척이는 사랑』이 있음. 한국산문문학상 수상. janelyu36@gmail.com

시니어 골퍼들의 열정

윤덕환

화요일 아침 6시, 집에서 불과 2마일 떨어진 리버뷰(Riverview) 골프장에 도착했다. 오늘은 시니어 골프 시합이 있는 날이다. 회원 골퍼들이 속속 도착해서 카트에 골프채를 싣느라 바쁘다. 대부분 참가자의 나이는 70대에서 80대이다.

내가 리버뷰 시니어 골프 클럽에 가입한 것은 반년 전이었다. 매주 골프를 함께할 사람들을 찾기가 쉽지 않았다. 리버뷰 시니어 골프 클럽에 가입을 문의하니 다음 주 화요일부터 나오라고 한다. 연회비가 15불이고 회원 명단을 보니 65명이다. 이름 옆에 개인별 핸디가 있어 평균을 내보니 14로 실력들이 보통들이 아니다. 명단에 김씨 성이 한 명 있어 반가웠지만 4개월 째 만난 적은 없다.

6시 50분이 되면 회장이 호각을 불어 게임 시작을 알린다. 매주 대개 28명 정도가 참가한다. 2명씩 탄 14대의 전기 카트차가 4군데로 흩어진다. 1번 홀에서 2팀이 시작하고 나머지는 16, 17, 18번 홀로 분산하여 골프 게임을 시작한다. 4명이 한 팀으로 매주 각 팀원의 핸디가 비슷하게 편성하고 팀별로 성적을 낸다. 게임 방식 역시 매주 달라 텍사스 스크램블, 라스베가스 스크램블, 월츠 1-2-3, 레드-블루-화이트 등 다양하다.

비용은 할인 가격으로 카트비 14달러를 포함 34불에 불과하다. 매주 상금으로 6불씩 걷는데 28명이면 168불이 된다. 이 돈으로 6군데 근접상으로 6명과 1, 2위를 한 두 팀의 8명 등 모두 14명에게 우승 상금을 준다. 나도 근접상으로 15달러를 받은 적이 있다. 적은 상금이지만 팀별로 경쟁하는 동기 부여가 충분해 긴장과 재미가 있다.

첫 번째 홀에 도착한 골퍼가 가장 긴 장거리용 드라이버를 들고 티박스에 선다. 티 위에 흰 골프공을 올려놓고 몇 차례 연습 스윙을 한다. 이어 힘차게 샷을 하면 '탁' 하는 금속성 소리가 경쾌하게 들린다. 골프공이 창공을 가르며 힘차게 솟아오른다. 공이 목표 방향으로 가면 이처럼 기분 좋은 일이 없다. 그러면 사방에서 "굿 샷" 하는 소리가 들린다. 이 맛에 골프를 치는 모양이다.

하지만 골프는 인생처럼 모든 게 바라는 대로 되지 않는다. 헛스윙을 해도 1타를 친 것으로 간주한다. 오른편이나 왼편으로 지나치게 날아가 공을 못 찾기도 한다. 목표 지점 근처에는 모래 구덩이와 연못 같은 장애물도 있다. 마지막 끝내기 퍼팅에서 속상할 때가 많다. 불과 3 미터 정도 앞에 있는 홀 컵에 공을 보냈는데 몇 센티미터 앞두고 공이 서거나 비켜나갈 때가 비일비재하다. 속상하다고 골프채를 내던지거나 욕설을 내뱉는 골퍼도 있다. 그러기에 "클럽이 인격을 만들고 코스가 골퍼를 만든다."라는 말이 있다.

이 골프장에서 제일 어려운 코스는 #17홀이다. 앞에 약 30미터 넓이의 하천과 물구덩이를 지나 약 20미터 높이의 제방 위를 단숨에 올라야 한다. 나는 늘 실패를 해서 이 언덕을 '백마고지'라고 부른다. 한 번은 내가 친 골프공이 솟아오르지 못하고 하천 모래 구덩이로 직진하여 십여 미터 앞에서 멈추었다. 나도 모르게 "아이고…"라고 탄식이 나왔다. 그랬더니 팀원들은 영어인 "I go"로 알아들었던 모양이다. 내가 골프가 안 돼 집으로 가겠다는 얘기로 알아들었는지 "I go??"라고 심각하게 되묻는다. 나는 한국어로 탄식할 때 나오는 소리라고 바로 해명을 했다. 해리 바든은 "골프는 아침에 자신을 얻었다고 생각하면 저녁에는 자신을 잃게 하는 게임이다."라고 말했다.

또 한군데 어려운 코스는 #14홀인데 다른 골프장에선 볼 수 없는 지형이다. 한 쪽 제방 언덕에서 티샷을 해서 약 200야드 직진하여 같은 높이의 제방 언덕에 있는 '그린'에 공을 안착시키는 코스다. 양쪽 제방 아래에는 가파른 절벽으로 바닥에는 모래 하천이 있다. 50여 년 전 유격 훈련할 때 한탄강을 가로지르는 쇠줄의 도르래에 매달려 강을 건너던 생각이 나는 코스다. 티샷의 공이 순조롭게 그린 지역에 안착하면 칭찬이라도 해주고 싶은 코스다.

왜 골프를 칠까? 무엇보다도 건강에 유익하기 때문이다. K 목사님이 목회 중에 쓰러졌는데 의사가 치료를 위해 골프를 권했다고 한다. 목사님은 링거 백을 차고 골프를 치는 열정을 보인 끝에 건강을 회복했다고 한다. 걷기나 수영, 자전거를 타다 보면 지루함을 느낀다. 하지만 골프는 때로는 속상하기도 하지만 작은 희열을 느끼게 한다. 십여 미터가 넘는 그린지역에서 단번에 홀인이 되면 모두가 함성을 지르고 축하해준다. 쏟아지는 태양빛을 받으면서 아름다운 녹색 능선을 몇 마일을 걷다 보면 건강 유지에 최상이다. 더군다나 미국에서의 골프 비용은 한국보다 무척 저렴하고 예약도 쉽다.

골프가 주는 다른 장점은 혼자도 할 수 있고 그룹으로도 할 수 있는 점이다. 특히 초면의 골퍼들과 쉽게 함께 골프를 칠 수 있다. 얼마 전 혼자 골프를 치러갔다가 선두 30대 청년 세 명과 함께 18홀을 돌았다. 골프가 아니면 70대에 들어선 내가 처음 보는 젊은이들과 4시간

반 정도를 함께 할 수 없었을 것이다.

　시니어 골프 회원이 되고 나서 집 뒷마당을 미니 골프 연습장으로 만들었다. 잡초 억제하는 검은 천을 먼저 깔고 그 위에 녹색 인조 카펫을 사다가 깔았다. 한 쪽 울타리에 네트와 타겟 천을 치니 훌륭한 골프 연습장이 되었다. 피칭, 치핑, 퍼팅은 괜찮지만 드라이버치기는 조심스럽다. 골프장에선 연습공 한 버킷이 십여 불이나 하니 돈도 절약이 되고 자주 뒷마당에서 스윙연습을 하고 있다.

　최근 한국을 한 달 동안 방문하고 3개월 만에 시니어 회원들과 라운딩을 했다. 여전히 28명이 7팀으로 나누어서 시니어 골퍼들이 노장을 과시한다. 하지만 내가 속한 팀의 3명 중에 두 분이 무릎에 보호대를 차고 있었다. 두 분께 물어보니 무릎 수술을 했다고 한다. 나도 한국 가기 전에 뒷마당에서 골프 스윙 연습을 많이 해서인지 왼손 4째 손가락 펴기가 어려웠다. 인터넷에 찾아보니 '방아쇠 수지 증후군'이 와서 의사에게 가서 주사를 맞고 나왔다. 시니어 골프 클럽 회원 가운데는 주 1회가 부족해 다른 골프장에서 한 번 더 라운드하는 열정파들도 있다. 올해 내 골프 실력이 시니어 클럽 평균 핸디인 20에 도달하는 것이다.

윤덕환

『미주 크리스챤 문학』과 『문학세계』(2019) 수필 신인상. 재외동포 문학상 (2022) 수필 입상. 공저 동인지 『마디』(2023). 은퇴 목사, 선교사. dyoon58@outlook.com

돌의 얼굴

이에스더

처음부터 끌렸다. 구석에서 먼지만 뒤집어쓴 채 주인의 따스한 관심 한번 받지 못하는 게 자꾸 눈에 밟혔다. 저도 내 마음을 알았는지 볼 때마다 반가워하는 것 같았다. 몇 차례 은근한 시선이 오간 뒤 결국 동생네 집구석에서 우리 집 거실 한가운데로 자리를 옮겼다.

한때 수석에 매료되었던 둘째 형부는 틈만 나면 무주의 계곡을 찾아다녔다. 어느 날 물속에서 하얀 파도 문양이 일렁이는 회갈색 돌을 발견했다. 커다란 두상을 반듯하게 절반으로 갈라놓은 듯한 형태였다. 정성껏 손질해서 손수 만든 받침대 위에 올려놓고 보니 누가 봐도 탐낼 만했다. 어떤 연유에서인지 그것이 미국으로 건너왔고 지금은 우리 집이 제 거처가 되었다.

저는 하얀 탁자 위에 앉아 수줍은 듯 눈부신 듯 한동안 조용히 생각에 잠겨 있었다. 새로운 환경에 적응하려면 시간이 필요하겠지 싶어 나도 가만히 지켜봤다. 수건으로 꼼꼼하게 마른 목욕을 시켜주었더니 울룩불룩한 근육이 드러나면서 생기가 돌기 시작한다. 드디어 제 얼굴이 드러났다. 이마와 광대뼈를 감싸며 턱과 목에 이르는 미끈한 선이 마치 잘생긴 청년의 옆모습 같다. 아하, 다비드. 미켈란젤로의 다비드가 우리 집 거실에 나타났다. 사랑에 빠진 듯 보고 또 바라본다. 다른 이에게는 보이지 않는, 그야말로 나만의 당신이 되었다.

다비드와의 밀월을 즐기는 중에 또 한 사람이 보이기 시작한다. 그레이스 켈리, 영화배우에 관심 두기 시작했던 십 대 초반의 내게 세상에서 가장 아름다운 여인이었다. 흑백 사진 속의 그녀를 보면 행복했다. 추억 속의 여인과 수십 년 만에 마주하다니. 머리부터 흘러내리는 부드러운 곡선이 영락없이 높은 곳을 바라보는 그녀의 옆모습이다. 우아함의 대명사였던 그레이스 켈리가 우리 집에 온 것이다.

왼쪽 위편에는 그레이스 켈리가 서쪽 하늘을, 오른쪽에는 다비드가 동쪽 너머를 바라보고 있다. 문득 다비드 조각상이 있는 피렌체로 생각이 뻗어간다. 당시 피렌체 시민들은 패권을 쥐고 있던 메디치 가문을 경계하기 위해 골리앗을 물리친 다비드의 조각상을 시청 앞 광장에 세워 두었다고 한다. 찬란했던 메디치 가의 영화가 먼지처럼 사라져버린 지금, 다비드의 시선은 무엇을 향하고 있을까. 수천 년 전의 위인이 대리석상이 되어 지금껏 그 자리에 서 있는 것은, 그리고 수석으로 내 앞에 나타난 것은 뭔가 나에게 전해야 할 메시지가 있어서일까. 보이는 것에만 온통 마음이 쏠려 있는 내게 보이는 것 너머를 봐야 한다고 일러주려 했는지 모르겠다. 언젠가는 스러지고 말 것에 너무 마음을 쏟지 말라고, 우리 집 한가운데서 단단히 지켜보겠노라고.

가만히 들여다보니 둘의 목덜미가 만나는 하단부에 얼굴이 하나 더 있다. 부드러운 선 하나 없이 도드라진 광대뼈와 울퉁불퉁한 윤곽에 머리카락조차 없는 그에게서 고통스런 인간의 모습을 보는 듯

하다. 삶이 무척 고단하다고 여겼을 때 마음에 끌렸던 어떤 조각상의 표정을 닮았다. 달리 보면 깊은 잠에 빠진 듯한 얼굴 같기도 하다. 인간이 남자와 여자로 나누어지는 순간의 원형적 장면을 보는 것 같다. 문득 여성성과 남성성이란 말이 튀어 오른다. 굳이 창조의 시간까지 거슬러 가지 않아도 늘 내 안에서 복닥거리는 두 가지 성향이다. 그나마 턱에 수염이 나지 않아 다행이지 점점 사라져가는 여성성이 단지 호르몬 탓만은 아닐 게다. 오죽하면 누운 지 반세기가 다 된 그레이스 켈리가 고운 목선을 드리우며 출현했을까. 나의 여성성을 심각하게 돌아봐야 할 때다.

좌우가 확연히 다른 돌의 모양새가 각기 다른 별에서 온 남자와 여자가 한집에서 사는 걸 연상케 한다. 마치 우리 부부를 보는 것 같다. 한솥밥 먹은 지가 수십 년인데도 같은 걸 보면서 여전히 다른 소리를 하니 말이다. 돌 속의 저들처럼 둘이서 반대 방향을 보고 있으니 한 곳을 향해 걷는 게 얼마나 고달팠을까. 그래도 여기까지 올 수 있었던 건 수석의 문양 같은 파도가 밀고 밀리며 만들어낸 모랫길을 따라 계속 걸었기 때문이다.

저는 어떻게 수석이 됐을까. 까마득한 옛날, 흙으로 돌아갔던 주검들이 어느 순간 바위에 편입되었다가 비바람에 부서지고 닳아지면서 무주의 한 계곡에 다다랐을 때 마침내 사람의 얼굴을 닮은 돌이 되었을 성싶다. 그러다 수석이란 이름으로 다시 태어나 나와 이야기를 나누고 있다. 돌에 담긴 세월이 깊다. 어쩌면 발에 채이는 돌멩이 하나라도 내가 그저 헤아릴 수 없는 수많은 삶의 흔적일 수 있겠다. 내 삶이 스러지고 나면, 저처럼 돌이 될 수 있을까. 머나먼 훗날 어느 계곡의 물가에서 몸을 뒤척이다 삶이 깊어지면 나를 찾아낸 이에게 어떤 의미가 될 수 있을까.
저에게서 계곡의 바람 소리, 물 소리가 난다.

이에스더

한국문인협회 워싱턴주 지부 회원. 수필집 『춘심을 만나다』
가 있음. esthershlee62@gmail.com

감자 당근 양파

이영미

비인 유학시절 5년 동안 감자 당근 양파를 무던히도 먹었다. 그 세 가지 식품의 평생 먹을 분량을 그때 다 섭취했는지도 모르겠다. 생각해보니 이전의 30년 세월보다 훨씬 더 많은 양이 될 것 같다. 독일에서는 이 세 가지만 있으면 웬만한 음식을 다 만들 수 있다. 거기에 소시지가 더해지면 금상첨화이다. 찌고 삶고 볶아서 대충 소스만 끼얹으면 훌륭한 한 끼 식사가 되었다. 방학 때 잠깐 귀국한 뒤 다시 떠나 독일이 가까워지면 국적기에서도 기내식은 쌀이 아닌 감자가 주식이 되어 버린다.

나는 감자보다 고구마를 더 좋아하지만 독일에서는 우리나라 고구마와 같은 것은 찾아보기 어려웠다. 비슷한 것으로 얌이 있으나 그건 질적으로 다르다. 토양이 달라서 그런 것일까. 종자가 또한 달라서 그런 걸까. 우악스럽게 큰 감자를 보면 지레 겁이 났다.

당근도 그 영양가를 알기 전에는 특유의 냄새 때문에 멀리한 시절이 있었다. 당근 역시 질감에 있어서 다른 재료와의 어울림이 매끄럽지 못하다. 굳이 영양가를 따지지 않더라도 몸이 왠지 찌뿌듯하고 조화롭지 못하다고 느낄 때는 당근과 오이를 길게 썰어 씹어 먹었다.

편식 안 하는 줄 알았지만 생각해보면 반드시 그렇지는 않았다. 양파를 즐겨하지 않고 파 역시 좋아하지 않아 은근히 외면해 왔다. 룸메이트는 칼국수나 수제비를 끓일 때 양파를 꼭 썰어 넣었다. 지금 생각하면 그 애는 요리의 멋을 아는 애였다. 그러나 나는 국수나 수제비 안에서 양파가 따로 노는 것을 못 견뎌 했다. 우둘거려서 꼭 건져내고 먹었다. 푹 익혀도 느낌은 다르지 않았다. 수제비에 감자를 숭덩 썰어 넣는 것은 보았지만 양파는 식감이 좋지 않았다.

철없던 시절의 얘기지만 그 생각이 머릿속에서 떠나지 않는 것은 내가 양파를 건져낼 때마다 룸메이트는 꼭 한마디씩 해서 내 비위를 건드렸기 때문이다. 내 그릇에서 내가 먹고 안 먹고를 참견하는 그 애의 성정에 뒤틀렸고 그 애는 그 애대로 내가 못마땅해 어쩔 줄 몰라 했다. 나중에는 내 그릇의 양파를 빼고 음식을 담기에 이르렀다. 생각해보면 국물로 우러나 음식 맛에는 변함이 없는 것인데 야릇했다. 세월이 흘러 내가 양파의 효능을 제대로 알고 가까이하기 시작했을 때부터 나는 가끔 먹을거리로 유난을 떨던 그 애를 생각한다.

이 세 가지 재료를 효과적으로 섭취하려면 카레라이스를 하면 되었다. 예전에는 가루를 사용했는데 요즘에는 고형으로 된 카레 원료가 있어서 간편하게 만들 수 있다. 요즘엔 즉석요리까지 나와 있다. 카레라이스는 아버지가 즐겨 드시던 음식이었다.

때때로 김장김치가 그리웠다. 나쉬마켓이라고 하는 농수산물 시장에 가서 우리나라 배추와 가장 많이 닮은 중국배추를 사 왔다. 그러나 그것은 김치를 담글 수 있는 게 아니었다. 2박 3일을 절여놓아도 도무지 결이 사그라지지 않았다. 샐러드용으로만 이용되는 것 같았다.

'사워 크라우트'라는 양배추 초절임을 사 가지고 와서 신 김치찌개처럼 끓여 먹었다. 드럼통 안에 있는 사워 크라우트를 삼지창으로 건져내 팔기도 하고 채로 썰어서 팔기도 했다. 돼지고기를 넣고 끓이면 그럴듯한 김치찌개가 되었다.

호밀 빵도 어지간히 먹었다. 독일에서의 아침은 매일 빵으로 해결했는데 딱딱해서 빵 칼이 제대로 들어가지 않는 호밀 빵을 보고 날마다 울상을 짓지 않을 수 없었다. 그런데 간사하게도 요즈음 나는 그 딱딱한 호밀 빵이 그립다. 호밀 빵은 겉은 딱딱하지만 속은 촉촉했다. 요즘 젊은 애들이 말하는 이른바 겉바속촉 이랄까. 브레첼 역시 독일 전통 빵으로서 황금 브라운색의 문고리 모양으로 겉은 바삭하고 안은 쫀득하며 빵 위에 뿌려진 소금알갱이가 짭조름한 맛이 일품이다. 베이킹소다 맛이 거칠면서도 담백한 빵이다.

내가 살던 집의 길 건너편에 동네 빵집이 있었다. 큰길 뒤 이면도로에 있었는데 아침 시간이 면 사람들이 길게 늘어섰다. 빵 나오는 시간에 맞춰 빵을 사기 위해 서 있는 줄이었다. 그런 풍경을 오랜만에 보았다. 우리나라 이름난 맛집에 줄 서 있는 모습을 보는 듯했다. 어느 날 나도 그 대열에 슬쩍 합류해 보았다. 갓 구워낸 빵의 향기가 그토록 그윽하다는 걸 그제야 알았다. 바야흐로 그 5년간은 빵 문화 속에 살았던 나날이었다. 그럼에도 불구하고 유학시절 내내 부드럽고 달달한 빵이 그리웠다. 우리나라의 단팥빵, 크림빵 같은 것은 없었다.

커피도 어지간히 마셨다. 나는 지금도 커피 맛을 잘 모르지만 그 시절에는 음료 그 이상도 이하도 아니었다. 비엔나에는 비엔나 커피가 없다는 걸 알게 되었을 즈음 자허호텔의 유명한 멜랑쉬를 맛보고 그 향기에 흠뻑 젖고 말았다. 아인 슈페너라고도 부르는 그 커피를 우리는 멜랑쉬라고 불렀다. 그러나 비싼 자허호텔 커피는 특별한 날에만 내게 주는 나의 큰 선물이었다.

  로젠베르크라는 곳에서 커피를 마시면 머그잔을 기념으로 받아올 수 있었다. 카페 겸 식료품점이었다. 친구들과 삼삼오오 가서 커피를 마시고 머그잔을 수집했다. 한 세트가 넘으면 다른 친구에게 선물하기도 했다. 온갖 꽃무늬로 아로새겨진 투박하지만 정겨웠던 그 컵이 생각난다. 지금도 그곳에 가면 예쁜 컵을 선물로 받을 수 있으려나.

  내 식탁에 한때 주연으로 군림했던 감자 당근 양파가 이제 조연 정도로 물러나 있지만 여전히 그 존재감을 뽐내고 있다. 그때와는 살짝 다른 형태로 내내 함께하고 있기 때문이다.

  음식으로 인한 내 생활패턴에 변화가 있던 그 시절, 그림 같은 서른 즈음 함께했던 이들이 생각나고, 고뇌했던 나날들이 그리워질 때 그때 먹었던 음식이 생각난다. 먹을거리가 생활양식을 충분히 바꿀 수 있다는 것을 그때 알았다. 아침부터 국과 찌개를 먹고 매일 밥만 먹고 살던 내가 어렵사리 빵 문화에 소소히 젖어 들 무렵 귀국행 보따리를 쌌다. 그때는 쉽게 적응하기 어려웠던 음식들이 새삼 그리워지는 건 이 또한 무슨 조화 속일까.

이영미

2015년 『문학세계』 수필 신인상 수상. 2023년 『마디』 수필 동인지 공저. 성악가. 전 숙명여대 성악과 강사. Wienerin5@gmail.com

흙에서

이재훈

　공원에서 산책할 때마다 대자연의 신비함과 오묘함을 절실히 느낀다. 그런 시각적으로 잘 인지되지 않는 흙의 참모습을 생각하면 더 그렇다. 공원은 온통 흙으로 덮여 있다고 해도 과언이 아니다. 거기에서 철 따라 동식물이 변화하는 과정을 보면 과연 흙은 정말로 대단하다. 봄이면 더 그렇다. 겨우내 죽은 듯이 잠자코 있던 대지가 입춘이 지나면 너도나도 서둘러 긴 잠에서 깨어난다. 내가 디디고 있는 흙에서 모두 시작한다고 봐도 과언이 아니다. 그런 대자연의 신비를 보면 그냥 단순하게 아름답다는 감상적인 느낌보다 한층 더 깊은 현상에 가던 걸음을 잠시 멈추고 심호흡을 해 본다. 누구도 부정할 수 없는 자연의 혜택이다. 두 팔을 하늘 높이 활짝 펴고 가슴속 깊게 들여 마신 산뜻한 공기가 폐부에 신선한 충격을 준다. 신발 밑에서는 흙이 산고의 아픔을 토한다. '이러한 대자연의 오묘함은 오로지 흙에서만 올 수 있다.'라고.

　흙에서,
　우리가 디디고 삶을 유지하는 지구의 의미를 부여받을 수 있다. 46억 년 전에는 펄펄 끓는 용암이었던 지구는 서서히 식으면서 바위로 굳었다가, 시간의 무게에 눌려 흙으로 됐다. 그런 현상은 지금도 계속되는 것을 활화산의 폭발에서 쉽게 볼 수 있다. 그 흙이 결국 모든 생명의 근원이 됐다 이 땅에 존재하는 대자연의 순환과정이 예외 없이 흙에서 시작하고 흙에서 끝난다. 사계절의 변화도 흙에서 시작하고 계속하여 반복되는 현상이다. 간단하게 숲속의 나무를 예로 들어보자. 겨우내 죽은 듯이 있다가 봄이 오면 기지개를 켜고 긴 잠에서 부스스 깨어난다. 죽었던 것같이 보이던 가지에 새싹이 트고 봉오리를 터트리는 꽃을 보면 볼수록 신기하다. 어디에서 그런 힘이 나오고, 또 그 많은 물감을 어디에 저장했다가 한꺼번에 풀어 놓는지 이해하기가 무척 어렵다. 게다가 그 수많은 잎사귀가 한꺼번에 같은 모양으로 가지에 맺힌다. 아무리 컴퓨터를 기반으로 한 현대 산업이 발달했다고 해도 이러한 자연의 경이함을 따라가지 못한다. 아니 할 수 없다. 길섶에 핀 한 송이의 야생화를 보고 있노라면 흙에서 오는 조화를 그저 찬미할 뿐이다. 꽃잎을 하나 따서 손으로 만져본다. 그 흙에서 오는 촉감을 느낀다.

흙에서,
우리는 태어나고 죽어서는 흙으로 돌아가 묻힌다. 생로병사의 끈도 흙을 벗어나지 못한다. 인간도 대자연의 한 일부분이라서 예외 없이 유한한 삶을 살 수밖에 없다. 다른 동식물과 예외일 수도 없다. 이러한 순환과정은 으레 흙에서 시작하고 흙에서 끝난다. 흙은 단순하게 우리가 디디고 서는 데에 도움이 되는 것만은 아니다. 인간의 생명은 모태에서 시작하지만, 그의 근원은 따지고 보면 흙에서 시작한다. 우리는 하루도 숨을 쉬고, 먹고, 마시지 않으면 생명을 유지할 수 없다. 우리가 마시고 먹는 것, 모두가 결국 모두 흙에서 온다. 인간의 두뇌가 발달하기 시작한 이래, 많은 사람이 생명의 근원을 찾으려고 무던한 노력을 기울였지만, 결과는 언제나 물로 귀착한다고 한다. 그 물은 흙에서 왔다면서 허탈감을 내뱉은 학자가 수도 없이 많다고 들었다. 아직도 진행 중인 지난한 숙제다. 우리의 삶이 한 주기를 마친 끝에는 결국 흙으로 돌아간다. 흙이 아니면 돌아갈 데가 없기 때문이다.

흙에서

우리가 일용하는 모든 것이 나온다. 밭에서 나오는 채소와 곡식은 물론 사육 동물도 흙에서 나온다. 야생식물과 동물도 흙에서 자란다. 그들이 없으면 인간도 생명을 유지할 수 없다. 자연 순환과정의 생태를 보면 아주 복잡하게 얽히고설켜 있다. 그런 어려운 문제를 해결하는 것이 바로 흙이다. 지구상에 존재하는 모든 동식물의 생태와 생존도 결국 흙에서 시작하고 흙으로 돌아간다. 인간의 역사도 땅의 역사에 불과하다. 원시인은 처음 흙에서 나오는 것을 채취와 수렵하면서 살았다. 점점 생활의 기반을 넓히면서 흙에서 농사를 익히면서 삶의 질을 높여 갔으며, 영농 기술을 발전으로 인구가 기하급수로 늘기 시작했다. 20세기 중반까지도 지구상의 인구 중의 80%가 농업에 종사했던 사실만으로도 흙이 얼마나 인간의 삶에 중요했는지를 알 수 있다. 산업혁명 이후에도 모든 게 풍요해지고 있지만, 80억이 넘는 인구의 입을 제한된 흙에서 소출되는 양식으로 해결할지 궁금하다.

흙에서

도랑의 물이 흘러나와 개천을 이루고, 개천이 강이 된다. 강은 먼 여정을 거쳐 바다에 이른다. 강과 바다에서 얻을 수 있는 갖가지 어류와 수산물도 우리에게 중요한 역할을 한다. 그 근본적인 저변에는 물이 있다. 물이 없는 세상은 존재하지 않는다. 지구상의 모든 생물의 근원은 물이다. 그 물이 흙에서 나오기 때문에 그 흙을 중요시해야 함은 당연하다. 물은 말 그대로 생명수다. 그러나 현대인들은 이를 무시하고 학대한다. 우리는 매일 심각한 환경오염에 접하는데, 그것은 곧바로 흙의 오염이다. 이산화탄소, 메탄가스, 플라스틱도 결국 흙으로 돌아온다. 한마디로 지구가 중병에 걸려서 앓고 있다고 한다. 인간은 편안함을 위해 흙을 죽이고 있는 셈이다. 그런 흙을 소중히 생각하고 다루어야 함이 마땅하다. 그런 흙은 오늘도 무자비하게 유린당하고 있다는 기사를 접할 때마다 마음이 아프다.

흙에서

인간은 벗어나 살 수 없다. 이런 절대적인 진리를 외면한다면 미래를 전당 잡는 일과 같다. 아름다운 대자연과 주위 환경도 결국 흙에서 온다. 내가 매일 정성을 들여서 가꾸고 유지하는 잔디밭, 터앝, 정원도 결국 흙이 있음으로써 가능하다. 흙은 더러운 것이 아니고 어느 보석보다도 더 귀한 존재다. 한 줌의 흙을 손바닥에 올려놓고 그 흙에서 무엇이 어떻게 자랄 수 있을까를 가늠해 본다. 우리의 삶이 더 윤택해지려면 흙을 사랑하는 길이 가장 첩경이라고 굳게 믿는다.

이재훈

충남 대천 출생. 서울대학교 공과대학 졸업. 『창작수필』「고향 열차」로 수필 등단(2007). 『워싱턴문학』 소설 「안나의 세 남자」로 신인문학상(2021) 수상.
usajae@gmail.com

여기서 그냥 살아버릴까

이정숙

비행기 창문 패널을 올린다. 태양 빛이 늘어져 있던 나를 곧추세운다. 카우아이섬과 눈이 마주친다. 푸른 파도가 넘실대며 초록빛 섬 끝자락을 휘감으니 하얀 물거품이 반짝인다. 바다 가운데 에메랄드 보석을 감싸고 있는 다이아몬드 같다. 가슴이 설렌다.

아담한 리후이 공항을 빠져나간다. 잠시 전 소낙비가 다녀갔나 보다. 흙냄새가 훅 풍긴다. 그리웠던 냄새다. 눈을 감고 섬 내음을 깊숙이 들여 마신다. 닭이 무리 지어 찻길을 건너 공항 쪽으로 향한다. 마중이라도 나온 듯 발걸음이 재다.

자동차 대여업체 주변에 닭이 모여 여유롭게 모이를 쪼고 있다. 화려한 깃털로 치장한 늠름한 수탉 한 마리가 목을 꼿꼿하게 세우더니 '꼬끼오' 한다. 우는 소리가 아니다. 명령이라도 하는 듯 소리가 시원하다. 닭들에게 차 조심 사람 조심하라는 신호인가 보다.

차에 올라 창을 완전히 내린다. 2월의 촉촉한 섬 공기가 내게 바짝 다가온다. 산 중턱을 감싸고 있던 구름이 '내려왔네' 하면 어느새 굵은 빗방울이 후드득 떨어진다. 비를 바라보는 일도 좋지만, 빗소리가 만드는 평온함이 더없이 좋다. 소낙비가 지나간다. 손이 닿을 듯 가까이에 피어나는 무지개를 보며 검푸른 숲과 에메랄드빛 바다 사이를 달린다.

숙소에 짐을 풀고 가벼운 복장으로 집을 나서 걷는다. 바다와 하늘만 보인다. 파도에 밀린 바닷물이 용암 동굴 밖으로 흘러나오며 만드는 50피트 높이의 물기둥을 보러 가는 길이다. 붉은색 주차장에 닭과 사람들이 섞인 풍경이 자연스럽다. 예닐곱 병아리가 암탉의 뒤를 졸졸 따르며 먹이를 쪼고 있다. 갑자기 어미 닭이 사납게 소리를 내며 날개를 세운다. 차에서 내리는 개를 향해 '내 새끼들 넘보지 말라'는 신호를 보내는 것이리라. 그 사이 병아리들은 화단 속으로 몸을 숨기고 암탉은 날개를 털며 새끼들에게 다가간다.

1992년, 허리케인 4등급 '이니키'가 섬을 관통하고 지나간 피해는 컸다. 지역주민들은 자연의 원형을 파괴하지 않으려 애를 쓰며 삶의 터전을 재건시켰고, 외지인들의 발길이 다시 들기 시작했다. 당시 닭장을 벗어나 야생으로 번식한 닭들을 섬 구석구석에서 만날 수 있으니 섬의 명물이자 상징이 되었다 해도 과언은 아닐 테다.

몇 해 전부터 페리보트의 운영을 검토하고 있으나 주민들이 투표를 통해 거부하고 있단다. 보트에 실려 오는 외지 승용차 바퀴에 생태계 교란종이 붙어 섬에 유입될 가능성을 차단하기 위해서란다. 혹시 뱀 종자가 들어와 섬 안에 번식한다면 자연환경이 변하지 않겠는가. 화려한 깃털에 의기양양한 야생 닭과 산돼지가 사이좋게 살아가는 지금이 좋을 텐데.

일출을 보러 새벽길을 나선다. 별이 총총하다. 전등을 비추며 산길을 오르는 가이드를 따라 우리 일행 4명이 뒤따른다. 어둠이 서서히 물러나고 빨간 흙길이 드러난다. 개 두 마리가 오줌을 찔끔 흘리며 빠르게 우리 일행을 스쳐 지나간다. 몸 안에 위치 탐지 칩을 지니고 산돼지 사냥을 돕는 개란다.

잠시 후 계곡 아래로부터 컹컹대는 개소리가 들린다. 이때 개가 지닌 칩으로 위치를 파악한 사냥꾼이 나선다. 개가 산돼지를 놓치지 않으려 덤비는 모양이다. 제 죽음을 예감한 듯 꽥꽥거리는 산돼지 울음에 산이 흐느끼며 메아리를 만든다.

한참 더 걸어 올라가 산마루에 도달한다. 마침내 산 능선 너머 한 줄기 빛으로 여명이 시작된다. 하늘이 점점 밝아지고 태양이 붉게 타오른다. 빛은 사방으로 뻗어나가 천지 만물에 힘찬 기운으로 스며든다. 해맞이는 새날을 맞이하는 기쁨이기도 하지만 잃었던 나를 되찾는 순간이기도 하다. 아침 빛이 이슬방울을 투과한다. 순간에 사라질 영롱한 물방울도 어제와 다를 테다. 저녁에는 보름달 맞이를 놓치지 말라고 가이드가 말한다.

보름달이 섬을 환하게 비춘다. 달이 물속에서 일렁거린다. 파도가 치고 달빛이 흩어지는 데 마음은 고요해진다. 구름에 휘감긴 달빛을 따라 은총이 내려오는 듯하다. 달빛을 품은 밤은 깊어 가고 사람들은 무리 지어 바닷가 여기저기에 모여있다. 지역 사람들이 모여 마음을 정화하고 각각 준비해온 간식을 나누며 친목을 도모하는 보름달 맞이는 이 섬의 풍습이란다.

천혜의 자연 속에 닭과 산돼지, 몽크바다표범이 서로 거리를 지키며 사람과 공존하는 카우아이섬이다. 사색하게 하는 원시적 자연 안에서 힐링이 시작되고, 가없는 자연에 묻혀 구구거리는 닭 소리를 벗삼으며 쥬라기 시대를 상상케 하는 이 섬은 내 마음의 벗이다.

해, 달, 바다와 하늘이 주체인 이 섬에 머물 때는 인간의 본질을 알 것 같다. 새 문명에 저항하며 원래의 섬 모습을 지키려 하는 지역 사람들에게 감사하며 비행장을 향한다. '우리 여기서 그냥 살아버릴까'

남편에게 말한다. 그는 빙그레 웃는다.

이정숙

2018년 미주한국일보 문예공모 수필부문 신인상 수상. 2023년 수필집 『마디』 공저. jeong.rhee@gmail.com

둔한 2등이 되어보자

이정아

 신장 이식 수술 후 정기검진차 한국에 나갈 때, 마침 국제 펜클럽의 '세계 한글 작가대회' 날짜가 맞물려서 참석하게 되었다. 경주에서 열린 작가대회에는 한국, 중국, 러시아, 남미, 미국, 독일, 일본 등지에서 한글로 문학을 하는 이들이 모여 세미나를 열었다. 공부와 담쌓은 나는 수업엔 별로 관심이 없었다.

 한국에서 쓰던 전화기가 고장이 났기에 소통에 어려움이 있었다. 핑계김에 화백컨벤션센터에서 세미나 도중 나와 경주 시내 KT 고객센터에 갔다. 유심(USIM) 칩에는 문제가 없으니 전화기를 고쳐야 하는데 경주에는 애플스토어가 없어 포항엘 가야 한단다.

 나를 태우고 다니던 택시기사님의 조언으로 중고 전화기를 사기로 하고, 대신 시내 관광을 했다. 대학 때 수업을 빼먹고 신촌역에서 교외선을 탄 기분처럼 설렜다. 경주 시내 관광은 거의 무덤을 보는 거였다. 박혁거세를 비롯한 박 씨 왕가의 오릉에서 천마총 등 30기의 대릉원을 보다가 마지막 코스로 교동 최부자집을 가보게 되었다.

 지루한 무덤들보단 스토리가 있는 그 집이 흥미로웠다. 노블레스 오블리주를 실천한 12대째 내려오던 부잣집 아닌가? 어마어마한 크기의 곳간도 보고 간판에 쓰여진 최부잣집 가정경영 6훈과 지침도 흥미롭게 읽었다.

1. 과거를 보되, 진사 이상은 하지 마라. 2. 재산은 만석 이상 지니지 마라. 3. 과객을 후하게 대접하라. 4. 흉년에는 땅을 사지 마라. 5. 며느리들은 시집온 3년간 무명옷을 입어라. 6. 사방 백 리 안에 굶어 죽는 사람이 없게 하라.

부자의 자존감을 느낄 수 있었다. 흉년 당시에 개방했다던 뒤주도 보았다. 누구나 곡식을 퍼갈 수 있게 구멍을 뚫었으되 적당량만 허락한 사이즈여서 무척 현명한 구제를 하였음을 볼 수 있었다. 사랑채의 방마다 현판이 붙어있었는데 어려운 한문이어서 당시엔 읽지 못하고 그냥 지나쳤다. 얼마 전 복효근 시인이 경주 여행을 다녀오시며 쓴 여행기를 읽었는데 현판에 대한 설명을 읽게 되었다. 그중 인상적인 편액이 '둔차(鈍次)'였다. 둔차란 '재주가 둔해 으뜸가지 못함'이라는 말이지만 '어리석은 듯 버금감'이라는 뜻으로 이해하면 된다고 한다.

독립유공자인 최부잣집 12대 손 최준의 부친 최현식 공의 호인데 가훈으로 삼았다고 했다. 직역하면 '둔한 2등'으로 일등만 기억하는 세상에 '둔한 2등'을 고집하는 겸양의 정신. 1등보다 나은 삶을 살았던 2등이 아닐까? 정말 배우고 싶은 2등의 지혜이다. 모든 걸 다 아는 듯 앞장서 나대지 말고, 뒷전에서 묵묵히 남들에게 도움이 되는 2등으로 살고 싶다.

이정아

1997년 『한국수필』 등단. 재미 수필문학가협회 회장, 이사장 역임. 조경희문학상(해외) 외 다수 수상. 수필집 『불량품』 외 다수 있음. 현 국제펜 미서부지역회 부회장. Joannelim7416@daum.net

더 좋은 일로 채워지리라

이주혁

　그날은 비가 몹시 쏟아졌다. 가을학기 첫 수업 시간이었다. 세찬 빗줄기가 교실 유리창을 계속 두드리고 있었다. 수업 중 노크 소리가 들렸다. 모두 그리로 눈을 돌렸다. 교수님이 전갈 쪽지를 받아 들고 나를 불렀다. '부친 사망', 쪽지에 적힌 넉 자였다.

　약학 대학 1학년 봄 학기를 마치고 여름 방학에 고향 속초에 내려가서 아버지와 함께 지냈다. 개학하여 상경한 지 1주일도 채 안 되었다. 갑자기 무슨 일이 생겼단 말인가. 지병도 없었고 누워 계시지도 않았다. 우산을 쓸 생각도 없이 쏟아지는 비를 흠뻑 맞으며 걸었다. 어둠과 절망이 비처럼 덮쳤다. 아무런 예비도 없이 충격에 휩싸였다. 입주 가정교사 집 아주머니가 건네준 전보용지에는 분명히 '부친 사망 급 귀향'이라고 적혀 있었다. 전화도 없던 때다. 여전히 현실감이 들지 않았다.

　그날은 속초행 막차가 이미 떠난지라, 밤새 뒤척거리다가 다음 날 새벽 첫 버스에 몸을 실었다. 비는 계속 내렸다. 멍하니 앉아 차창에 세차게 부서져 허물어져 가는 빗방울을 바라보았다. 여동생이 셋이고 막내 남동생이 이제 초등학교 1학년이다. 이들은 아직 어린 나이인데, 이제는 아버지 없이 성장해야 한다. 엄마는 어떻게 이 모든 것을 견뎌내고 우리를 끌어나갈까. 그동안 행복했던 가정은 한순간에 부서져 버릴 것 같았다.

그 순간, 나는 절망과 무력함에 휩싸였다. 나는 장남으로서 가정의 책임을 맡아야 한다. 우리는 아무런 재산도 없었고 지금 살고 있는 집 또한 우리 소유가 아니다. 홀어머니를 모시며 어떻게 살아야 할지 막막하기만 했다. 어렵게 시작한 대학이다. 이제 첫 학기를 마치고 가을학기에 접어들었는데, 이것으로 끝나는 건가 싶었다.

12시간 동안 덜컹거리는 완행버스 안에서 허공을 헤맸다. 속초에 도착하니 세찬 비는 멎었다. 촉촉한 옷에서 차가운 기운이 느껴졌다. 발걸음이 무겁다. 혹여나 잘못된 전보는 아니었을까. 내가 내려와야 할 무슨 다른 큰일로 동생이 엄마 몰래 저지른 일은 아니었을까. 자그만 희망을 떠올려도 봤다.

마당에는 낯선 사람들로 어수선했다. 두 살 어린 첫째 여동생이 나를 껴안고 울음을 터뜨렸다.

"오빠! 우린 이제 어떻게 살지."

그녀의 울음소리에 더욱 깊은 슬픔이 내 마음을 울렸다. 급하게 쫓아 나온 엄마는 실성한 사람처럼 한참 동안 멍하니 나를 바라만 보았다. 내 손을 움켜잡고 안방으로 이끌었다.

휘장이 치어 있고 그 안에 아버지가 누워 계셨다. 염을 끝내고 수의가 입혀 있었다. 고통스러웠었는지 얼굴이 일그러져 있었다. 내 양손으로 아버지 얼굴을 감싸안았다. 싸늘한 살갗이 손바닥에 전해지면서 무거운 슬픔에 몸이 떨렸다. 손끝이 더 이상 움직이지 않았다. 피부의 차가움과 육체의 무게가 절망과 무력함으로 파고들었다. 흐르는 눈물을 어쩔 수 없이 아버지 가슴에 내 얼굴을 비볐다, 얼마를 흐느꼈는지 엄마가 나를 일으켰다. 눈물 젖은 흐릿한 시선으로 엄마를 끌어안았다.

　엄마는 눈물도 말라버린 쨍한 눈으로 머리부터 발끝까지 나를 몇 번 훑어보았다. 내 양손을 꼭 잡고, "아범아! 우리 한번 살아보자." 내가 무슨 짓을 해서라도 동생들 굶기지는 않을 테니, 너는 계속 공부나 해라. 너를 도와주지 못해 미안하다. 하며 치맛자락을 눈에 대고 부엌으로 나갔다.

　당분간 학교를 쉬고 동생들 돌보며 살길을 마련해 보자, 라고 하시는 말보다도 더 무섭게 나를 후려쳤다. 올봄에 첫째는 고등학교, 둘째는 중학교에 진학해야 하는 사정이었다. 이 때문에 나는 3학년이 되면서 대학 입시를 포기했었다. 고3 여름방학 내내 오징어를 수출하는 회사에서 포장하는 일을 했다.

　그러다 뒤늦게 담임선생님의 권유로 일류 대학 입학시험을 한 번 경험해 보기로 했다. 급하게 전신환으로 입학 수험료를 납부하며 가까스로 입시등록을 마쳤다. 1차는 떨어졌지만, 뜻밖에도 성대 약대에 장학생으로 합격했다. 어렵게 마련했던 입학금으로 동생 둘 다 진학시킬 수 있었다. 이렇게 시작한 대학이었다.

　학업을 중단하고 직업을 구한다면, 동생을 돌보며 집안을 꾸려나가기는 하겠지. 남들은 독일 광부로, 간호사로, 월남 파병으로 어려움을 안고 가족을 위하여 떠나는데, 나도 무엇인가 해야 했다.

　그러나 일하면서 재수를 준비한다거나 등록금을 마련하여 복학하기는 어려울 것 같았다. 그때 가서 장학생으로 합격한다는 보장은 더구나 희박하지 않은가. 마음 한구석에서는 하루라도 빨리 공부를 마쳐야 집안을 일으킬 수 있지, 라고 속삭였다. 조금 전, 엄마가 하신 말씀으로 나 자신을 돌아보았을 때, 그 속삭임은 오로지 나만을 위한 것이 아니라는 사실을 깨닫게 했다. 내 속에 무언가가 엄마의 말씀 쪽으로 나를 끌어당겼다.

당시 공부는 내가 가진 유일한 자산이자 자신감이었다. 상황이 어렵더라도 공부를 통해 학업을 계속할 수만 있다면, 어떤 어려움도 굴하지 않을 수 있을 것만 같았다. 이 길이 가족을 위해 미래를 위해 가야 할 길이라고 다짐했다.

선산은 속초에서 남쪽으로 100여 km 떨어진 '북분리'에 있었다. 상여를 마련할 사정이 아니었다. 화물 트럭을 빌려서 관을 싣고 몇몇 상여꾼과 더불어 장지로 향했다. 덜컹거리는 차 속에서 바로 한 달 전 일이 아른거렸다.

여름방학 동안, '약용식물 채집' 숙제하는 내 곁에서, 아버지는 한약재 이름을 옥편에서 찾아가며 도와주었다. 작약은 함박꽃, 길경은 도라지, 차전자는 질경이 씨앗. 허준의 동의보감을 함께 공부하듯 흐뭇해하며 대견스러워하던 모습이 차창에 어른거렸다. 국졸이란 학력으로 세상을 이겨 오신 당신의 아픈 마음을 누가 알 수 있었겠는가.

아버지는 글 읽기를 좋아했다. 여름날 저녁이면 동네 아낙들이 우리 집 뒷마당에 옹기종기 모여서 귀를 기울였다. 당신의 이름자와 같아서인지 유난히 '이광수' 소설을 자주 읽었다. '원효 대사'를 들으면서 깔깔대는 아낙들 사이를 오가며 으스대던 엄마의 모습이 선하다. 그들에게 유난히 친절했던 아버지를 질투 어린 말투로 나무라던 엄마. 멍하니 차창만 바라보는 엄마 손을 꼭 잡았다. 흐트러진 머리카락을 쓰다듬으며 엄마 품에 안겼다. 포근했다.

어머니가 근간의 사정을 말해 주었다. 아버지는 시내 조그만 주유소에서 경리 겸 관리 업무를 맡고 있었다. 고모부가 연관된 한 사건으로 직장에서 큰 어려움을 겪게 되었다. 도의적인 책임을 지고 직장을 그만두었지만, 이에 따라 경제적인 어려움과 직장 문제로 많이 고민했단다.

　며칠 밤잠도 설치며 가끔 가슴이 답답하다고 했지만, 소화 불량 정도로만 생각하고 두 분 다 의사를 볼 일이라고는 생각도 못 했다. 점심 식사 후 속이 불편하다고 잠깐 누웠는데, 옆에 아무도 없이 말 한마디 못 하고 그대로 가셨다. 당시 당신 나이 39살이었다. 정기적으로 건강진단을 받아 볼 수 있는 형편은 아니었지만, 별다른 지병은 없었다. '심장마비'라는 의사의 진단이었다. 아버지는 그렇게 허무하게 우리 곁을 떠났다.

　아버지는 측은지심이 남달랐다. 한 번은 친구와 술 한잔하다가 술집 여자의 딱한 사정을 듣고, 그분이 다른 일자리를 찾을 때까지 우리 집으로 모셔 온 경우도 있었다. 칸막이 문을 사이에 둔 아래 윗방에 엄마 아빠와 2살짜리 막냇동생과 더불어 7식구가 사는 형편 따위는 아랑곳없었다. 엄마의, 아내로서 여자로서의 불평과 잔소리를 이겨내고 설득할 자신이 있었는지, 아니면 그저 도와야 한다는 단순한 생각뿐인 위인이었다. 그런 분이 사고로 직장에 큰 손해를 입혔으니 그 심정이 어떠했으랴.

　바다가 내려다보이는 언덕 아래 길옆에 차를 세웠다. 장지까지는 300여 미터. 나는 영정을 두 손으로 받쳐 들고 앞장을 섰다. 상여꾼 넷이 운구를 들고 뒤를 따랐다. 아버지와 함께 걸어 넘던 언덕이라고 엄마가 일러주어 잠시 발걸음을 멈췄다. 바로 눈 아래 파도가 철썩이고 갈매기 한 마리가 큰 원을 그리며 멀리 날아갔다.

　장지에 도착하니 그곳에 살고 있는 아제가 이웃과 더불어 모든 일을 도와주었다. 땅을 파고 하관을 했다. 분봉을 만들고 떼를 입혔다. 시키는 대로 뜻도 모르는 제문을 읽었다. '현고학생부군(顯考學生府君)---'. 그리고 그 종이에 불을 붙였다. 아직 제가 되지 않은 종이쪽이 실바람에 가느다란 연기를 따라 하늘하늘 올랐다.

아버지 편히 잠드세요. 이제 제가 우리 집안을 일으켜 볼게요. 더 이상 울지 않겠어요. 언젠가 저에게 말씀하였듯이 물처럼 살아가겠어요. 길 없으면 굽이굽이 돌아가고, 바위에 부딪히면 비켜서 흐르고, 그래도 막히면 폭포가 되어서라도 흘러갈 거예요, 아버지처럼 마른 땅 만나면 적셔주고, 앞서겠다고 교만하지 않고, 뒤에 처졌다고 절망하지 않고 내 길 따라 흐르고 흘러 바닷물에 닿으렵니다. 저 넓은 세상으로 나아가 보렵니다. 지켜봐 주세요. 제가 이루어내겠습니다. 눈물을 삼키며 고개를 들었다.

옆에서 훌쩍이는 여동생 둘을 끌어안았다. 우리 이제 울지 말자. 힘내자. 오빠가 어떻게든 해볼게. 다짐해 보았다. 하지만, 허공에 흩어지는 입발림만 같아서 가슴만 벌렁거렸다. 나 혼자 몸뚱이는 무슨 일을 하든 견디어내겠다고, 공부를 계속하겠다고 그동안 나를 추슬러 왔다.

첫 학기, 책가방 하나 들고 태릉 이모 댁에서 학업을 시작했다. 조그만 단칸방에 이모와 이모부, 2살짜리 조카와 더불어 조카가 다섯이었다. 나는 염치도 모르는 척 눈 딱 감고 함께 뒹굴었다. 이곳에서 명륜동까지 통학을 하며 2달을 견뎠다. 그 후 입주 가정교사 자리를 구하여 성북동으로 옮겼다.

등록금은 장학금으로 해결했고, 입주 가정교사라 숙식은 제공되었다. 매달 주는 적은 용돈으로 점심, 교통비, 책값 등을 충당해야 했다.

이런 상황이 계속될 터인데 동생들을 어찌 도울 수 있을까.

이제는, '어떤 어려움이 닥치는가.'가 문제가 아니다. '어떻게 대처해야 하는가.'가 나의 삶이 되어야 했다. 나는 믿고 싶었다. 신은 지금 내가 있어야 할 자리에 나의 퍼즐을 맞추어 넣었다. 그다음 퍼즐이 나로부터 연결되어 나가리라. 그는 그가 원하는 퍼즐을 완성해 갈 것이다. 그저 매사에 감사하며 엄마만 믿고 나의 할 일을 계속 열심히 하여 나가리라.

'더 좋은 일로 채워지리라.'라는 것을 믿고 극복해 나가란다. 그것을 유산으로 남겨 두고 당신은 홀로 떠나셨다.

이주혁

강원도 양양 출생. 성균관대학교 약학대학 졸업(1968), South Dakota 주립대학 약학대학 졸업(1978). 한국문인협회 미주지회 회원. 2013년 『에세이포레』 수필 등단. 2015년 『해외문학사』 시인 등단. 2023년 오랜지글사랑 수필 동인지 발간. 오랜지글사랑모임 회원.

페트리코 냄새를 따라서

정동순

　산책 시간은 나에게 해피 아워다. 특히 비 오는 날의 산책이 그렇다. 우산에 떨어지는 빗방울 소리는 좋은 명상음악이다. 산책길엔 인적이 드물고 비를 동반한 옅은 구름이 내려앉는다. 발 밑에서 피어오르는 흙냄새가 반갑다. 평소에는 코끝을 살짝 스치던 미세한 냄새가 더욱 짙고 분명해진다. 젖은 숲에 떨어지는 빗방울은 이끼, 부엽토, 나무 향, 싱그러운 풀냄새와 섞여 후각을 자극한다. 어디선가 풍겨오는 낯선 냄새의 정체를 찾아 코를 킁킁거리며 숨을 들이마신다. 바람에 실려 온 호수의 물비린내도 다른 날보다 진하다.

　비가 내리는 날 왜 냄새가 더 진할까? 지표면에 있던 냄새 포자가 땅에 떨어지는 빗방울을 맞고 튀어 올라 공기 중에 퍼지기 때문이란 설명은 그럴듯하다. 우리가 추억하는 어떤 냄새는 그런 날씨와 맞물려 있다. 비 오는 날, 나는 유달리 부침개가 먹고 싶다. 비가 내리기 전, 쇳내 같은 마른 흙의 비 냄새를 페트리코(petrichor)라 한다는 것을 최근에 알았다. 그리스어로 '돌의 피'라는 뜻이란다. 비가 계속 내리면 페트리코는 비슷하면서도 다른 흙냄새인 지오스민(geosmin)으로 바뀐다. 지오스민은 비가 그친 후에도 남아 있는, 약간 곰팡내 비슷하면서 눅눅한 냄새다. 이 냄새가 민물고기에게 알을 낳을 장소를 알려주고, 낙타가 사막에서 오아시스를 찾도록 도와주는 역할까지 한다니 신비하다. 연어나 거북이가 산란을 위해 자기가 태어난 곳으로 돌아갈 수 있는 것도 그곳의 물 냄새를 정확하게 기억하고 있기 때문이라 한다. 특별한 후각 기능이다.

인간에게도 냄새는 어느 감각보다 기억과 연관되어 있다고 한다. 프루스트의 소설 『잃어버린 시간을 찾아서』는 후각이 가진 힘을 여실하게 보여준다. 마르셀은 마들렌 과자 향을 맡았을 때, 과거의 기억이 생생하게 되살아난다.

나에게는 남자 사람 친구에게 심쿵하게 되었던 날이 냄새로 기억된다. 어느 저녁, 주점에서 모임 뒤풀이가 끝나고 지하철을 타기 위해 골목을 내려오고 있었다. 춥지? 갑자기 그는 재킷을 벗더니 내 어깨에 걸쳐 주었다. 순간 그 사람의 냄새가 코에 와 닿았다. 기분이 묘했다. 나는 슬며시 어깨에 걸친 옷깃을 가슴 앞으로 붙잡았다. 남편은 그렇게 내게 냄새로 왔다.

내가 사랑하는 냄새는 밖에 나가 신나게 뛰놀다 들어온 아이에게서 풍기는 싱그러운 풀냄새다. 건강하고 행복한 시간이 냄새로 치환되어 온다. 배고픈 아이를 위해 파스타를 만들어준다. 파스타를 삶는 솥뚜껑이 들썩이고, 잘게 썬 양파를 볶는다. 프라이팬에 놓인 양파를 젓는 손놀림이 빨라질수록 달짝지근한 냄새가 올라온다. 양파가 캐러멜화되면서 풍기는 냄새는 나를 어느 골목으로 데려다 놓는다.

짜장면 냄새가 골목에 자욱하다. 높이 솟은 굴뚝 끝까지 연기를 타고 올라간 기름이 검게 뭉쳐 고약처럼 끈적하게 흘러내린다. 철망을 두른 주방의 작은 창문에서 프라이팬이 덜컹거리는 소리가 들린다. 기름지고 풍성한 짜장면 냄새에 사람들이 침을 삼키며 식당 안으로 들어간다. 그 중화반점은 철가방을 든 배달부의 오토바이가 부릉부

릉 드나들고 앉을 자리가 없을 만큼 손님이 많다. 소문에 그 식당에서 하루에 양파를 다섯 포대나 쓴다고 했다. 우리를 유혹하던 그 중국집에서 풍기던 냄새가 춘장을 볶는 냄새라 여겼는데, 실은 양파를 볶는 냄새였다고 믿는다.

  나에게 행복한 기억들은 주로 음식 냄새와 연결되어 있다. 지붕 밑으로 낮게 퍼지던 전 부치는 냄새, 구수한 누룽지 냄새, 아궁이에서 고구마가 익어가는 냄새, 연탄불에서 지글지글 구워지던 고등어 냄새 따위다. 엄마가 되고 나서, 비 오는 날이면 뭉근하게 오래 끓인 소고기 스튜를 만들곤 한다. 학교에서 돌아온 배고픈 아이들이 현관문을 열었을 때, 스튜 냄새를 맡으며 집으로 들어오는 날을 행복하게 기억했으면 좋겠다.

  맛은 다섯 가지 기본 범주를 바탕으로 섬세하게 표현된다. 유감스럽게도 후각을 나타내는 말은 누린내, 비린내, 구린내 등 몇 개 되지 않다. 향과 내로 냄새의 급을 나누기는 하지만 대개 냄새가 나는 대상에 향이나 냄새를 붙여 표현한다. 사과 향, 장미 향, 곰팡 냄새, 마늘 냄새, 꽃 냄새, 비누 냄새, 샴푸 냄새. 촉각에서 가져온 꿉꿉한 냄새, 눅눅한 냄새, 심지어 달콤한 냄새, 고소한 냄새, 시큼한 냄새 등 맛을 나타내는 말을 냄새까지 확장해 쓴다. 그런 면에서 페트리코나 지오스민은 외래어지만 이런 말이 만들어진 것이 반갑다. 특히 흙 냄새에 돌의 피라는 은유를 사용하다니 멋지다.

  오늘도 비가 온다. 산책길에서 맡아지는 페트리코와 더불어 갖가지 냄새를 찾아 비 내리는 날의 산책은 계속될 거 같다. 나도 냄새 형용사를 만들어 보고 싶다. 누군가의 시간을 건너뛰어 추억을 불러오는 매개체로, 연어가 냄새로 고향을 찾아가듯 정체성을 탐색하게 하는 냄새를 생각해본다. 향수를 뿌리지 않아도 언제 맡아도 지겹지 않은 좋은 느낌을 주는 향. 지금 내가 냄새로 누군가에게 기억된다면 어떤 향이 좋을까?

정동순(丁東順)

『수필과비평』 등단, 미주 중앙신인문학상 수필 대상(2012). 수필집 『어머, 한국말 하시네요』, 『그림자의 반어법』, 공저 『바다 건너 당신』이 있음. 수필U 시간 동인, 한국문인협회 및 시애틀문학회 회원. dolsilai1@gmail.com

금

정동철

그것은 도무지 화해할 수 없는 세계관 전쟁이었다. 대화하고 소통할수록 화해는커녕 더 뜨악해졌다. 침묵과 냉전이 이어지다 아침이면 뾰족한 말들이 여린 마음을 뚫고 나와 다툼이 나곤 했다.

"좋은 그릇에 뜨거운 죽 많이 담으면 깨져요."

"뜨거운 죽 담는다고 깨지면 좋은 그릇 아니지."

남자는, 아니 남자의 위장은 오트(귀리)를 사랑했다. 몇 년째 오트 죽으로 아침 식사를 했다. 그는 죽으로 끓여도 오돌토돌 씹는 맛이 살아 있는 스틸컷(Steel Cut) 오트를 선호했다. 시간이 바쁠 때는 납작한 롤드(Rolled) 오트도 마다하지 않았다. 어떤 상황이든 오트로 배를 채우고 하루를 시작하는 데 의미를 뒀다. 중세 영국에서 오트를 말 사료로 썼다고 하니 그 말들을 부러워했다. 그는 얼마 전 물혹 하나 없이 깨끗하게 나온 위·내장 내시경 검사 결과를 모두 오트를 장복한 덕분이라고 믿었다.

남자는 작은 냄비에서 오트, 기장, 조, 퀴노아, 현미가 바글바글 끓는 소리와 함께 아침을 시작했다. 끓는 동안 눌지 않도록 숟가락으로 몇 번 젓기만 하면 충분했다. 양념과 간을 하지 않았다. 재료가 가진 본래 맛을 살린다고 자부했다. 거의 무미(無味)에 가까운 맛이었다. 소박하기 이를 데 없는 죽이지만 담는 그릇만큼은 품격을 갖추고 싶었다. 순수한 시골 처녀를 왕비로 예우하는 마음이었다.

죽이 완성되자 남자는 여자가 소중하게 간직하는 '빌레로이앤보흐'(Villeroy & Boch) 그릇 세트 중 하나를 무단으로 차출했다. 너무 크지도 작지도 않게 딱 알맞은 크기였다. 윤기 나는 하얀 옆면과 바닥에 유럽 동화풍 그림이 알록달록 그려져 있었다. 남자는 한때 가축 사료였으나 오트는 이런 고급 그릇에 담길 자격이 충분히 있다고 여겼다.

여자는 아무런 허락을 받지 않고 자신이 아끼는 그릇 세트에서 하나를 쑥 뽑아 쓰는 남자가 곱지 않았다. 못마땅한 건 당연하고 무엇보다 불안하기 짝이 없었다. 연약한 그릇이 매일 아침 우악스럽게 끓어대는 죽을 감당할 수 있을까 걱정스러웠다. 20년 넘게 부부로 산 남자 건강보다 그릇이 어찌 될까 싶어 염려했다. 남편이야 스스로 챙길 수 있지만 그릇은 아기나 마찬가지라고 생각했다.

"이러다 깨지지는 않을까? 색이라도 바래면 어떡하지?"

여자는 참다 못 해 참았던 말을 뱉고 말았다. 막 쓰는 그릇도 많은데 하필 내가 아끼는 그릇을 사용할 필요가 있나? 내용물에 맞는 그릇이 따로 있고 죽 따위를 담을 물건은 아닌데… 다른 그릇을 쓰면 안 되나요?

여자가 토하는 불같은 불만에 오트를 숭상하는 남자는 차가운 금속처럼 가라앉았다. 내용물이 중요하지 그릇은 형식일 뿐이다. 먹을 수 없는 그릇을 피와 살이 되는 오트와 비교하다니 용납할 수 없었다. 이보다 더 비싼 그릇에 담아도 전혀 부족하지 않은 귀한 음식이다.

남자와 여자는 두 자루 비수처럼 끝과 끝을 마주한 채 타협점을 찾지 못했다. 뜨거운 죽 그릇이 부부간에 냉랭한 기운이 피어오르는 세계관 전쟁터가 됐다. 그릇을 둘러싸고 승부가 나지 않는 말다툼이 티격태격 반복됐다.

그러던 어느 날 남자가 쓰는 그릇을 살피던 여자는 문득 가느다란 실선 하나를 발견했다. 처음엔 머리카락이 묻었나 싶었다. 유심히 살펴보니 흐릿한 금이 아닌가. 손끝으로 살짝 문질러 보았다. 분명 미세한 홈이 감지됐다. 그토록 걱정한 일이 터진 것이었다. 함부로 뜨거운 죽 담지 말라고 수없이 당부했건만 소중한 금 같은 그릇이 끝내 금 간 그릇이 되고 말았다. 여자는 자기 심장에 날카로운 금 하나가 그어진 듯 아팠다. 속에서 불꽃이 타올랐다.

"멀쩡한 그릇을 '찐따'로 만들고 나니 속이 시원해?"

여자는 금 간 가슴으로부터 몇 년간 축적한 분노를 용암처럼 분출했다.

남자는 도무지 이해할 수 없었다. 아무리 뜨거운 죽을 자주 담아도 본차이나 도자기 그릇에 금이 가다니? 혹시 '짝퉁' 아냐? 이런 불경한 말이 불쑥 나올 뻔했다. 순간 성난 용가리가 된 여자 머리 위로 휘발유를 뿌릴 수는 없다는 생각이 들었다. 급히 그 말을 쏙 집어삼켰다. 하지만 억울했다. 오트죽과 그릇에 난 금 사이에 인과관계가 입증되지도 않았는데 온통 불바가지를 뒤집어쓴 셈이었다.

남녀관계는 과학과 논리가 아니라 의심과 속단이 지배한다. 부당한 일을 당해도 항변과 설득보다 냉소와 포기가 평화를 위한 유효한 수단일 때가 많다. 분노하는 여자 앞에서 수세에 몰린 남자는 결국 침묵으로 버티기에 돌입했다. 그 덕분인지 여자가 한바탕 몰아친 불바람은 커다란 피해 없이 지나갔다. 물론 그 뒤에도 남자는 변함없이 금 간 그릇에 오트죽을 담아 먹었다. 여자는 그런 남자를 볼 때마다 완벽한 그릇이 금 하나로 망가진 아픔을 되풀이 겪어야 했다.

완벽은 그 완벽이 깨어지는 순간 분노를 촉발한다. 분노가 식으면 미움이 되고 미움이 깊어지면 포기를 거쳐 무관심으로 이어진다. 여자는 금 간 그릇을 보며 그런 과정을 거쳤다. 한동안 흔들리는 감정에 시달리다 나중엔 구출을 포기한 아군 포로를 보듯 눈길이 차가워졌다. 뜨거운 열정이 좌절을 거쳐 싸늘한 외면으로 변했다.

반대로 금 간 그릇에 대한 남자의 지배는 더욱 공고해졌다. 더 이상 여자에게 속한 것을 빌려 쓰는 처지가 아니라 온전히 내 것이라는 주인의식이 생겼다. 그릇에 자리잡은 희미한 금마저 영광스러운 흉터로 보였다. 매번 펄펄 끓는 오트죽을 공수하는 작전을 매끄럽게 수행한 베테랑이었다. 또한 부부간에 발생한 세계관 전쟁에서 남자가 어렵사리 판정승을 거둔 사실을 확증하는 전리품이기도 했다.

금 간 그릇은 오늘도 금 그릇 위용으로 남자가 맞이하는 아침을 든든하게 지키고 있다.

정동철

서울대에서 정치학을 공부하고 시드니대에서 국제정치학 석사와 로스쿨을 마친 후 현재 호주 시드니에서 '문학동인 캥거루' 동인 활동을 하며 변호사로 일하고 있다.

나 자신을 재활용하는 노후의 삶

정문자

재활용은 일상생활 용품뿐 아니라 개개인의 마음이나 생활 태도에서도 도움이 된다. 나이 들며 재활용해야 하는 내 속의 나를 찾아본다.

쓰레기차가 오는 전날에는 집안에 쌓인 광고 우편물이나 신문을 대강이라도 읽은 후에 버린다. 시간은 소요되지만 재미있거나 의미 있는 글은 오려 놓으면 훗 날에 도움이 된다. 어릴 때부터 버리지 못하는 버릇이 있어 남편에게 놀림을 받으면서도 쓸 만하다고 생각되는 플라스틱 통이나 병들을 닦아 두면 나중에 요긴하게 사용한다. 손님의 아침 식사를 준비하며 전날 먹고 씻어둔 5.3 온스짜리 요구르트 플라스틱 통에 계란 두 개씩을 풀어 오믈렛을 만든 후에 버렸다. 손님은 오믈렛의 크기가 비슷하다고 놀라워하고, 나는 계란 비린 냄새 나는 그릇을 설거지할 필요가 없었다.

얼마 전에 플라스틱 공장을 경영하고 계시다는 M 회장님의 공장을 방문하고 그 엄청난 규모에 놀랐다. 공장 입구에 이르니 "재활용하고(recycle), 새롭게 고쳐 쓰고(renew), 다시 생각하자(rethink)"라는 표어가 크게 쓰여 있다. 우리가 쓰레기로 버린 이런저런 플라스틱 물건들의 먼지를 날려 보내고 잘게 부순 후 불순물을 제거하고 깨끗이 씻는다. 이들을 혼합해서 각가지 색도 넣고 열과 진공을 가해 넓은 플라스틱판으로 만든 후, 특정 모양으로 떠내서 수만 개씩의 새로운 생활 제품을 만들어낸다. 이렇게 우리가 버린 플라스틱이 재활용돼서 우리에게 필요한 물건으로 되돌아온다. 재활용이란 말이 새롭게 다가와서 매일의 삶에서 더욱 열심히 적용한다.

우리 인간의 재활용은 가능한가? 물론 신체의 특정 부분을 이식해서 다른 사람의 생명을 연장할 수는 있지만, 이 세상을 떠나서 창조주에게 돌아가기 전에는 육신 전체의 재생은 불가능하다. 인간의 평균 수명이 점점 늘어나고 있다. 2022년에 한국의 65세 이상이 전체 인구의 17.5%이며, 2025년에는 20%가 넘을 것으로 추측한다. 국제연합(UN)은 65세 이상의 인구의 비율이 20% 이상이면 초고령사회로 분류한다. 고령사회에서 초고령사회(super-aged Society)로 도달하는 소요 연수는 영국(50년), 미국(15년), 일본(10년)에서는 오래 걸렸지만, 한국은 7년밖에 걸리지 않았다. 문제는 경제협력개발기구(OECD)의 조사에 의하면 한국은 노인빈곤율이 14.2%로, 고령사회 국가 중에서 1위를 유지하고, 한국의 노인 자살률이 세계에서 가장 높다고 하니 가슴 아프다. 연금, 건강 보험, 복지 예산 등의 사회제도가 필요하지만, 개인의 노후 삶을 준비하는 구체적 계획과 마음가짐, 자신을 재활용하는 것이 중요하다.

과학과 의학의 발전으로 인간의 수명이 늘어나면서 '노후'라는 말이 시대적 주제가 되었다. 한 생애주기가 이루어질 때까지 인간은 어떤 재활용 과정을 거치며 살아갈 수 있을까? 길어진 우리의 삶에서 재활용시켜 젊게 사는 방법은 건강한 심신과 자신의 생활 태도에 달려있다고 본다. 사무엘 얼만은 '청춘'이라는 시에서 "청춘은 인생의 어떤 시절이 아니라 마음의 상태다."라고 하지 않았던가? 정말로 요즘에는 17살처럼 활동적이고 열심히 사는 70대 젊은 노인들이 많다. 노화(老化) 과정의 심리학으로 유명한 한 학자는 젊은 노인(Young Old) 세대라는 개념을 소개했다. 그들은 비교적 건강하며 여러 가지 분야에서 얻은 풍부한 경험의 소유자로 새로운 삶에 성취감을 얻고 행복을 찾는다고 했다.

주위에서 자신의 능력을 재활용하고 노후생활을 활력 있고 즐겁게 사는 분들이 많다. 잘나가던 첼리스트인 이웃 할머니는 어린 음악 학도를 밀어주는 조직을 만들어 몰두하고 기쁨을 얻는다. S 공대를 나온 70대 남자분은 지역 도서관에서 봉사하며, 무거운 책을 정리하려면 힘은 들지만 독서와 문학에 열중하니 사는 맛이 난다고 한다. 치과 의사로 30년 넘게 일하고 은퇴한 분은 여행하면서 사진에 열중하더니 이제는 전문적인 사진사로 강의도 한다. 유명한 대학에서 경제학을 강의했던 교수나 바쁜 심장내과 의사로 활동했던 분이 친지들의 모임이나 교회에서 간단한 설명으로 궁금증과 걱정을 풀어주며 자신들도 만족해한다.

노화나 죽음도 누구나 받아들여야 하는 삶의 과정이라고 생각하면 오늘을 좀 더 의미 있고 보람 있게 살 수 있을 것이다. 한국의 노인 세대들은 지난 세월 동안 감수했던 전쟁이나 가난, 이민 생활을 통한 고난과 풍파, 그리고 가슴 속에 숨겨뒀던 개개인의 삶 속에서 받은 마음의 상처를 모두 부숴 없애 버리면 어떨까? 추측할 수 없는 미래에 대한 걱정과 두려움으로 오늘의 삶을 헛되게 흘려보내거나 포기할 수 없다. 쌓아 놓은 좋은 경험을 밑바탕 삼아 부지런히 움직이고, 지금 할 수 있는 것이나 하고 싶은 것에 도전해서 새로운 기쁨과 보람을 얻으면 나 자신이 재활용되어 풍요로운 노후의 삶을 살 수 있으리라고 믿는다. 자식이나 남에게 의존하기보다는 조그만 기쁨이라도 나누면서 행복하게 재활용(再活用)된 모습으로 늙어도 가치 있게 살고 싶다.

은퇴한 지가 16년이 지났건만, 아직도 이른 새벽에 하루를 시작한다. 우리 집은 동향이고, 더구나 내 서재는 아침햇살을 일찍이 맞이한다. 내가 얻은 지식이나 능력으로 나를 재활용해서 내게 주어진 길을 따라 보람된 노후의 삶을 살려고 계획한다. 조용히 앉아 밝은 햇살을 맞으며 그날에 하고자 하는 일을 마음속에서 정리하면, 감사함이 저절로 떠올라 고개 숙인다. 노후라는 단어가 나를 붙들지 못하고, 밝은 햇살은 나를 격려해 준다. 가슴 속에서 나 자신을 재활용해서 노후의 삶이 풍요로워질 수 있다는 희망이 싹트며, 자신감이란 꽃이 서서히 피어난다.

정문자

의사, 수필가, 명예교수, Case Western Reserve University(CWRU), Cleveland, Ohio. 『수필 시대』〉를 통해 등단. 수필집 『먹구름을 헤쳐가는 밝은 마음』『마음이 통하는 대화』. mjcpmdp@gmail.com

소설

김외숙
박경숙

그 아침의 농담

김외숙

켜켜로 길게 누운 블라인드 날개 하나부터 젖히는 것은 창가 탁자에 앉을 때마다 하는 나의 습관이다. 길을 사이에 두고 네 가구씩 서로 마주 보도록 지은 첫 집에 사는 나는 누군가의 눈에 띄지 않고도 이웃들을 볼 수 있다.

대부분 퇴직한 노년의 주민들은 길에서 누군가를 만나면 오래 이야기를 나누었다. 길 건너 두 번째 집의 이웃은 아침마다 연보랏빛 가운 차림으로 드라이브 웨이에서 신문을 집어 들고는 그가 누구든 지나가는 사람이 있으면 먼저 말을 걸었다. 이웃이 개를 데리고 있으면 그 개를 쓰다듬어주기도 했는데 대개 개 주인은 자신이 칭찬받는 것보다 더 좋아하는 것 같았다.

코로나바이러스가 창궐한 이래로 거리에 다니는 사람들 발걸음이 뚝 끊겼다. 사람들에게 남들은 그가 누구든 바이러스를 옮길 경계의 대상이었고 내게 이웃이 그러하듯 이웃에게 나도 다르지 않을 것이었다.

가끔 우편함에서 우편물을 들고 지나가는 이웃들의 모습이 못 본 사이에 눈에 띄게 변한 것도 알 수 있었다. 노인들의 등은 더 구부정해 보였고 머리카락도 더 희어졌으며 햇빛을 보지 못한 얼굴은 앓고 난 사람처럼 창백해 보였다. 누군가가 남편과 나를 본다면 우리 역시 변했다고 여길 것이다. 거울 앞에 서지 않는 한 자신의 얼굴을 볼 수 없다는 사실은 얼마나 다행인가.

오늘도 창가에 앉자마자 눈높이의 블라인드 날개 하나부터 젖혔다. 바깥에서 넘실대던 봄날 아침 햇살이 기세도 좋게 틈을 비집고 들어와 눈을 찔렀다.

긴 겨울을 난 창밖 단풍나무 가지엔 조만간에 산통을 겪을, 겨우내 배를 불린 움들이 가을 열매처럼 오종종 매달려 있었다. 사람들은 봄이어도 봄인 줄도 모른 채 코로나란 터널에 갇혀 시들어 가는데 겨우내 삭풍에 잉잉대면서도 속으로는 쾌락을 누린 것 같은 단풍나무로부터 묘한 배반감을 느낀다. 나무는 곧 연녹색의 금줄을 깃발처럼 흔들리라. 해마다 한 번씩 나무는 덩치에 어울리지 않는 신생아가 되고 내 머리칼은 조금씩 더 바랬다.

길에 지나다니는 사람이 없어 무료해진 내가 젖혀진 날개를 도로 닫으려는데 건너편 연보랏빛 가운의 이웃집 앞으로 아주 고요하게 응급차 한 대가 와 멈춰 섰다.

'누가 아픈가?'

나는 닫으려던 날개를 그대로 두며 혼잣말했다. 사이렌 소리가 없었어도 응급차란 사실만으로 가슴부터 벌렁거렸다.

'누가'라고 하면서도 나는 이미 한 번도 걸어본 적 없다던 이웃 남자를 떠올리고 있었다. 해마다 이웃끼리 갖는 여름 가든파티에서 큰 몸집을 젖히며 칼칼칼 유쾌하게 웃던 아내와는 달리 휠체어에다 왜소한 체구를 부려놓고 와인잔을 들고 있던 남자였다. 마침내 그 남자의 건강에 문제가 생긴 것이 분명했다.

이웃끼리의 끈끈한 유대관계는 매년 여름에 한 번씩 갖는 가든파티에서 절정을 보였다. 이웃은 돌아가면서 각자의 정원으로 초대해 음식과 와인으로 파티하는데 한 해 한 번의 함께 먹고 마시며 나누는 대화는 이웃끼리의 관계를 돈독하게 하는 계기가 되었다.

내가 알기로 남자가 이웃을 만나기 위해 외출하는 일은 한 해 중 그때가 유일하다. 오랫동안 보이지 않아 건강에 이상이 있나 보다, 고 상상하노라면 그는 가든파티에서 예의 그 약한 다리를 하고 휠체어에 앉아 와인잔을 들고 있었다. 이웃 대부분이 음식 접시나 와인잔을 들고 둘러선 채 서로 대화를 나누던 동안 휠체어에서 다시는 일어나지 않을 듯 앉아 와인을 마시던 남자. 반바지 아래로 드러난, 한 번도 스스로 걸어본 적 없었을 것처럼 기형적으로 보이던 남자의 가냘픈 다리를 내가 비교적 자세히, 예사로 보지 않은 것은 내 남편 때문이었다.

기억을 잃어가면서 말수도 줄이기 시작한 남편은 일부러 그러라고 하지 않았음에도 파티에서 접이의자를 그 이웃 남자의 휠체어 곁에다 펴 놓고 앉았었다. 이웃들이 여기저기 선 채 서로 얘기를 나눌 때 그 남자와 남편만 의자에 앉아 와인잔을 들었다.

언뜻 보면 두 남자는 마치 단짝인 듯 다정해 보였지만 실은 한 해 한 번 갖는 이웃 모임 외에 만난 적 없었다. 그래도 그들의 대화는 늘 진지해 보였다. 남편은 갈수록 말라가면서 깊이를 더하던 기억의 우물 바닥에서 대화가 될 단어를 길어 올리느라 안간힘 했을 것이고 남편의 기억에 문제가 생겼다는 사실을 알 리 없던 이웃은 설령 남편의 말에 오류가 있었다 할지라도 '그렇군요.' 하며 대화를 이어갔을 것이다. 남편을 앉혀두고 무리 속에 선 남자의 아내는 늘 손으로 투실한 허리를 짚고는 콸콸 속의 것을 분출하듯 남자처럼 잘 웃었고 근심이라고는 한 점도 없는 듯 나도 그러했었다.

내가 아침 시간에 블라인드 날개부터 젖힐 즈음 그녀는 주로 옅은 보랏빛 가운차림으로 주차장 문 앞에 던져진 신문을 들고 들어가곤 했는데 신문을 집을 때 아주 조심스럽게 허리를 구부리는 것으로 보아, 그리고 콸콸 쏟아놓듯 웃음소리를 터뜨릴 때마다 허리에다 손을 갖다 대는 것으로 보아 그녀가 어쩌면 허리통증을 앓고 있을지도 모르겠다는 생각을 하곤 했다. 가냘프고 왜소한 남편에 비해 여자는 키가 크고 가운 띠를 두른 허리는 비만에 가까웠는데 어쩌면 가운의 아주 옅은 보랏빛이 그녀를 더 비대해 보이도록 한몫하는지도 몰랐다.

재작년 여름 가든파티에서였다. 각자의 남편을 나란히 앉게 하고 잠시 남편들로부터 해방이 된 나와 그녀 또한 서로 단짝인 듯 가까웠다.
'스스로 걸어본 적이 없어요.'
그녀가 말했었다. 남자가 소아마비로 한평생 걸어본 적이 없다면 결국 아내인 여자가 남자의 다리 역할을 했다는 뜻이었다. 그때 나는, 왜 그녀가 웃을 때 손으로 허리를 짚던지, 신문을 집을 때 왜 그렇게 조심스럽게 허리를 구부려야 했던지 알 것 같았다.
'저이가 부끄럼이 심해요.'
그때 다른 이웃, 아침에 개를 데리고 산책하면서 대화를 나눈 그 이웃이 '도움을 받지 그러세요.'라며 환자 가족을 위한 제도를 제의하자 그녀가 한 대답이었다. 그러니까 남편은 부끄럼이 많은 성격이라 남 앞에 불편한 몸을 드러내기를 원하지 않는다는 말로 이웃의 제의를 우회적으로 거절한 것이었다.

'부끄럼이 심해요.'란 그녀의 말이 내 머릿속에 머물렀다. 일상에서 많은 부분을 도움받아야 하지만, 도움을 받아야만 일상이 가능한 남편의 심정을 알기에 남의 도움은 받게 할 수 없다는 말이었다.

부끄럼 많은 이웃 남자, 그 스스로 '나는 부끄러워서 남의 시중은 받을 수 없어'라고는 결코 말하지는 않았을 것이다. 그것은 남편의 심정을 아는 아내의 생각일 것 같았는데 부드러운 어법의 표현이었지만 내 귀엔 '그에겐 내가 필요해요.'란, '더 이상 남의 일에 참견하지 마세요.'라는, 단호한 거절의 의미로 들렸다. 실은 이 나라의 환자 가족을 위한 제도는 나도 믿는 편이었다.

몇 년 전, 남편이 알츠하이머 진단받자 주위에서는 남편보다 날 걱정하기 시작했다. 어떻게 감당할래, 대책을 세워야 하지 않겠니, 도와줄 사람을 불러라, 등등의 걱정스러운 관심이었다. 입에 올리지만 않았지 그들이 말하는 대책이 '너싱홈'이란 것을 나는 이미 알고 있었다.

'아직은 스스로 할 수 있는 것이 많아.'

그가 할 수 있는 몇 가지를 증거처럼 꼽으며 나는 주위의 관심을 가라앉혔다. 단지 기억만 잃어가고 있을 뿐 샤워도 스스로 하고 옷도 스스로 갈아입을 수 있는데 왜 가족을 떠나야 하는지, 왜 타인의 도움을 받아야 하는지, 그러니까 그 말은 남편을 환자로 보는 타인의 시선에의 거부였고 그녀가 말한 '남편은 부끄럼이 많아요.'와 같은 의미였다.

이웃과 나는 평생 한 번도 걸어본 적 없는 그녀의 남편과 기억을 잃어가는 내 남편에 대해 얘기를 나눈 이후부터 가까워졌다. 그렇다고 자주 만나거나 하는 것은 아니었지만 서로의 입장을 이해하는 마음이 깊어졌다는 의미다. 그렇게 거동이 불편한 남자를 알고 있던 터라 이 아침 응급차의 출현도 그 남자 때문일 것이라 하는 상상은 자연스러운 일이었다. 놀라고 당황하고 그러면서 응급차를 부르기까지 여자 혼자서 얼마나 경황이 없었을까? 나는 여자의 입장에 서 보았다.

　이웃집 앞에 응급차가 서 있음에도 무슨 일이냐고 나와서 관심을 보이는 다른 이웃은 아무도 없었다. 코로나바이러스가 창궐하기 전이라면 누군가가 벌써 나서서 응급차 주변을 서성였을 터였다. 그러나 거리를 지켜야 하는 나를 포함한 이웃은 아무도 나서지 않았고 모두 나처럼 창가에 앉아 블라인드 날개를 젖혀 아닌 것처럼 하며 지금 바깥에서 일어나고 있는 이 응급 상황을 지켜보는 것으로 방관하고 있는 셈이었다. 사람들은 이제 사람 간의 거리를 얼마나 두어야 하는지 정부가 지시하는 것보다 더 잘 지켰다.
　드디어 검정 유니폼을 입은 두 남자가 마스크로 입을 가리고 환자를 이동해 갈 들것을 자동차에서 내려 집으로 밀고 들어갔고, 나는 남편이 응급차를 타야 했던 재작년의 그날을 떠올리려는데 마스크로 입을 가린 옆집 남자가 송아지만 한 개 찰리를 앞세우고 도로에 나섰다. 어쩌면 옆집 남자도 건너편 이웃집 앞에 선 응급차에 누가 무슨 일로 실려 갈지 궁금해 핑계 겸 개를 앞세워 집을 나선 것인지도 몰랐다. 옆집 남자는 잠시 응급차 가까이 서서 목을 길게 뽑아 차 속을 넘겨다보려 했지만 볼 수 있는 것이 없던지, 환자가 있을 이웃집으로 눈길을 주었다. 목줄이 없는 찰리가 가다가 멈춰선 채 주인을 기다리는 것 같았다.

찰리는 아주 훈련이 잘된 개였다. 집안에서 아직 아무 낌새를 보이지 않자 멀거니 서 있기 뭣했던지 옆집 남자는 찰리를 데리고 사라졌다.

옆집 부부는 토론토에 살면서 주말에만 찰리를 데리고 왔다. '찰리'는 약간 곱슬하면서 몸에 딱 달라붙은 짧은 흰색의 털에다 검은 점을 드문드문 둔, 과장해서 송아지만 한 개다.

찰리는 덩치답지 않게 순해서 한 번도 짓는 소리를 내지 않았다. 처음 찰리가 가까이 다가왔을 땐 차마 피하지는 못하고 '찰리야' 하며 엉거주춤한 자세로 털을 쓸어주는 시늉을 하곤 했는데 그럴 때마다 이웃은 말했다, '찰리가 아주 순해요.'라고. 찰리가 순하지 않아서가 아니라 개에 대한 잊고 싶은 기억을 두고 있는 나 자신 때문인 줄 모르는 이웃은 찰리가 내게 접근할 때마다 내가 꺼리는 줄 알고 '찰리가 아주 순해요.'라고 되풀이했다.

개에 대한 내 두려움은 몇 년 전, 여행 때의 기억 때문이다. 그때 동생 내외와 미국의 어느 곳을 여행하던 중에 길을 찾고 있었다. 목적지에 거의 온 것 같았음에도 좀 더 확실히 하기 위해 누군가에게 묻기로 했다.

동생 내외와 내가 한 농가 앞에다 차를 세우고 문을 노크했는데 기척이 없었다. 그런데 아무도 없나보다며 돌아서 나올 때였다. 갑자기 뒤뜰에서 시커먼 뭔가가 휙 날아오더니 동생 팔을 덥석 문 것이었다. 개 이름을 부르며 나오던 주인 여자와 찰나에 일을 당한 우리, 모두가 혼이 나간 채였다. 주인과 함께 뒤뜰에 있다가 인기척에 뛰쳐나왔을 개의 목에 목줄은 없었고 정신을 차리고 보니 집 창에 '개 조심'이란 문구도 붙어 있었다. 그 일로 동생은 치료받아야 했는데 다행히 개 주인은 광견병 예방접종 확인증을 소지하고 있었다.

이웃이 '우리 찰리가 아주 순해요.'라고 해도 이미 속에다 떠올리고 싶지 않은 기억을 두고 있던 나는 찰리가 가까이와도 성큼 다가가 반기지 못하다가 시간이 흐르면서 내가 먼저 '찰리야 왔니' 하며 쓰다듬어 주게 되었다.

그날 아침에도 주말이라 주인을 따라 찰리도 왔었다. 창가에 앉아 신문을 읽는데 바깥에서 '찰리! 찰리!'하고 좀 큰 다급한 이웃 남자의 목소리가 들렸다. 이웃도 찰리도 큰 소리를 낸 적이 없던 지라 무슨 일이 있나, 하고 급히 블라인드 사이로 바깥을 내다보는데 찰리가 길 건너 이웃의 열린 주차장 쪽으로 느릿하니 걸어가고 있었다. 길 건너 이웃 여자가 연보랏빛 가운 차림으로 주차장 앞에 던져진 신문을 집으려던 것 같았고 덩치 큰 찰리가 길을 건너니 여자가 그 자리에서 주춤하는 모습이 내 눈에 들어왔다.

말 잘 듣는 찰리는 주인이 두어 번 더 부르자 이웃의 주차장에 닿기도 전에 그 자리에 멈춰 섰고, 그 사이에 주인이 또 뭐라고 소리치자 그 자리에 주저앉았다.

'아주 영리하네, 찰리가.' 하고 블라인드 너머에서 생각하던 사이였다, 언제 다가갔던지 주인이 대뜸 팔을 휘둘러 찰리의 옆구리에다 내리치는 것이었다. 그것은 찰나에 일어난 일이었는데 '퍽!' 하는, 털이 짧은 찰리의 옆구리에 손바닥 떨어지던 소리가 내 귀에서 그 아침의 고요를 산산조각 내는 것 같았다. 마치 내 등짝에 떨어진 무지막지한 손찌검인 듯 무심코 내다보던 내 등이 다 뜨끔한 것 같았다.

몹시 아픈 듯이, 무안한 듯이 찰리는 그 자리에 앉은 채 고개를 외로 꼬았고 여태 화가 가라앉지 않은 것 같은 옆집 남자는 이웃 여자에게 연신 뭐라고 말하고 있었다, 아마도 '우리 찰리가 순해요.'라고 말하고 있었으리라.

주인의 말처럼 너무나 순한 찰리는 손찌검당했음에도 신음조차도 내지 않았다.

그런데 이웃은 왜 대뜸 찰리에게 손찌검한 것일까?

찰리는 왜 그렇게 순한 개가 된 것일까?

찰리는 앉아 있고 두 이웃은 이야기를 나누고 있는 창밖을 내다보며 나는 생각하고 있었다. 그리고 두 궁금증이 어쩐지 서로 무관하지 않을 것 같은 상상도 하다가 설마, 하고 머리를 흔들었다.

그것은 결코 사실이 아닐 것이고 또 아니어야 했다.

어쨌든 남들에게는 순하다고 말하면서 정작으로 그 순한 찰리를 믿지 못한 건 주인이었다.

단지 느릿하니 이웃에게 다가가려 했을 뿐인 찰리에게서가 아니라, 허공을 날아 찰리의 옆구리에 떨어지던 주인의 노기 품은 손길에서 동생의 팔뚝을 물고 늘어지던 여행 중에 만난 그 개의 성정을 읽었다.

집 안으로 들어간 두 응급요원은 아직 나오지 않았다. 어쩌면 남자에게 심각한 변이 생겼을 수도 있겠다는 상상을 하게 했다. 아닐지도 몰랐다. 응급요원들의 행동이 남편의 그때도 그렇게 느리지 않던가?

그때, 나는 금방 숨이라도 넘어가는 듯 재촉했는데 사이렌 소리도 없이 집 앞에다 응급차를 댄 두 응급요원의 행동은 내 눈에 막힌 하수구라도 뚫으러 온 사람들 같았다. 그들은 간단하게 남편의 상황을 체크하고는 천천히 남편이 누운 들것을 싣고 병원으로 가던 도중에도 사이렌 한 번 울리지 않았다. 자동차로 응급차를 따라가던 나는 환자를 싣고 가면서도 사이렌 소리 한 번 내지 않는 응급차도 있다는 사실에 적이 실망했었다. 사이렌 소리로 지나가던 자동차들을 길가에다 멈추게 하며 질주해야 하는 것이 내가 아는 이 나라의 응급차였다. 그러나 남편을 태운 응급차는 마치 응급차라는 본연의 의무를 잊기라도 한 듯 병원 응급실 앞에 당도하도록 끝까지 너무나 조용했었다.

고요히 뭔가가 일어나고 있는 응급차가 있는 이 아침의 창밖 정경에다 시선은 꽂아둔 채 남편을 생각했다. 언제 또 응급차 부를 일이 일어나지 않는다는 보장을 할 수 없는 남편이 만일 이 장면을 본다면 그는 여름 파티에서 본 적 있는 이웃 남자를 떠올리며, 그리고 자신을 생각하며 우울해할지도 모르는 일이었다. 아니 파티도 이웃 남자에 대한 기억도 이미 사라졌을 것이다. 당연히 사라졌을 것이다. 일 년에 한 번 보는 이웃을 그가 기억할 리 없고 그것이 그가 보이는 알츠하이머의 증세였다.

"누가 아픈가 보네."

기억에 있든 없든 창밖에서 일어나고 있던 이 광경은 남편에게 말하지 않기로 작정하는데 언제 왔던지 가운 차림의 남편이 내 등 뒤에서 날개 하나가 세워진 블라인드 너머의 바깥을 약간 허리를 굽혀 바라보고 있었다.

나는 마치 몰래 하던 일을 들키기라도 한 듯 당황해하며 얼른 블라인드 날개부터 도로 닫고 싶었지만 이미 늦었다.

"그 사람인가, 휠체어의 그 사람?"

'그 사람?'

내가 남편 쪽으로 홱 고개를 돌렸다. 남편이 그를 기억하고 있었다. 여름 파티에서 만난 이웃, 한 사람은 휠체어에, 남편은 접이의자에 앉았던 그 여름의 파티에 대한 기억이었다.

"알아요, 그를?"

약간 큰 소리로 그에게 물었다. 당연히 그의 기억에는 없을 사람이었다.

"내 옆에서 와인 마시던 그 사람을 내가 왜 모르겠어?"

자신의 기억을 미심쩍어하는 내가 오히려 어이없다는 듯 남편이 도로 물었다.

'…!'

내가 입을 다물지 못한 채 그를 바라보았다. 그는 여전히 구부려 응급차가 있는 바깥 정경에 눈길을 주고 있었고 그를 바라보는 내 머릿속에서는 지금까지 믿고 있었던 견고하던 사실 하나가 산산조각이 나면서 그 조각들이 머릿속을 마구 휘젓는 것 같았다.

그가 기억을 잘해서 다행이란 생각보다 알츠하이머 여긴 내 믿음이 무너진 것에 대한 허탈, 어쩐지 병을 핑계한 그에게 마음껏 놀림당한 것 같은 느낌이 든 것이었다. 기억에 혼란을 일으킬 때마다 혼이 나가 공포에 떨던 날 두고 속으로는 재미있다며 더 크게 연기하며 날 놀리고 있었던 것 같았다. 그렇지 않고서야 가끔은 아내인 나도 잊어버리는 남편이 한 해에 한 번 볼까 말까 한 이웃을 어떻게 이토록 선명하게 기억할 수 있단 말인가? 더구나 코로나 사태로 여름 파티는 두 해나 멈춘 상태였다.

"다시 집에 올 수 있을까?"

내게 듯 혼잣말이듯 하는 남편의 말이 여태 어리둥절한 채인 내 머릿속에 다시 떨어졌다. 그러니까 남편도 저 응급차에 탈 환자로 평생 걸은 적 없다던 이웃 남자를 생각하고 있었음이 분명했다. 남편의 기억은 온전했다.

"당신도 집에 왔잖아요."

내가 약간 퉁한 목소리로 받았다. 섬뜩하도록 맑은 남편의 기억력과 상관없이 내 기분은 여전히 묘했다.

몇 년 전, 응급실에 갔다 온 후 남편은 외출했다가 집에 오는 길을 잃은 적이 있었다. 눈앞에서 갑자기 길이 없어져 버렸다고 했다. 그 뒤 두어 번의 여러 검사과정을 통해 초기 알츠하이머 진단을 받았다. 그는 더 이상 운전을 할 수 없었고 움직이는 일 대신 앉아있거나 자는 시간을 늘였다. 그의 기억력은 아주 빠르게 퇴화하는 것 같았다. 그는 특히 가까운 지인들을 잊어버렸다. 이웃을 잊어버렸고 친구들을 이름과 함께 누구인지 알지 못했고 사람들이 다가와 인사를 하면 잘 아는 사이인 듯 인사를 나누고는 돌아서서 '누구지?' 하고 내게 물었다.

기억을 잃으면서 말수 또한 줄였다. 그의 하루는 너무나 고요해서 나는 가끔 그가 잊어버린 비밀번호로 그의 기억의 창고를 열어 들여다보는 상상을 했다. 누구도 범접할 수 없도록 오래 닫아건 그만의 창고였다.

그것은, 기억을 잃은 이래로 한 번도 그의 의식의 바깥으로 나가본 적 없는 오랜 친구들이, 그의 학생들이, 그가 겪은 평생의 경험들이 바깥으로 나가겠다고 아우성치는 상상이었다. 그 상상에 이를 때마다 나는 정말로 남편 몰래 비밀번호로 문을 열어 갇혀있던 그 기억을 바깥으로 내보내고 싶은 충동질을 느꼈었다. 그러나 내가 아무리 애를 써도 그 일 만큼은 내 능력으로 가능한 일이 아니어서 나는 굳게 닫힌 그의 기억의 방 앞에서 늘 주저앉을 것 같은 좌절을 느끼곤 했었다.

그런데 그가 기억을 찾은 것이다. 그의 창고가 활짝 열린 것이었다. 갇혔던 기억들이 뛰쳐나올 통로, 굳게 닫혔던 그의 입술이 열렸으니 그는 신이 나서 갇혔던 모든 기억을 끄집어내며 내게 말을 걸 것이다. 원래 사람들 앞에 서서 말을 하는 일이 그의 직업이었고 그래서 말을 잘한 사람이었다.

나는 이제 그를 정상의 사고를 하는 사람이라 생각하기로 했다. 정말 정상인데 알츠하이머라 진단한 의사의 말만으로 내가 과하게 그를 환자로 수발했는지도 모른다는 후회마저 들었다.

스스로 할 수 있는 일에 그를 돕는다며 내가 나서서 한 일들이 수년 간이었다. 돌이켜 보니 그의 수족 노릇을 하느라 나는 그동안 너무나 고단했고 고단했음에도 아직은 그가 스스로 샤워하고 스스로 옷을 입고 스스로 식사할 줄 안다는 이유로 환자 가족을 위한 미더운 제도조차도 이용하지 않았었다. 무엇보다도 일일이 내 수발을 받느라 그는 할 수 있던 사고도 행동도 거세당했는지도 몰랐다. 그러니까 나는 수발이란 이름으로 그의 병이 깊어 가는 일에 일조한 셈이었다. 이 아침 그가 한 맑은 정신의 말은, 나로 인해 정말 환자가 되어버릴 수도 있다는 두려움에 빠진 나머지 '날 더 이상 환자 취급하지 마'하는, 내게 보내는 경고 같았다.

가든파티에서 다시 남편의 짝이 되기 위해서라도 이웃 남자는 응급실에서 집으로 돌아와야 했다. 그러면서도 한 편으로는 그의 아내를 생각했다. 평생 남자의 다리 역할을 한 여자였다. 그녀도 좀 벗어나야 했다, 그 고단했을 휠체어 노동에서. 다리 불편한 남자가 응급실에 가면 여자가 잠시라도 휠체어 노동에서 벗어날 수 있을 것이었다. 다리 불편한 남자보다 나는 이제 여자의 입장을 생각하고 있었다.

그렇게 생각하려니 알츠하이머 진단받은 순간부터 지금까지 몇 년간 그의 수족 노릇을 한 나의 수고도 한꺼번에 내 어깨에 내려앉는 듯 갑자기 버거웠다.

스물네 시간 그와 밀착할 수밖에 없던 나날이었다. 그의 표정, 그의 숨소리로 나는 그의 심기를 알아채야 했다. 내 행동은 갈수록 민첩했고 그는 갈수록 느렸다. 그는 환자였고 나는 건강했다. 그런데 누군가와 스물네 시간 함께 해야 하는 일, 그것에서 결코 벗어나서는 안 된다고 여긴 그 시간이 갑자기 내 어깨를 짓누르더니 숨통까지 막는 것 같았다.

코로나바이러스가 발생하기 전 재작년 여름 모임 때 이웃의 그녀와 내가 마치 동지인 듯이 서로의 남편에 대해 얘기를 나누던 중에 이렇게 말했었다, '우린 강해야 해요.' 하고.

내가 한 말인지 그녀가 한 말인지는 기억나지는 않는데 남편들이 우릴 의지하고 있다는 의미로 한 말이었다. 그런데, 이젠 강해야 한다는 생각조차도 버거웠다. 갑자기 모든 것이 벅차면서 벗어나고 싶었다. 마치 그의 기억의 창고를 뛰쳐나온 기억인 듯, 훨훨 날고 싶었다. 스물네 시간을 아무와도 나누지 않고 오직 날 위해서만 써 보고 싶었다. 한 번도 한 적 없던 생각이었다. 생각만으로도 흐뭇한 그 넘치는 자유를 마음껏 누리도록 나는 생각을 방치했다.

모르면 모를까 이웃에서 일어나고 있는 응급의 사실을 번연히 알고 있으면서 겨우 젖혀진 블라인드 사이로 몰래 내다보고 있으려니 문득 마음이 편치 않았다. 여자도 손 쓸 수 없도록 하는 이 응급의 순간에 아무리 응급요원이 알아서 한다고 할지라도 이럴 때일수록 이웃은 이웃대로 나름의 할 일은 분명히 있을 것이었다. 같이 걱정을 나누고 위로하는 일일 것이었다. 그런데 바이러스 감염을 이유로 훔쳐보듯이 블라인드 날개 하나 사이로 남의 고통을 훔쳐보고 있는 것 같은 이 행태, 설령 다른 이웃들도 나처럼 블라인드 사이로 바깥에서 일어나고 있는 이웃의 일에 호기심으로 바라보고 있을지라도 나는 그러면 안 될 것 같았다. 동병상련의 끈끈한 관계가 이미 그들과 우리 사이에 형성되어 있었다.

나는 마스크로 입을 가리고 현관문을 열었다. 아침 햇살은 이미 거리에 찼고 응급차가 서 있는 거리는 고요했다. 마스크 너머 눈빛으로나마 이웃 여자를 위로하고 싶었다. 남자가 응급실로 간 몇 시간 동안이라도 좀 쉬라고. 그리고 내가 뭘 도울 것은 없는지 물으려 했다.

거리를 지켜야 해서 나는 응급차 가까이 다가가지는 못하고 길 건너서 여자가 나오기를 기다렸다.

이윽고 이웃집에서 응급요원 두 남자 중 한 남자가 먼저 현관문 바깥으로 몸을 내밀고는 안쪽으로 몸을 돌려 아픈 이웃 남자가 누웠을 들것을 조심스럽게 당기는 것 같았다. 다른 한 남자는 아직 집 안에서 들것의 발치 부분을 잡고 있을 거였다.

세 개의 계단을 내려서야 하는 두 남자의 모습은 몹시 신중했다.

이윽고, 들것 바퀴가 땅에 내려섰다. 들것을 따라 나오리라며 나는 여자를 기다렸다. 그러나 바퀴가 땅에서 구르도록 여자는 집 안에서 나오지 않았고 마침내 들것이 응급차 문 앞에 서고 두 남자가 그것을 차 속으로 들일 찰나였다.

"어머나!"

응급요원의 몸에 가려 보이지 않던 들것 머리깨로 무심코 눈길을 주던 내가 나도 모르게 소리쳤다.

두 응급요원이 막 응급차 속으로 들이려던 들것엔 빛바랜 긴 블론드 머리카락의 여자가 누워있었다.

"어떻게 된 거예요?"

나도 모르게 소리가 터져 나왔다. 거리를 지켜야 한다는 사실도 잊은 채 나는 이미 길을 건너 응급차 쪽에 서 있었다.

"욕실에서…"

여자가 말했다. 욕실에서 미끄러져 넘어졌다는 말 같았다.

날 알아본 여자가 천천히 시작한 말을 다 마무리하기도 전에 두 남자가 응급차 속으로 들것을 들인 후 문을 닫더니 휑하니 달아났다. 여전히 사이렌 소리는 없었지만 잽싼 마무리가 그때 서야 비로소 응급차 같았다.

길 위에 선 채 나는 달아나던 응급차 꼬리에다 눈길을 주고 있었다. 은밀하게 하고 있던 나의 계획이 갑자기 뒤죽박죽되어버리기라도 한 듯 멍하니 서 있었다.

응급차가 사라진 공간엔 봄 햇살이 아지랑이인 듯 아른거렸다. 아른거리는 아지랑이 속에서 갑자기 두 남자가 나타났다. 이웃 남자와 남편이었다.

이웃 남자는 아지랑이를 헤치며 휠체어 바퀴를 굴리고 남편은 응급차 꽁무니를 향해 휠체어를 밀고 있었다. 휠체어를 굴리는 남자의 팔뚝은 근육으로 탄탄했고 늘 앉았거나 눕기만 하던 남편도 휠체어 밀기 경주라도 하듯이 상기된 표정이었다. 여름 가든파티에서 휠체어와 접이의자에 나란히 앉았을 때처럼 두 남자가 단짝 같았다.

'우린 어떡하라고 맘대로 다친 거야?'

두 남자가 따라가며 소리치는 것 같았다. 두 남자가 밀고 굴리는 힘은 의외로 강해서 행여 그들의 휠체어가 사이렌 소리도 없는 응급차를 따라잡을까 나는 조마조마했다.

'어서 달아나, 넌 응급차잖아!'

마치 본연의 의무를 잊은 듯 느리고 고요하기만 하던 응급차를 향해 내가 채근했다. 단 며칠이라도, 비록 응급실에서라도 여자는 쉬어야 했다. 쉬어야만 또 휠체어를 밀 수 있을 것이었다.

그때였다, 이미 저만치 달아나고 있던 응급차를 향해 용을 쓰고 있던 내 눈 속으로 블라인드를 비집고 들어오던 그 봄 햇살이 찌르듯 꽂힌 것은.

그때서야 나는 머리를 흔들며 주변을 둘러보았다. 아지랑이도 두 남자도 없는 길에 나 혼자 서 있었다. 그러나 나는 알았다, 블라인드 날개 사이로 수많은 눈이 날 바라보고 있을 것이란 사실을.

나는 그 눈길들을 피하듯 잽싸게 걸어가 현관문을 밀었다.

"누구세요?"

여태 아지랑이가 아른거리는 머릿속을 한 채 집안에다 발을 들이는데 블라인드 바깥을 내다보고 있었을 남편이 현관문 쪽으로 와 내 앞에 섰다.

"누구시냐고요?"

낯선 사람에 대한 경계의 눈빛이었지만 그가 농담한다고 믿고 싶었다. 아니, 농담이어야 했다.

"아, 농담 좀 그만 해요!"

너무나 진지한 그에게 이런 일로는 결코 농담하고 싶지 않은 내가 바락 소리쳤다.

그가 입을 다물어버렸다. 내 목소리에 놀란 나도 입을 다물었다. 도대체 뭐가 뭔지 이젠 나도 헷갈렸다.

그도 나도 창가 그 자리에 털썩 앉았다. 그리고 내 손은 습관인 듯 길게 누운 블라인드 날개 하나를 젖혔다. 봄 햇살이 마구 눈을 찔렀다.

김외숙

명지전문대학 문예창작과 졸업. 1991년 단편소설 「유산」으로 계간 『문학과 의식』을 통해 등단. 장편소설 『엘 콘도르』 외 6권, 중단편소설 『매직』 외 2권, 산문집 『춤추는 포크와 나이프』 외 1권, 영문소설 『EL CONDOR』 출간. 한하운문학상, 한국크리스천문학상, 재외동포문학상, 미주동포문학상, 천강문학상, 직지문학상, 해외한국소설문학상, 계간 『시와 정신』 산문(소설) 해외문학상, 경북일보문학대전상 수상. 현재, 캐나다 한국일보, Lady Canada 웹사이트에 〈김외숙의 문학카페〉, 〈김외숙의 장편소설〉, 〈김외숙의 문학 산책〉 란을 두고 작품 활동하고 있음. jean53@hanmail.net

고모가 죽었다

박경숙

"고모! 고모할머니가 돌아가셨어요."

꼭 필요한 일이 있을 때면 짧막하게 카톡을 날리던 조카 녀석이 웬일로 전화를 걸어 소식을 전해줬다. 녀석의 목소리는 너무 담담해서 언젠가 '우리 한 달 전에 이사했어요, 하고 말하던 때와 다르지 않았다. 하긴 고모는 90세가 훨씬 넘었다. 그저 그 나이쯤이라고 생각하는 건 내가 고모의 정확한 나이를 모르기 때문이다. 이제는 떠나도 그다지 섭섭한 나이가 아닐 거라 생각했지만, 이마에 주름을 잡으며 저고리 동정에 인두질을 하던 고모의 모습이 떠오르자 가슴 끝이 아려왔다.

"어쩌냐? 나는 이 먼 곳에도 장례에도 못 가……. 네 통장으로 부의금 조금 보낼 테니 잘 전달하렴. 고모네 자식들이 알아서 장례는 잘 치르겠지."

내 목소리는 조카의 담담함에 비하면 단박에 슬픈 기운이 어린 채 좀 떨려나왔다. 하긴 나에겐 고모지만 녀석에겐 고모할머니인 것이다. 세월이 흐를수록 점점 촌수가 벌어져 내려오는 간격을 생각하면, 조카 녀석의 담담함이 이해가 되긴 했다.

나의 하나뿐인 고모는 아버지의 여동생이라는 가까움에도 불구하고 내게 별로 애틋한 추억을 심어주지 못했다. 어린 시절 이웃 친구의 멋쟁이 처녀 고모를 바라볼 때면 은근 부러운 마음이 들기도 했다. 원피스에 하이힐을 신고 외출하는 제 고모의 뒤를 따르며 의기양양하던 옆집 계집애는 지금 어느 하늘 아래에서 늙어가고 있을까.

조카의 전화를 끊고 햇살이 쨍한 창밖을 바라봤다. 바람에 흔들리는 팜추리 잎사귀 결이 오늘따라 날카롭게 느껴졌다. 뾰족하게 갈라진 잎사귀들이 점점이 구름이 뜬 하늘을 바람 부는 대로 할퀼 것처럼 보였다. 마음 끝이 뻐근히 아파왔다. 날을 세운 팜추리 잎이 할퀴고 지나는 건 푸른 하늘이 아니라 내 마음인지.

"불쌍한 노인네!"

혼자 웅얼거리는 내 눈에 물기가 고여 왔다.

비단 저고리를 인두질하던 고모는 한숨을 푹 내쉬었다.

"아이고! 목덜메기야! 아퍼죽겠네."

고모가 뒷목을 잡으며 인두를 화로에 찔러 넣었다. 그 겨울 나는 왜 고모 방에 있었을까? 아마도 겨울방학을 맞아 고모 집에 놀러갔을 것이다. 그때 고모의 나이가 40대 후반쯤이나 되었던가. 한숨을 내쉬며 뒷목을 주무르던 고모는 다시 화로 속의 인두를 꺼내어 온도를 낮추느라 옆에 놓인 물수건 그릇에 비볐다. 치익 소리와 함께 하얀 김이 피어오르고 장지문 밖 세찬 바람이 문풍지를 흔들었다. 바람에 문풍지가 떨리는 소리를 듣고 있던 고모는 다시 인두질을 시작하며 웅얼거렸다.

"문풍지가 내 설움을 대신해 울어주는구나."

물끄러미 고모를 바라보고 있던 나는 조금 고모 곁으로 다가앉았다.

"고모! 지금이라도 시집 가! 그러면 되지."

내 철없는 소리에 고모가 힐긋 나를 바라보며 웃었다.

"에구! 디럽게 이제와서 담배냄새 나는 영감탱이 얻으라고?"

그저 껄껄 웃고 마는 고모의 표정은 차라리 우는 게 어울릴 만큼 일그러졌다. 이제는 아이들도 웬만큼 컸으니 삯바느질은 좀 그만두라는 아버지의 만류에도 고모는 인두를 놓지 않았다. 느리고 꼼꼼한 바느질로 띄엄띄엄 남의 저고리를 짓는 고모는 그렇게라도 해야 삶을 견딜 수 있었던 지도 몰랐다. 내가 자라면서 부모님이 나누시던 얘기 속에서 알게 된 고모의 생애는 정말 무겁고 험난했다.

"그러니까 그때 정신대 끌려갈까 봐 서둘러 너희 고모 혼사를 치르지 않았겠냐. 네 아버지가 부잣집 아들에 인물도 좋고 고등교육까지 받은 네 고모부와 짝을 지웠지. 열여덟 살 네 고모는 그때도 이쁘지는 않았어. 그냥 수더분한 시골처녀였지. 그만하면 시집 잘 보냈다고 안심하고 있을 즈음, 너희 고모가 커다란 보따리를 머리에 이고 새벽부터 우리 집 대문을 들어서지 않겠냐. 엉엉 울면서 말이지."

어머니는 그때의 모습이 떠오르는 듯 얼굴을 찡그리며 혀를 찼다. 그러니까 고모는 신혼부터 부부싸움을 했던 것이다. 그 잘생긴 고모부가 바람이 났던 때문이라고. 바람도 그냥 바람이 난 것이 아니라 아예 딴 살림을 차렸다고 고모는 아버지 앞에 엎드려 펑펑 울었단다. 마치 이 모든 게 그런 신랑감을 구해온 오라버니 때문이라는 듯이.

아버지는 난감했지만 출가외인이 친정을 드나드는 게 아니라며 호통을 쳐 쫓았다고 했다. 그런 일이 반복되는 동안 고모와 고모부가 딴 살림을 차린 그 여자에게서 여러 아이들이 태어났다. 나이가 비슷한 고모네 이복형제들은 같은 아버지와 다른 어머니를 두고 쑥쑥 자라나고, 그 숫자가 한 집에 여섯씩 모두 열두 명이 되었다. 그중 몇 명은 더러 나의 소꿉친구가 되기도 했다.

고모는 때때로 울면서도 아이들을 계속 낳았고, 고모부의 두 집 살림은 나름 평형을 이루는 것처럼 보였다. 어쩌면 고모는 정신대에 끌려가 모진 일을 당하는 것보다는 시앗을 보고 사는 게 그래도 낫다며 삶을 견디어냈는지도 몰랐다. 그 시대는 돈 좀 있는 남자들이 첩을 두는 걸 대수롭지 않게 생각하던 때라 고모도, 고모를 결혼시킨 아버지도 소리 없는 한숨 속에 그저 세월을 견디고 있었다.

두 집의 아이들이 올망졸망 자라갈 무렵 젊은 고모부가 갑자기 세상을 떠나고 말았다. 고모부의 몸을 꽁꽁 묶어 관에 넣었다는 말을 얼핏 듣고 나서 나는 더는 잘생긴 고모부의 얼굴을 볼 수 없었다. 다시는 만날 수 없는 게 죽음이라는 사실이 어린 나에게도 희미하게 깨달아졌다.

고모는 살림을 정리해 아이들을 데리고 시댁으로 들어갔다. 농사지을 땅이 많아서 일꾼을 써도 분주한 살림에 때로 밭에 나가 호미질도 했다. 여섯 아이 중 넷은 학교에 다니고 있었지만 밑의 딸아이 둘은 아직 취학 전이었다. 그나마 막내는 젖이 떨어진 지 얼마 되지 않는 아기였다. 고모의 나이는 그때 겨우 서른 남짓이었다. 아이들을 키우고 때로 밭을 매며 그저 시댁에 매인 맏며느리고자 했던 고모에게 어느 날 청천벽력 같은 일이 생기고 말았다.

고향 땅이 발칵 뒤집힌 사건이었다. 고모의 어린 두 딸이 돌연사했다는 기사가 신문에 대문짝만하게 실렸다. 수사관들이 모여들고 두 어린아이의 주검은 사망원인을 찾고자 조각조각 해부되었다. 제대로 해부시설도 갖춰져 있지 않던 시골에서 읍내 의사와 보조원이 고모의 시댁으로 파견되어 아이들을 해부했다고 했다.
 "도대체 원인을 찾을 수가 없었대요. 누가 죽이지 않았으면 어린것들이 어찌 그리 한날한시에 그렇게 까부라져 죽을 수가 있어요?"
 저녁이면 우리 집 사랑방에 모여들던 사람들은 저마다 한마디씩을 했다.
 "그러게 그 작은 아버지란 작자가 수상하다고요. 한집에 살면서 제 아이들만 챙기고 아비 잃은 어린 조카들한테는 과자 한 쪽을 안 주더래요. 수의사라는 사람이 돈도 제법 벌 텐데 그렇게 인색했다네요."
 "그런디 그날 웬일로 죽은 아이들한테 비스켓을 한 쪽씩 주더라는디요. 어린것들이 얼마나 좋았으면 툇마루 끝에 앉아 두 다리를 까불러가며 비스켓을 먹었다던디……."
 "누가 그래요? 비스켓 주는 걸 봤다고?"
 "그 집 작은며느리가 봤대요. 그러니까 수의사 마누라 말이에요. 제 남편이 조카들에게 과자를 하나씩 주더라고요."
 "그런디 과자가 어쨌다는 거여요? 과자에 독이라도 묻었다는 거여?"
 사랑방엔 내 외가 쪽 친척들만 모여 있었다. 그들은 떠난 아이들에게 애처로움을 느끼기 전에 죽음의 원인을 캐내고자 눈빛에 날이 서 있었다. 벽에 등을 기대고 양반다리를 한 아버지는 아무 말 없이 시선을 내리깔았다. 고모의 불행이 자신의 탓인 듯 아버지는 혼자 마른 입맛만 다셨다.
 "독이 든 과자를 먹었구먼!"
 갑자기 울려온 날카로운 음성에 다과상을 들고 방으로 들어오던 어머니가 멈칫 섰다. 아까부터 말없이 눈만 감고 있던 둔산 할머니의 목소리였다. 모두가 그렇게 그녀를 '둔산 할머니'라고 불렀지만 사실 할머니라고 하기엔 아직 젊은 미모의 중년여인이었다. 둔산 골짜기에 작은 암자 같은 것을 짓고 불공을 드리며 산다는 그녀를 사람들은 그렇게 불렀다. 촌수가 할머니였는지, 아니면 할머니 귀신이 쓰였는지 아무도 내게 말해주지 않았다. 둔산 할머니는 가끔 예언 비슷한 말을 했는데 그것은 거의 적중되기도 했다. 정식 내림굿을 받은 무당은 아니었지만 신기가 있는 그녀의 말을 아무도 무시할 수 없었다. 외가의 먼 친척이라고 했지만 어머니와는 촌수도 따질 것 없는 그저 종씨 집안사람이었다.

방 안에 앉았던 여남은 명의 시선이 모두 둔산 할머니에게 모여들었다. 그녀를 바라보는 아버지의 눈빛이 날카로워졌다. 한순간 무슨 말인가 하려는 듯 아버지의 입술이 달싹였지만, 어머니가 한 걸음 방 가운데로 들어서며 아버지 눈빛을 막아섰다.

"독이 든 과자를 먹었다니요? 그럼 그 비스켓이 정말 독과자였다는 거여요? 경찰이 아무런 증거도 찾을 수 없었다는디. 그 어린것들 몸을 그렇게 난자해 들쳐 봐도 아무것도 찾지 못했대요. 다만 위장을 서울로 보냈다는디 거기서 뭐가 나와야 그 사람을 구속할 수 있대요."

어머니는 다과상을 내려놓으며 한숨을 쉬었다. 다과상이 딱! 방바닥에 부딪는 소리가 무슨 신호라도 되듯 갑자기 아버지의 격앙된 목소리가 터져 나왔다.

"죽일 놈 같으니! 만약 그게 사실이라면 어떻게 어린 조카들한테 그런 짓을 할 수가 있어? 내 잘못이여! 내 잘못! 내 동생을 그런 집구석에 시집보내는 게 아닌디……. 혼기는 찼고, 그때 처녀 징발해서 정신대 보낸다고 일본 순사 놈들이 눈에 불을 켜는디 나는 어떻게라도 동생을 지켜내야 했어. 만석꾼은 아니어도 그만하면 부농집이고, 매제는 공부도 했고 인물도 좋았지. 일사천리로 진행된 혼사였어. 정신대를 피하려다 외려 횡재를 만났다고 사람들이 그랬다니께. 그런디 신혼부터 매제가 바람을 필 줄 누가 알았겠나? 그것도 서러운디 젊은 나이에 죽어버리고, 이제는 어린것들을 비명에 잃었으니 내 동생 팔자가 참 기구하네. 기구혀! 만약에 그 수의사 시동생 놈이 애들한테 몹쓸 짓을 했다면 내 가만 안 있을 거여. 그놈 모가지를 비틀고 말 거여."

아버지의 눈과 목덜미가 새빨개졌다.

"큰아이는 새가 되고, 작은 아이는 쥐가 되었어요. 아이들이 밤낮으로 말을 듣고 있단 말이여요. 곧 결판이 날 테니 두고 보시라고요. 애들은 너무 어려서 자신들이 왜 죽었는지도 몰라요. 또 갑자기 겪은 일이라 제 어미의 눈물도 잘 이해하지 못해요. 다만 낮엔 새처럼 밤엔 쥐처럼 우리 곁에 있네요."

둔산 할머니가 웅얼거리듯 한 말을 사람들은 듣는 둥 마는 둥 눈물이 흘러내리는 아버지의 얼굴만 바라봤다.

"동생 잘 살라고 신랑감 구해주신 건데 일이 이렇게 될 줄 알았나요? 그래도 그때 정신대 끌려가 온갖 수모를 당하다 죽을 수도 있었는데, 그보다는 낫다고 생각해야지요. 안 그래요? 저 건너 마을에서 처녀 몇이 끌려갔었는디 해방이 돼도 아무도 돌아오지 않았잖아요. 모두 죽었을 거라고 해요. 혹 살아남았어도 얼마나 만신창이었어요. 그저 그보다는 낫다고 생각하세요."

"그래요! 모질게 들리실지 몰라도 그보다는 낫지요. 낫고말고요."

위로를 한답시고 내뱉는 말들에 아버지가 벌떡 일어섰다.
"남의 일이라고 그렇게 쉽게 말하지 말아요! 정신대도 안 가고, 결혼도 더 잘했더라면 좋았겠죠. 내 동생이 세상을 잘못 만난 거고 남편도 잘못 만난 거요. 다 지 팔자지요. 어쩌면 내 탓이고요."
아버지는 사랑방을 나가 안방으로 건너갔다. 안방 장지문이 탁 닫히는 소리가 들려오고 나서야 사람들은 긴 숨을 내쉬며 어머니가 내려놓은 다과상 앞으로 모여들었다. 약과와 잣을 박아 썰어놓은 곶감, 유과를 씹던 사람들은 목이 마른 듯 식혜를 들이켰다. 울지도 웃지도 않는 그들의 표정은 맹숭맹숭했다. 모두 외가 쪽 사람들이었기 때문인지.

둔산 할머니의 말대로라면 죽은 아이들이 우리 근처에서 낮엔 새로, 밤엔 쥐로 함께하는 동안 서울에서 검사 결과가 도착했다. 아이들의 위에서 농약이 검출되었다는 서류에 경찰은 그 작은 아버지 수의사를 체포했다. 수의사는 순순히 혐의를 인정했다. 그는 형수 혼자 여섯 자식을 기르는 게 딱해서 어린 두 아이는 차라리 없는 게 낫겠다 싶어 그런 일을 저질렀다고 했다. 그가 얼마의 형량을 받았는지는 기억나지 않는다. 당시는 군인들이 지배하던 때였고 세상은 연이어 일어난 혁명에 어수선했다. 학생들이 기고만장하며 대통령을 하와이로 쫓아내더니, 그다음 정권은 밀려드는 군인들에게 그냥 자리를 내주고 말았던 그런 시대였다.
고모는 이따금 우리 집에 와 눈물 바람을 했고, 나를 데리고 친구 집에 가기도 했는데 거기서도 고모는 울기만 했다. 고모의 친구라는 사람이 내민 담배도 피고 술도 마셨다. 눈이 퉁퉁 부은 고모는 젊은 나이인데도 슬픔 때문에 늙은 사람처럼 보였다. 찡그린 얼굴 눈가와 이마엔 주름이 졌다. 술을 마시고 잠이 든 고모가 깨어나길 기다릴 수 없어서 나는 혼자 자박자박 걸어 집으로 돌아왔다. 낯선 길은 아니어서 무섭진 않았지만 걸어오는 동안 해가 졌다. 집에 들어서자 마당엔 자우룩한 연기처럼 여린 어둠이 깔리고, 이른 저녁인데도 토방 댓돌엔 신발이 가득했다. 어둠이 짙어갈 무렵에야 놀러 오던 손님들이 웬일인지 일찍 모여 있었다. 슬쩍 들여다본 방 안엔 더러 친가 쪽 사람들이 보였다. 여전히 둔산 할머니와 먼 외가친척이 많았지만 눈에 익은 친가 당숙 몇 분이 그 사이에 앉아 있었다. 우리 집에서 저녁을 먹고 난 후인지 그들의 입술에 번지르르한 기름기가 돌았다.

부엌방으로 들어간 내 앞에 어머니가 손님상에서 남은 반찬을 차려 내놓았다.

"고모랑 나가더니 왜 혼자 왔어? 고모는 어쩌고?"

어머니가 무심한 듯 물었다. 내가 늦게까지 돌아오지 않아도 고모랑 같이 있으려니 걱정도 안 했던 눈치였다.

"고모 술 먹고 잠들었어. 나 고모 술 마시는 것 첨 봤어. 엄청 울던디……."

"뭐? 니 고모가 술을 먹어? 거기가 어디냐? 너랑 니 고모가 간 곳이? 어째 어린애 앞에서 술을 먹고 운다냐?"

발끈한 어머니의 목소리에 나를 슬쩍 웃음을 머금었다.

"우리 고모 담배도 피든디. 연기를 푸푸 내뿜으며 울었어."

"뭐라고? 너랑 니 고모가 간 곳이 어디여? 혹 술집이냐? 널 데리고 거기 간 겨?"

어머니의 목소리가 높아졌다.

"아녀! 술집 같은 데 아니고 고모 친구 집이랬어."

나는 얼른 밥술을 떠서 입에 넣었다. 사랑방에 모인 어른들이 궁금했다. 어서 밥을 먹고 무슨 이야기들을 하나 들어보고 싶었다. 그들은 아마도 고모가 울면서 술을 마시고 담배도 핀다는 사실은 모를 것이다.

"친구? 친구…… 혹시 시장거리 뒤에 있는 골목 아녀?"

뭔가 생각난 듯 눈을 가느스름 뜨는 어머니를 바라보던 나는 무심코 고개를 끄덕였다. 고모가 간 집은 시장 뒤쪽의 좁은 골목에 있는 허름한 집이었다. 어머니의 표정이 묘해졌다.

"왜? 우리 고모가 거기 가면 안 되는 건가?"

나는 반쯤 비운 밥공기 옆에 숟가락을 내려놓고 물을 마셨다. 어서 사랑방으로 가보고 싶어 엉덩이가 들썩거려졌다. 접시에 놓인 불고기와 조기구이는 손도 안 댄 채 소고기뭇국에 밥을 말아 얼른 먹어치웠다.

"그 여편네 일본서 돌아온 지 얼마 되지 않았다던디……. 그래, 그 무렵 사라졌어. 니 고모가 급히 시집갈 때쯤. 필경에 거기 끌려갔었을 것이여. 여태 어디서 뭐 하고 살다 왔는지 모르지만 지금은 혼자라는디 누구 팔자가 더 나은 거냐? 그 여편네는 시앗 볼일도 남편 죽을 일도 자식 죽을 일도 없을 것이니."

혼자 말처럼 중얼대는 어머니 목소리를 뒤로 하고 나는 얼른 사랑방으로 갔다. 살그머니 문을 열고 아버지 곁에 가 앉았다. 더러는 나를 아는 척하는 어른들이 있었지만 뭔가 중요한 얘기를 나누고 있었던 듯 아버지에게로 모인 시선이 심각해보였다.

"그러니께 사양하지 마시고 그냥 나서시라니까. 우리가 다 도와드린다잖아."

오랜만에 보는 친가 큰 당숙의 굵은 목소리는 마치 아버지에게 명령하는 것처럼 들렸다.

"그러게요. 우리 집안에서도 인물 좀 만듭시다. 고조부께서 현감 벼슬을 하셨다던디 그 뒤로 4대째 농사만 짓지 않았어요. 이참에 나서시라니까요. 난세에 영웅이 난다고 이렇게 나라가 뒤숭숭할 때가 기회라구요."

작은 당숙이 아버지를 달래듯 말했다. 아버지는 그저 묵묵히 앉아있기만 했다. 나는 무슨 소린가 싶어 아버지를 바라봤지만 친가, 외가 사람들이 한꺼번에 모여든 이유를 알 수 없었다.

"기회가 있구먼요. 놓치지 마세요! 조상의 광영이 대들 거듭하며 너무 흐려졌어요. 누군가 그 빛을 이어줘야 했는디 세월의 틈이 너무 길었어요. 이제 까무러져 가는 그 빛의 끝을 잡으세요. 그러면 집안이 밝아집니다."

구석에 앉았던 둔산 할머니가 나직하나 또렷한 목소리로 말했다. 아버지만 바라보고 있던 사람들이 둔산 할머니를 돌아보았다.

"그래서 우리 집안에 그런 험한 일이 일어났던 거여? 빛을 이어줄 자손들이 없어서?"

큰 당숙이 조금 목소리를 높였다. 조금 전까지도 아마 방안에서 고모의 얘기가 오고 간 것 같았다.

"그러니께 말이여. 그 쥑일 놈이 조카자식은 자식도 아닌감? 늘 제 자식들한테만 주던 과자를 그날 죽은 아이들에게 줬다면서? 그게 농약을 묻힌 과자인 줄 누가 알았겄어? 형수가 불쌍해서 그랬다고? 벼락을 맞을 놈! 정말 형수를 생각했다면 돈 열심히 벌어서 조카자식들

부양하면 될 거 아녀? 결국 지가 애들을 책임져야 할 것 같으니 그런 흉악한 짓을 저지른 것 아녀. 그런 놈은 사형시켜 버려야 하는디 뭐 무기징역도 아니라면서? 징역 몇 년이나 받은 겨?"

작은 당숙의 목소리는 더 컸다. 방 안의 사람들이 갑자기 두런두런 고모 얘기를 하기 시작했다. 아버지에게 뭔 당부를 하는 것 같던 사람들이 아버지를 잊은 듯 저희끼리 떠들고 있었다.

"그 일은 이 댁과는 상관없는 일입니다. 이 댁 여동생의 일이지만 출가외인이니 그 시댁의 가운을 따라 일이 그렇게 된 겁니다. 다만 여동생이 이 집안에서 태어날 때 하필 조상의 광영이 가장 바닥에 내려앉아 그 어두운 기운을 옴팍 둘러쓰고 나왔습니다. 귀한 따님이었는디 팔자가 희생제물이에요. 이 집안 영감님들 그만하고 밥 먹고 건강하게 사시는 거 다 그 따님이 어둠을 혼자 차지한 때문이여요. 때를 잘못 만나 태어난 거고, 남편과 아이들을 잃은 건 다 그쪽 집 가운이지요. 이 집과는 상관없어요. 그리고 출가한 사람은 이 집에 다시 광영이 와도 그 빛을 받을 수가 없구먼요. 시댁의 운수를 따를 수밖에요. 그러니 그 얘기는 접어두고 이 집에 빛이 일어날 일이나 말해보자고요."

둔산 할머니는 방구석에 등을 기댄 채 눈을 질끈 감고 말했다. 낮은 목소리였는데도 갑자기 방안이 조용해졌다. 그들은 어떻게 해서도 고모의 운명을 되돌려줄 수 없다는 걸 새삼 깨달은 것 같았다. 죽은 아이들을 살려낼 수도 고모의 눈물을 그치게 해줄 수도 없다는 걸.

아버지가 슬며시 일어섰다.

"무슨 얘기들을 하시는지 잘 알았습니다. 저보고 혁명정부에 협조해 자리라도 하나 받아 집안을 빛내란 말씀인 걸. 생각해보죠. 하지만 제 여동생 얘기는 이제 그만들 하시지요. 저녁 식사도 잘하셨고, 할 얘기도 다 나눈 것 같으니 살펴들 돌아가시지요."

아버지는 목례를 하고는 내 손을 잡고 사랑방을 나왔다. 막 안방으로 건너가려던 아버지는 나를 내려다보며 말했다.

"우리 동네 한 바퀴 걸을래? 날이 참 좋다. 춥지도 덥지도 않고."

아버지는 토방을 내려서며 내 운동화를 댓돌 위에 돌려놓아 줬다. 빨간 운동화가 어둠 속에서 잿빛으로 보였다.

"니 고모도 내가 이렇게 키웠는디. 학교 간다고 부산을 떠는 아침이면 니 고모 고무신을 내가 이렇게 돌려놓아 줬지. 너는……, 너는 이담에 잘 살아야 한다! 알았지?"

아버지의 손을 잡고 나선 대문 밖은 고요했다. 길은 지나는 사람도 없이 어느 집에선가 설거지를 하는지 담장 너머로 그릇을 달그락거리는 소리가 희미하게 들려왔다. 여름을 앞둔 늦봄, 길 가장자리에서 풀내음이 났다. 나는 문득 고모의 아이들이 떠났던 때가 아지랑이가 피어오르던 이른 봄이었다는 걸 기억했다. 그러면 고모는 그 몇 달 동안 술과 담배를 배웠던 건가. 아버지가 담배를 입에 물고 바지주머니에서 라이터를 꺼내는 걸 보며 대낮에 술에 취해 담배를 피우던 고모를 떠올렸다. 하지만 나는 아무 말도 하지 않았다. 아버지에게 그런 말을 하면 안 될 것 같았다.

그해 여름이 되자 집안은 손님들로 더 북적거렸다. 군정이 끝나고 새 정부가 들어선다고 했다. 아버지는 뭔가 중요한 직함을 받았고 고모는 우리 집에 잘 오지도 않았다. 하지만 더위가 절정에 이르렀던 8월 초순 고모가 찾아왔다. 모시 적삼이 흠뻑 젖은 채 머리칼마저 산발이었다. 한 30분 거리의 고모 집에서 그 땡볕 속을 뛰어온 것 같았다. 댓돌 위에 고무신을 아무렇게나 벗어놓고 툇마루로 올라서는 고모는 숨은 헉헉거렸다.

"아니 오라버니! 그 작자가 풀려난다면서요? 내 자식들을 죽인 그 살인자가……. 어떻게 그럴 수가 있어요? 그런 놈을 풀어주는 이 새 정부에서 오라버니는 벼슬을 하고 싶으신가요?"

고모가 악을 썼다. 점심 식사를 마친 후 막 외출을 하려던 아버지는 다림질이 잘 된 바지를 구기며 고모 앞에 앉았다.

"난들 어쩌겠냐? 새 정부 출범기념 8.15 특사로 풀려나는 사람이 어디 한 둘인감? 생각하면 괘씸하지만 풀려나 살면서 제가 한 짓을 속죄하길 바랄 뿐이지."

잔잔한 아버지의 목소리에 고모가 더 악을 쓰며 통곡을 했다.

"그 인간 내가 죽여버릴 거유. 내가 애들 원수를 갚을 거구먼요. 그 어린것들 해부한답시고 그렇게 난도질하다시피 했던 걸 생각하면 내 가슴에 피멍이 드는구먼유. 그놈이 차라리 일찍 제 죄를 불었더라면 애들을 온전히 그냥 보내주기라도 했을 거유. 그런 놈이 세상에 다시 나와 산다고요? 말도 안 돼요. 말도 안 돼!"

고모의 악다구니에 아버지가 벌떡 일어섰다.

"내가 죄인을 풀어줬냐? 그건 나하고는 관계가 없는 일이여."

아버지가 고개를 흔들며 댓돌 위의 백구두를 신었다. 방안에선 고모의 통곡이 울려오고 아버지는 총총히 대문을 열고 나갔다. 어머니는 부엌에서 꼼짝도 않고 나는 어떻게든 고모를 위로해야 할 것 같았다. 잠잠히 고모 앞에 가 앉았다. 고모가 울음을 그치며 내 손을 잡았다.

"너는 이 담에 잘 살아야 한다. 알았지?"

어쩌 고모의 말이 지난 늦봄 밤에 아버지가 하던 말과 똑같았다. 나는 고모의 이마에 잡힌 세 줄 주름을 바라봤다. 그 주름도 아버지와 닮아 있었다. 아버지 이마에도 그렇게 세 줄 주름이 졌다. 나도 모르게 내 이마를 만져봤다. 그러면 내 이마에도 나중엔 세 줄 주름이 질 것인가. 아버지와 고모와 나는 같은 성씨를 가졌으니 말이다.

"애야! 헛소리일지 몰라도 이 집안은 딸 농사가 잘 안 된다는 얘기가 전해 내려온단다. 특히 외딸은 말이다. 너나 나나 외딸 아니냐. 다들 남자 형제간들 잘되라고 희생된다는 거여. 나쁜 기운을 딸들이 옴팡 뒤집어써서 이 집 아들들은 잘 된다고. 네 오래비들 좀 잘 났냐. 인물 좋고 공부 잘하고……."

흥얼대는 듯한 고모의 목소리에 어머니가 부리나케 방으로 들어왔다.

"고모! 애한테 지금 뭔 소리를 하는 거래요? 모른 척 듣고 있으려니 참을 수가 없네요."

발끈한 채 선 어머니를 고모가 슬며시 올려다봤다. 고모의 얼굴에 이상한 웃음이 어렸다.

"그려요. 내가 쓸데없는 소리를 했네요. 우리 조카는 내 팔자를 닮으면 안 되지요. 난 그만 갈 거구먼요."

고모가 구겨진 모시적삼 앞섶을 잡아당기며 일어섰다.

"어제 누가 생과자를 사 왔어요. 그거 드릴 테니 애들 갖다주세요."

어머니는 팽 돌아서며 말했다. 마루 벽장에서 생과자 상자를 가져온 어머니는 마치 고모에게 던지듯 내밀었다. 나는 한 개도 먹어보지 못한 상자 속 예쁜 과자들이 눈앞에 어른거려 조금 화가 치밀었다.

"나는 고모 팔자 안 닮을 테니께 걱정 마세요!"

나도 모르게 고모에게 쏘아붙였다. 고모가 나를 바라보며 흐흐흐 웃었다. 마치 우는 것처럼.

내가 성인으로 자라는 동안 아버지와 고모는 똑같이 분주한 삶을 살았다. 아버지는 한번 발을 들인 정치일선에서 물러나지 못했다. 그리고 고모는 가방을 들고 매일 이집 저집으로 전도를 하러 다녔다. 아버지는 고모가 믿는 종교가 사이비라고 했다. 어머니도 그렇게 말했다. 하지만 고모는 술도 담배도 끊고 열심히 살았다. 전도를 마치고 나면 생계를 위해 틈틈이 삯바느질도 했다. 이따금 우리 집에 들를 때면 고모는 한숨을 쉬며 말했다.

"불쌍한 영혼들! 잘 살면 뭐 해요? 구원을 못 받는 걸. 예수님을 영접해요! 그러면 살아서 받는 복보다 천국에서 더 큰 영광을 누릴 거라고요."

고모는 손잡이가 닳은 검은 전도 가방을 무거운 듯 내려놓으며 다리를 쭉 뻗고 앉아 주물렀다. 어머니가 슬그머니 웃음을 머금었다.

"고모가 그렇게라도 살고 있으니 다행이어요. 믿음이란 게 그렇게 대단한 거군요."

그 모진 역경을 이겨내고 나름 잘살고 있는 게 기특하다는 듯, 고모를 바라보는 어머니의 눈에 지긋함이 어렸다. 하지만 고모는 눈꼬리를 내리고 측은함 가득한 표정을 지었다.

"아이고! 불쌍한 우리 성님! 죽은 다음에 어쩔껴? 우리 주님을 만나야 하는데……. 이렇게 한평생 잘 살아도 이 집사람들은 영생을 모를겨. 나랑 우리 애들은 다 선택받은 사람들이라니께. 그 징글징글한 고통 뒤에 구원받는 영광을 누리고 있으니 우리 가족은 복 받은겨."

말끝에 하하하 웃는 고모의 얼굴이 환했다. 정말 구원을 받은 사람처럼. 어머니가 입술을 씰룩거렸다. 그리곤 고개를 돌리며 혀를 찼다. 나를 바라보는 눈엔 너 네 고모 미쳤구나, 하는 말이 어려 있었다. 하긴 어느 날 저녁인가 아버지는 한숨을 쉬듯 말했다.

"하나뿐인 여동생이 산전수전 다 겪더니 아주 예수한테 미쳤구먼!"

"그렇게라도 살고 있으니 다행이지요. 애들까지 다 제 어미를 따라 믿는대요. 그런데 그 종교가 문제가 많다고 사람들이 그러던데요. 젊은이들은 군대도 거부한대요. 고모네 큰아들이 곧 군대 갈 나이인데 어쩌지요?"

어머니가 그렇게 말하고 얼마 지나지 않아 정말 고모네 큰 아들은 징집거부로 유치장에 감금되었다.

"어쩌자고 그런 종교에 빠져서……. 아이고 다 내 잘못이다."

아버지는 한숨을 쉬며 여러 통의 전화를 걸었고, 고종사촌 오빠는 겨우 풀려나 뒤늦게 입대했다. 그래도 고모는 전도 가방을 놓지 않았다. 고모는 고무신 대신 가죽구두를 신고 검은 치마에 흰 블라우스를 입고 다녔다. 어떻게 입어도 고모는 예쁘지 않았다. 하지만 늙어가는 고모의 얼굴은 환하게 피어났다.

팜추리 사이로 노을이 졌다. 조카 녀석의 전화를 받고 멀거니 창밖을 바라보는 동안 해가 져갔다. 눈물이 찔끔 눈꺼풀을 넘어 흘렀다.

"그때 용돈이라도 좀 넉넉히 드릴 걸."

혼자 중얼거리는 내 눈앞에 10만 원이 든 봉투를 받고 좋아하던 고모의 얼굴이 어른거렸다. 족히 7, 8년은 된 것 같았다. 내가 마지막으로 고모를 만났던 때가.

"넌 그래 미국서 잘 사냐? 아이고, 우리 조카딸도 이제 늙어가는구나. 하긴 내가 죽을 날이 가까우니 젊던 너도 늙는 거지."

고모는 나를 아래위로 바라보며 내 삶이 어떤지 살펴보는 것 같았다.

"우리 집안 외딸들이 잘 안 된다면서요. 고모가 나 어릴 때 그렇게 말하셨잖아요. 왜 그런지 그 말이 잊어지질 않아요. 그래서 나도 미국까지 가 살고 있나 봐요."

태연히 말하는 나를 빤히 바라보는 고모의 얼굴에 웃음이 어렸다.

"너 예수 믿냐? 팔자를 벗어날 길은 그것밖에 없어."

그러고 보니 고모는 살집이 좋은 할머니로 잘 늙어 있었다. 정말 그것이 고모가 믿는 종교 덕분인지. 나는 아직도 고모가 전도 가방을 들고 돌아다니는지 궁금했다. 고종사촌들도 아직 그 종교를 믿고 있는지도.

"고모 아직도 전도하세요? 사촌들도요?"

고모가 하하하 웃었다.

"나는 이제 무릎이 아파서 못 돌아다니고 애들은 본래부터 그럴 맘은 없었어. 그냥 나 따라 다닌 거지. 제각기 잘살고 있으니 내가 예수 덕을 보긴 봤다."

흔연히 말하는 그 얼굴에 왜 그런지 쓸쓸함이 어렸다. 젊은 날 울며 악다구니를 쓰던 고모의 모습과 교차되어 내 마음 끝이 아릿하게 아파왔다.

"그러면 됐죠. 애쓰셨어요. 혼자 몸에 애들 키우고 그 힘든 일들을 견디시느라······."

"너는 어떠냐? 거기서 살 만한겨?"

329

고모는 내가 어떻게 사는지 떠보듯 물었다. 나는 잠시 내 삶이 살만한 것인가 생각해봤다.

"고모 용돈 드릴 정도는 돼요. 살아온 날을 돌아보니 좋기도 했고, 나쁘기도 했네요."

"그려, 그려! 인생이 그런 것이다. 좋기도 하고 나쁘기도 하지. 좋은 만큼 나쁘기도 하고 또 나쁜 만큼 좋기도 하지. 네 부모는 잘 살다 떠났고, 네 오래비들도 그만하면 잘 돼서 너희 집 하나뿐인 딸인 네가 내 팔자를 닮으면 어쩌나 걱정했던 때도 있었다. 집안 남자들 잘되라고 딸인 네가 온갖 나쁜 기운을 나처럼 옴팡 뒤집어쓰면 어쩌나하고 말이여."

고모는 다시 웃었는데 어쩐지 그 웃음소리가 흐느낌처럼 들렸다.

"무슨 그런 말씀을요. 그런 건 다 미신이지요. 고모는 예수 믿는다면서 아직도 그런 말씀을 하세요?"

나도 모르게 말이 툭 내뱉어졌다. 고모가 표정을 고치며 정색을 했다.

"뭔 소리! 내가 예수 믿어서 이겼지. 왜 너희 외가 쪽 그 둔산 할매라는 사람 벌써 죽었지? 나이가 나보다 많았는디. 그 양반이 이따금 씨부렁거리는 소리가 틀린 말들은 아니었어. 가끔 생각난다. 우리 애기들, 하나는 새가 되고 하나는 쥐가 됐다는 말……. 그렇게 억울하게 떠나서 내 주위를 맴돌며 이 어미 울음을 들었을까? 이제 나도 갈 날이 가까운디……. 울 애기들 만날 날도 머지않았어. 다 키워주지 못해서 미안하다고 말할겨. 그 애들 만나면……."

고모의 뺨으로 한줄기 눈물이 흘러내렸다. 나는 문득 고모의 전도 가방이 그 눈물까지 다스려주진 못했다는 걸 알았다. 고모의 손을 잡고 손등을 다독거렸다. 늙은 고모의 손에 늙어가는 조카의 손이 겹쳐져 서로의 운명이 버무려지는 것 같았다.

"어떻게 살아도 산다는 건 쉽지 않아요. 고모 애쓰셨어요. 제가 담에 또 용돈 드릴게요. 그때까지 건강하세요."

"그려, 그려 우리 또 만나자. 그래도 니가 멀리 가 살아서 이 집안 외딸 저주를 면한 거여. 잘했다. 잘했어. 너도 잘살았어."

고모가 힘을 주어 내 손을 꼭 잡았다.

'그러게, 고모. 멀리 떠나가 사는 외로움 땜에 고모가 말하는 그 저주라는 걸 면한 건지요. 고모는 모르죠. 내가 살아온 날들을. 하지만 또 알기도 하겠죠. 좋은 만큼 나빴고, 나쁜 만큼 좋았던 날들이라는 걸.'

나는 속엣말은 하지 못하고 그렇게 고모와 헤어졌다. 10만 원 봉두에 어린애처럼 좋아히던 고모를 이따금 떠올리며 담엔 용돈을 좀 더 드려야겠다고 생각했다. 하지만 고국을 방문하면 늘 이런저런 일들로 바빠서 고모를 다시 만날 기회를 만들지 못했다. 그리고 고모는 떠났다.

'고모할머니 장례는 잘 치렀어요. 고모가 보내준 부의금도 잘 전달했고요. 고모할머니 자식들이 그다지 넉넉해 보이진 않았지만 나름 살고들 있더라고요. 고모도 건강 잘 챙기세요.'

전화로 처음 소식을 알리던 그 일주일 후에야 조카 녀석의 카톡이 날아왔다. 그 짧막한 메시지를 읽으며 나는 문득 생각했다. 이 녀석은 내 죽음을 어떻게 알게 될 것인가. 이렇게 멀리서 팜추리를 바라보며 사는 내 죽음을 조카는 어디서 들을 것인가. 저희끼리 말하겠지. 마치 일어날 일이 당연히 일어난 것처럼.

'고모가 죽었다.'

이렇게 담담히 말할 것이다. 폭풍 같지도 잔바람 같지도 않았던 내 삶은 녀석이 회상할 것이나 있겠는가.

박경숙

1994년 미주한국일보로 등단, 1999년 소설가 현길언 선생으로부터 본국 문단 추천. 가산문학상, 한국기독교출판문화상 최우수상, 연변소설학회 초청 두만강문학상, 통영문학상, 김용익소설문학상, 노근리평화상문학상, 고원문학상 등 수상. 소설집 『안개의 칼날』, 『빛나는 눈물』, 『의미 있는 생』 장편소설 『구부러진 길』, 『약방집 예배당』, 『바람의 노래』, 『한 여자를 사랑하였다』가 있음. 미주한국일보 생활수기 심사위원 역임, 미주문인협회 부이사장 역임. pksooklucina@naver.com

아동문학

이선자

홍영순

동시

고흐 아저씨

이선자

빈센트 반 고흐 아저씨가
마지막 살았던 방에 가 보았다
나는
반 고흐 아저씨가 되어
작고 빠짝 마른 침대에
누워 보았다.

올려다본 천장
금방 차오르는 벽
그리고
귀를 잘라 붕대로 감고 있는 고흐 아저씨의
겁에 질린 눈

하지만
반쯤 열린 창문 사이
녹슨 창살을 넘어
푸른 하늘

푸른 하늘 너머

밝고 노란빛을 내는 별들이

하나

둘

고흐 아저씨와

손을 마주 잡고

신나게 날고 있었다

아저씨가 그림을 그렸던

뒤뜰에는

바람에 보랏빛 라벤더

다 져서 꽃대 하얀 아이리스

이선자

신사임당 동시 부문 당선. 아동문예 문학상(동시 부문). 미주한국일보 동시 입상. 미주한국일보 넌픽션 당선.

동화

개구쟁이 문방구

홍영순

모란 초등학교 뒷골목에 문방구가 새로 생겼어요.
그런데 문방구 이름이 「개구쟁이 문방구」입니다. 문방구 주인은 만날 졸고 있는 잠꾸러기 할머니이고요. 그래도 아이들은 학교 근처에 있는 문방구 중에서 개구쟁이 문방구를 제일 좋아합니다.
문방구 한쪽을 작은 독서실로 꾸며놨기 때문입니다. 물론 문방구에 오는 아이들은 누구나 독서실에 앉아 음악도 듣고 책도 읽을 수 있습니다.

왁자지껄 떠들며 오던 아이들이 개구쟁이 문방구가 보이자 조용해졌어요. 문방구 문은 열려있고, 잠꾸러기 할머니는 책을 들고 앉아 졸고 있었어요.
"쉬~이, 할머니 주무신다."
아이들은 살금살금 독서실로 갔어요. 아름다운 음악이 들리고, 열어놓은 창문으론 달콤한 사과꽃향기가 살랑살랑 들어왔어요.
"와아! 새 동화책 많이 사 오셨네!"
"우리 학교 도서관보다 여기가 더 좋지?"
"난 여기가 우리 집보다 더 좋다."
"그런데 저 잠꾸러기 할머니는 돈을 버시는 거야? 손해 보시는 거야?"

"매달 우리들 읽으라고 새책 사 오시고, 학용품은 싸게 파니 뭐가 남겠어?"

"그것도 그렇지만 만날 저렇게 졸기만 하시니 누가 물건 다 가져가도 모르시겠다."

꾸벅꾸벅 졸던 할머니가 책을 툭 떨어트렸어요.

깜짝 놀란 할머니가 책을 집어 들고 읽더니 금방 다시 졸았어요.

아이들은 할머니를 보며 '크 크 크, 쿡 쿡 쿡!' 웃었어요.

점심시간이 되자 개구쟁이 문방구가 복작복작해졌어요.

"짤그랑!"

일 학년 여자아이가 발뒤꿈치를 들고 크레파스를 꺼내다 떨어뜨렸어요. 크레파스가 떨어지면서 밑 칸에 있는 구슬 통을 엎었어요.

또그르르… 때구르르… 땍때구르르….

알락달락한 구슬들이 바닥에 떨어지며 요리조리 굴러갔어요. 깜짝 놀란 여자아이 눈에 금방 눈물이 가득 고였어요.

할머니는 얼른 구슬들을 주워 통에 넣고 크레파스도 제자리에 놓았어요.

"아가, 사탕 먹어라. 놀랐을 때 사탕 먹으면 금방 웃음이 난단다."

할머니는 겁에 질린 아이에게 막대사탕을 들려주었어요.

응앙! 울음을 터트릴 것 같던 아이가 사탕을 빨며 배시시 웃었어요.

문방구는 다시 조용해지고 할머니는 또 책을 들고 졸기 시작했어요. 몇몇 아이들은 음악을 들으며 책을 읽고, 몇 명은 학용품을 고르고 있었어요. 꾸벅꾸벅 졸고 있던 할머니가 일어나더니 책을 읽는 아이들에게 말했어요.

"얘들아, 나 뒤뜰에 잠깐 갔다 올 게 그동안 너희들이 학용품값 받아줄래?"

"예, 할머니. 정가대로만 받으면 되죠?" "그럼, 금방 갔다 올 게."

할머니는 뒤뜰로 나가다가 색연필을 고르는 준혁이 어깨를 톡톡 쳤어요.

"어? 할머니 왜요?"

준혁이가 화들짝 놀라자 할머니가 속삭였어요.

"준혁아, 뒤뜰에 사과나무가 있는데 사과 따 먹으러 갈래? 친구들한테 말하지 말고 너만 와."

쭈뼛쭈뼛하던 준혁이가 할머니를 따라갔어요. 뒤뜰에는 정말 큰 사과나무에 빨간 사과가 주렁주렁 열려 있었어요.

"준혁아, 내가 요즘 팔이 아파서 사과를 못 따는데 좀 따주겠니?"

"네. 제가 사과 따드릴게요."

준혁이는 빨간 사과를 따고, 할머니는 사과를 받아 소쿠리에 담았어요.

"너 호기심요정을 아니?"

"호기심요정이요? 그런 요정도 있어요?"

"있어. 호기심요정은 아이들을 좋아해."

"왜요?"

"아이들은 호기심요정 꾐에 잘 빠지거든."

"그럼 호기심요정은 나쁜 요정인가요?"

"글쎄… 난 호기심요정이 좋다고 생각해. 호기심요정이 없으면 아이들도 다 어른 같아서 세상은 하나도 재미없을 거야."

"할머니는 호기심요정을 보셨어요?"

"아무도 호기심요정을 본 사람은 없나 봐. 나도 못 봤지만 속삭이는 소리는 들었어."

"호기심요정이 말해요?"

"호기심요정은 '요거 해보면 재미있겠다, 조거 해보면 신나겠다.' 라고 속삭이지."

"그래서 뭘 해보셨어요?"

"산과 들로 쏘다니며 신나고 재미있는 건 다 해봤지. 궁금한 건 못 참게 만드는 게 호기심요정이거든."

"뭐가 제일 재미있었어요?"

"아름다운 봄이었어. 호기심요정이 '꿩병아리를 집에서 기르면 닭병아리 기르는 것보다 훨씬 재미있을 거야. 길러볼래?'라고 속삭였어."

"그래서 어떻게 하셨어요?"

"날마다 학교 갔다 오면 뒷동산에 갔지. 그러던 어느 날, 까투리가 얕은 구덩이에 마른 풀을 깔고 알을 품고 있는 걸 봤어."

"꿩알을 봤어요? 계란같이 생겼어요?"

"몰래 숨어 있다가 엄마 꿩이 잠시 먹이를 먹으러 가자 얼른 가봤지. 계란보다 좀 작고 노르스름한 예쁜 알이 열두 개나 있었어. 나는 꿩 알들을 조심해서 꺼내 가지고 신나게 집으로 뛰어가며, '아빠, 엄마! 나 꿩병아리 기를 거예요.'라고 소리쳤지."

"정말 꿩병아리를 집에서 길렀어요?"

"아냐, 아빠가 빨리 꿩알을 도로 둥지에 갖다 놓으라고 하셨어. 꿩병아리들이 알에서 나올 때까지 엄마 꿩이 품어 줘야 한 대. 그래서 얼른 꿩 알을 도로 둥지에 갖다 놨어."

"정말 꿩병아리가 알에서 나왔어요?"

"어느 날 가보니 닭 병아리보다 훨씬 작은 꿩병아리 열두 마리가 엄마 꿩이랑 있더라."

"저는 아직 꿩병아리를 못 봤어요. 예뻐요?"

"꿩병아리를 꺼벙이라고도 하거든. 꿩병아리는 장끼나 까투리처럼 아름답지 않고 거므스름하고 좀 꺼벙하거든. 그런데 볼 적마다 점점 멋지고 아름다워졌어. 어느 날, 장끼와 까투리가 되어 '꿩! 꿩!' 소리 치면서 푸드득 날아갈 때 정말 아름답고 멋지더라."

"할머니는 어렸을 때 참 재미있었겠어요."

"호기심 요정 때문에 늘 재미있었지. 맹꽁이배 뽈록해지는 것 보려고 뒤집어 놓고 막대기로 약 올리고, 여왕개미 찾는다고 개미굴 파고, 꿀 먹는다고 벌집 건드렸다 벌이 쫓아와 혼나고, 열매란 열매는 다 따서 맛보다 배 아프고 입술 부르트기도 했지."

"호기심요정은 언제나 재미있고 신나는 일만 하라고 해요?"

"지금 생각해보면 딱 한 가지만 빼고 다 재미있었어."

"딱 한 가지가 무엇인데요?"

"문방구에 갔는데 아이들이 한꺼번에 몰려서 복작복작했어. 주인 할아버지는 혼자 계산하시느라 정신없이 바쁘셨지. 그때 갑자기 호기심 요정이, '야, 지금 저 할아버지 저렇게 바빠서 정신없는데 지우개 하나 슬쩍 주머니에 넣으면 아실까 모르실까? 궁금하지? 재미있을 것 같은데 한번 해 볼래?'라고 속삭이는 거야. 나는 호기심요정이 자꾸 속삭이니까 정말 궁금해졌어.

"그래서 어떻게 하셨어요?"

"나쁜 줄 알면서도 호기심요정 꾐에 넘어갔어. 나는 가슴을 콩닥거리며 할아버지 몰래 지우개 하나를 슬쩍 주머니에 넣었어. 할아버지는 나를 못 보시는데도, 나는 다리가 발발 떨리고 숨을 못 쉬겠더라."

"그래서 어떻게 됐어요?"

"들키지 않고 무사히 문방구를 나와 집으로 왔지. 그런데 재미는커녕 양심가시가 찔러서 밥도 안 넘어가고 잠도 안 오더라. 할 수 없이 다음날 몰래 그 지우개 문방구에 도로 갖다 놨어. 난 그때 양심에 따가운 가시가 있다는 걸 알았어."

준혁이는 무슨 말을 하려고 입술을 들먹이다 말았어요.

"자, 이제 사과 먹자."

할머니와 준혁이는 평상에 앉아 사과를 먹었어요. 그런데 준혁이는 가슴이 따끔거리고 아파 사과를 먹을 수 없었어요.

"할머니 저 먼저 집에 갈게요. 천천히 잡수시고 오세요."

"그래. 난 사과 다 먹고 갈게. 내일 또 만나자."

문방구로 돌아온 준혁이는 아무도 몰래 윗옷 안주머니에서 볼펜을 꺼내 제자리에 놨어요. 그리고 앞으로는 호기심요정이 아무리 달콤하게 속삭여도 절대로 꾐에 빠지지 않을 거라고 다짐했어요.

개구쟁이 문방구 할머니는 오늘도 책을 읽다 꾸벅꾸벅 졸고 있어요.

왁자지껄 떠들며 오던 아이들이 개구쟁이 문방구 앞에 오자 조용해졌어요.

"쉬~이, 할머니 주무신다. 조용히 해!"

아이들은 살금살금 독서실로 갔어요. 아름다운 음악이 들리고, 사과 꽃향기가 창문으로 살랑살랑 들어왔어요.

동화책을 읽는 아이들은 작년 봄보다 한 뼘씩은 더 자랐어요.

홍영순

아동문예문학상과 고원문학상 수상. 미주한국아동문학가협회 창립멤버이며 회장 역임. 창작동화집 「우물에서 나온 당나귀」 「모자바위 살랑바람」, 장편동화집 「팬케이크 굽는 아이들」이 있음. sansuyu45@gmail.com

문학세계 신인상

수필 부문

이정길

당선 소감

당선작「스님이 보고 싶어요」

수필 부문

김현실

당선 소감

당선작「나의 전성기」

심사평 _ 정찬열(시인, 수필가) 성민희(수필가, 소설가)

수상소감 · 이정길

"너는 이야기꾼이었어," 30년 만에 만난 중학교 친구들이 내게 들려준 말입니다. 어렴풋 생각해보니 쉬는 시간이면 아이들을 내 주위에 모아놓고 알프스 소녀 하이디를 비롯해서 동화 속 주인공들을 불러와 얘기해주던 기억이 납니다. 밑천이 떨어지면 상상력을 발휘하여 얘기를 만들어 들려주곤 했었어요.

그때부터 문학소녀라는 꼬리표도 달렸습니다. 그래서 일까요. 항상 뭔가를 쓰고 싶다는 소망 하나 마음 언저리에 담고 살아왔습니다. 하지만 마음을 들춰내어 글로 드러내 놓는 일이 쉽지 않았습니다. 그 사실은 세월이 흐를수록 무겁게 다가왔습니다.

은퇴를 앞두고 오렌지카운티로 왔습니다. 바쁘게 걸어오던 삶의 무게를 내려놓고 나를 바라보니 아직도 작은 욕망의 불씨가 살아 꿈틀거리고 있었습니다.

우연히 한 시인을 만났습니다. 님을 통해 글을 쓰기 위한 공부가 필요하다는 것을 알았습니다. 충격이었습니다. 많은 작가분들이 끊임없이 공부를 하는 모습은 경이로웠습니다.

부끄럽지만 용기를 내어 오렌지 글사랑 회원이 되었습니다. 일터에 있다 보니 늘 함께하지 못해 미안한 마음입니다. 이 자리에서 공부심 놓지 않도록 끌어주시는 선생님, 함께해주신 글사랑 회원님 들게 감사드립니다. 지금부터 다시 시작하는 마음입니다. 열심히 공부하겠습니다. 졸작을 뽑아주신 심사위원님들께 깊은 감사드립니다.
 지금, 이 순간 당신의 뒤를 이어 교무가 된 딸을 문학의 세계로 이끌려고 노력하셨던 아버지 생각에 먼 하늘 바라봅니다.

스님이 보고 싶어요

이정길

그녀를 만나러 가는 길이다. 비가 내린다. 어둠이 채 가시지 않은 새벽 도심을 바람처럼 통과했다. 옥수수밭이 시작된다. 끝이 보이지 않는 벌판을 바라보며 달리고 있다. 아무도 말하지 않는다. k는 운전을 하고 나는 옆에 앉아 사라져가는 풍경들을 바라본다. 뒷좌석에는 S가 미동도 없이 앉아 있다. 시카고에서 출발하여 세인트루이스 근교에 있는 그녀의 집까지 가려면 4시간 30분은 족히 걸린다. 가능하면 빨리 가야 한다. 그녀가 떠나기 전에 만나야 하기 때문이다.

며칠 전, 교당으로 장거리 전화가 왔다. 이름이 레슬리라고 했다. 서툰 한국말로 어머니가 스님을 만나고 싶어 해서 전화를 한다고 했다. 어머니와 직접 통화를 하고 싶다고 했다. 작은 목소리가 수화기를 통해 들려왔다. 직감적으로 몹시 아픈 분이구나 생각했다. 다행히 말은 통했다. 그녀에게 조심스럽게 말했다. "나는 어머니께서 생각하시는 한국의 스님은 아닙니다. 원불교 교무입니다. 원하신다면 가서 함께 해드릴 수 있습니다. 괜찮으시겠습니까?" 그녀는 꺼져가는 목소리로 와 달라고 말했다. 그녀의 한국 이름은 이종숙, 미국에 온 후 부를 일이 없었던 그 이름, 참으로 오랜만에 불러보는 이름이리라.

거의 네 시간을 달려 도착한 그녀의 집은 세인트루이스에서 한 시간 정도 떨어진 시골에 있었다. 길 건너편에는 옥수수가 자라고 있고 안쪽에는 호수가 있는 아름다운 전원 속에 아담하게 자리 잡고 있었다. 조금 떨어진 호수 옆 작은 집에는 아들 가족이 살고 있었다. 샌트루이스에 살고 있는 딸과 아들 가족들이 모두 모여 우리를 기다리고 있었다. 서둘러 집 안으로 들어갔다. 의자에 비대한 몸을 부리고 망연자실 아내 곁에 앉아 있던 그녀의 남편이 횅한 눈으로 우리를 맞이했다. 이름이 딘이라 했다.

그녀는 누워 있었다. 의식이 없는 것처럼 보였다. 서둘러 온다고 왔는데 하마터면 늦을 뻔 했구나. 가슴을 쓸어내리며 바로 의식을 시작했다. 이생에서 고단하게 살았을 그녀의 생을 편안히 아름답게 마무리하고 죽음의 길을 잘 다녀올 수 있도록 천도 법문을 했다. 경도 읽어 드렸다.

모든 의식이 끝나고 나는 그녀의 손을 잡았다. 몸을 숙여 그녀의 귀에 대고 소곤소곤 말을 이어갔다. 고국 떠나 낯선 타국에 살면서 고향에 대한 그리움이 얼마나 크셨느냐고, 힘든 삶 속에 눈물로 지샌 밤은 몇이나 되느냐고, 행여 외로울 때는 없으셨느냐고 속삭였다. 그녀의 눈가에 떨림을 느끼면서 이어갔다. 당신은 다복한 가정을 가꿔온 행복한 아내이고 두 자녀를 성장시킨 장한 어머니, 빛나는 삶의 주인공이었다고 말하며 그녀의 손을 꽉 쥐었다. 그 순간 그녀의 눈에서 주르르 눈물이 흘러내렸다.

레슬리가 어머니에 관해 얘기해 주었다. 딘은 한국으로 파견된 공군 장교였다. 그녀를 보는 순간 마음이 끌려 오랜 구애 끝에 결혼해서 미국으로 함께 오게 되었다. 파란 눈 이방인과의 결혼을 용납하지 못했던 부모 형제를 떠나온 후, 그녀는 한 번도 한국의 가족을 찾지 않았다. 대신 남편과 함께 두 자녀를 키우는데 혼신의 노력을 기울였다. 고국의 음식을 자주 만들어 주었으며 자녀들이 한국문화를 잃지 않도록 신경을 썼다. 아버지가 퇴직하자 몇 년 전 자녀들 곁에 있고 싶어서 아들이 살고 있는 이곳으로 이주했다.

이사를 한 후 부부는 제일 먼저 텃밭을 만들었다. 잊고 살았던 고향의 품속처럼 아늑한 대지에 오이, 가지, 도마도, 고추 등 갖가지 한국 채소를 심었다. 자연과 더불어 소일거리로 텃밭 가꾸며 편안히 아이들 곁에서 여생을 보내며 안식을 얻고자 했다. 그러던 어느 날부터 시름시름 앓기 시작했다. 몸에 이상이 생긴 것이다. 병원을 찾아 진찰받았다. 별일이 있겠느냐 싶었지만 결과는 청천벽력이었다. 암 말기였다.

가족들이 그녀를 위해 할 수 있는 것은 아무것도 없었다. 속수무책으로 시간만 보내야 하는 상황 속에서 어머니는 스님을 보고 싶어 했다. 어린 시절 할머니 따라 절에 가서 보았던 스님이 생각났던 것이다. 어머니의 마지막 소망이었기에 레슬리는 한국 스님을 찾기 시작하였다. 그렇게 우리와 인연이 되었다. 만나야 할 사람은 어떻게든 만나게 되는 모양이었다.

우리가 다녀온 다음 날 그녀는 떠났다. 아주 편안히 잠자듯 숨을 거두었다고 했다. 장례식장에는 가지 못했지만 가족들과 상의하여 49재를 우리 교당에서 지냈다. 이번에는 먼 길을 가족들이 와 주었다. 가누기도 어려운 비대한 몸을 휠체어에 싣고 몇 시간을 달려와 재식에 참석하는 남편 딘의 모습에서 눈물겨운 아내에 대한 사랑이 묻어났다. 한국말을 전혀 모르는 아들딸 손자 손녀들이 오직 어머니, 그리고 할머니를 위해 함께 했다. 긴 시간 익숙지 않은 의식에 합장하며 기도하는 모습을 통해 이종숙 영가의 삶을 엿볼 수 있었다.

이종숙 영가를 떠나보내고 1년쯤 되었을 때 딸 레슬리가 소식을 전해 왔다. 어머니 1주기 추모 제사를 집에서 지내고 싶은데 와 줄 수 있느냐고 물었다. 주저 없이 새벽길을 떠났다. 1년 전에 갔던 그 길을 다시 갔다. 파란 하늘과 눈을 맞추기도 하고 바람에 흔들리는 도로변의 나뭇가지에 내 마음을 실어 보면서 아름다운 길을 달리고 또 달렸다.

집에 도착하여 주위를 둘러보는 순간 감동으로 벅차올랐다. 가족들이 야외 법당을 만들어 놓고 우리를 기다리고 있었다. 신앙의 상징인 넝쿨 일원상을 자연스럽게 조성하여 모셔놓았다. 어머니에 대한 효심과 우리에게 보내는 경애의 마음이 어우러진 걸작이었다. 식을 진행하는 동안 아름다운 식장을 비추는 달빛이 어머니의 손길처럼 따스하게 느껴졌다.

가족들이 만들어준 야외 법당에서 이종숙 영가의 1주기 추모 제사를 지내는 그 자리에 레슬리는 친구들을 초대했다. 그 후 몇 달 동안 우리는 가끔 다양한 금액의 Check를 받았다. 기념제사에 초대받았던 레슬리 백인 친구들이 보내오는 헌금이었다. 레슬리가 우리를 위해 베푼 사랑과 배려였다.

그녀를 만나러 가던 비 오는 날의 새벽길이 생각난다. 아름다운 숲속에서 불을 밝히고 50여 명 가족 지인들과 함께했던 이종숙 영가의 일주기 기념제사, 그 풍경은 내 교역자 생활 속에 특별한 날로 마음에 남아 있다.

수상소감 · 김현실

　등단 소식을 들었습니다. 지금도 가슴이 뜁니다. 많은 글방 선배들과 한길을 가는 길에 들어섰습니다, 그래서 더욱 기쁩니다.
　아픔은 아픔인 대로 감동은 감동인 대로 적어두곤 했던 일기에 불과한 글들이 모여 수필이 되어갔습니다. 켜켜이 쌓아 둔 응어리가 활자가 되어 춤을 추는 신기를 맛보았습니다. 글이 된 아픔은 더 이상 나만의 것이 아닌 모두의 것이 되었습니다. 객관화된 아픔은 더 이상 눈물에 머물지 않았습니다. 이런 순간들이 모여 글과 친구가 되고, 더한 우정을 쌓아 갈 것 같습니다. 글방 식구들, 그리고 선생님과의 만남은 너무나 귀한 인연이 되었습니다.
　글을 쓴다는 소식에 누구보다 기뻐했던 아버지께 이 영광을 돌려드립니다. 아버지는 신문과 '현대문학'을 정기 구독하여 읽을거리를 펼쳐 주셨습니다. 읽는 습관의 기초를 닦아주신 아버지는 시인이 꿈이었습니다. 당신을 이어 글을 쓴다며 좋아했습니다. 이 등단 소식을 전해드렸다면 더욱 기뻐했을 천국에 계신 아버지와 약속합니다. 좋은 글을 쓰는 사람이 될 것을.
　순간순간이 글감이 되어 글 쓰는 훈련을 해 나갈 것을 다짐합니다. '문학세계' 여러분께 깊은 감사를 드립니다.

나의 전성기

김현실

쓸데없다 싶은 물음을 던지곤 한다. 당신의 인생 중 언제로 돌아가고 싶은가요? 언제가 전성기였다고 생각하나요? 질문을 받은 이가 나를 지긋이 바라본다. 그 눈길을 받고 기다린다. 이런 쓸데없는 질문을 왜 하느냐는 사람은 없었다. 자신의 삶과 생각을 술술 풀어 놓는 걸 보면 대화의 물꼬를 트는 적절한 질문인 성싶다.

역사에 가정은 없다고 하듯 인생도 그렇다. 그래도 되돌아갈 수 있다면 언제로 가고 싶은가를 생각해보며 왜 그때인가 이유를 찾는다. 나는 대학생 때로 가고 싶다. 청소년의 철모름도 좋으나 입시를 통과해야 할 것을 생각하니 고개를 절레절레 젓게 된다. 대학 캠퍼스를 거니는 동안 많은 격려와 지지가 있었다. 다양한 가능성이 열려있던 시기였다. 내 일상은 변한 게 없으나 잘될 거라는 막연한 희망이 넘쳤다. 되돌아가고 싶은 시절이 걱정 없이 좋았던 때라고 하는 경우가 많으나 아쉬움이 남았기 때문이기도 하다. 나는 후자다.

할 수 있다면 되돌아가 미래를 단단히 준비하고 싶다. 확실한 직업을 갖기 위해 영어 공부를 하고 공무원 시험 준비도 하리라. 전공이 행정학이면서 공무원 시험공부도 안 하고 나태하게 산 그때의 나를 꾸짖는다. 졸업정원제에 걸릴 정도로 나쁜 성적은 교육학과에 문을 두드리게 했다. 적성에 맞는 교육학을 공부한 것은 잘한 일이었다. 3, 4학년 전공수업에 들어갔는데 성적도 좋았다. 운이 좋아 자격증을 딸 기회도 주어졌다. 갑자기 문교부에서 내려진 방침에 따라 나는 교육학과 학생 네 명과 함께 상업은행 연수원에 가게 됐다. 내가 선택한 교육학 전공과목이 '사회 교육 지도자' 자격을 주는 필요조건에 닿아 교생실습 하듯이 기업실습을 했다. 문교부에서 갑자기 내린 결정에 회사도 아무 준비 없이 우리를 받아줘야 했다. 서로 시간만 축내는 실습은 불편하기만 했고 출퇴근 시간 교통전쟁에 지쳐 사회생활에 지레 겁을 냈다. 되돌아볼수록 아쉽다. 경제적 독립을 하려 노력하면 기회가 많았던 때였다.

그즈음 대우에서 대졸 여성 대상 첫 공채 직원을 뽑았다. 대우는 역사 속으로 사라진 지 20년이 지났고 공채로 취업에 성공한 여성 99%가 결혼 이유로 5년 이내에 사퇴했다는 기록을 본다. 격세지감이다. 딸에게 이런 과거를 말하면 우리가 할머니 시집살이 얘기 들으며 찡그리던 것과 별반 다르지 않을 것이다. 세계에서도 알아주는 한국 제일의 기업, 삼성의 첫 대졸 여성 공채는 1993년이었다. 여성이 경제적으로 독립하기가 쉽지 않은 세대였다.

경제적으로 자립이 안 된 상황에서 정서적 독립은 더욱 어려웠다. 직장이 없으니 스스로 선택한 남자친구와 결혼하겠다고 전쟁을 불사할 깜이 안 됐다. 다른 사람과 결혼했다면 삶이 많이 달라졌을 거다. 되돌아간다면 정서적, 경제적으로 독립된 내가 되고 싶다. 하고 싶은 일을 하고 데이트도 많이 하여 내 맘에 드는 이성과 결혼하고 싶다. 맞춰 사는 수고를 덜 하지 않았을까.

십여 년도 더 됐다. 인생에서 언제가 가장 좋았는가를 묻는 토크

쇼를 운전 중에 들었다. 여성의 경우는 32세에서 35세고 남성은 35세에서 38세 정도라고 했다. 방송에서 원인을 뭐라 했는지 기억나질 않으나 스스로 그 이유를 찾곤 했다. 많이 공감했기 때문이리라. 또래에 비해 늦은 출산으로 전성기라는 삼십 대에 어린 두 아들을 가졌다. 건강한 남편은 듬직했고 아이들은 집안에 행복을 불러들였다. 일할 곳이 있으며 확장해 나갈 희망이 있었다. 그 시절은 남편, 아이, 가정, 경제, 건강, 그리고 젊음, 희망까지 다 가졌던 좋은 시절이었다. 그런 나를 바라보며 어르신들도 "좋을 때다"라 했다.

백 세 시대를 맞아 105세 된 김형석 교수에게 시선이 간다. 그의 저서 '백 년을 살아보니'는 공전의 히트를 했고 '백세 철학자의 행복론' 등도 꾸준한 사랑을 받고 있다. 기독교인인 그는 기독 방송에 나오고 아줌마들이 주로 시청하는 아침 방송에도 출연했다. 대학생 때는 그의 저서 '우리는 어떻게 살아야 하는가?'를 사서 열심히 읽었던 팬으로서 최신작과 방송도 챙겨 봤다. 그는 백 세를 살아보니 60대, 65세가 행복했고 가장 빛났단다. 글을 더 잘 썼고 생각하는 힘도 고매했다고 한다. 정신적인 완숙에 더해 건강이 받쳐주므로 많은 일이 가능했고 존경도 받을 수 있었던 듯하다.

최근 일이다. 영어 ESL 수업을 같이하는 70대 언니들에게 물었다. 전성기가 언제였냐는 질문에 지금이라고 하시는 분들이 대부분이었다. 은퇴하고 공부하는 지금이 좋다며 함박웃음을 건넨다. 건강이 허락하는 대로 취미 활동을 하며 여행할 여유도 있단다. 오롯이 당신의 삶에 집중하는 지금이 좋다고 한다.

운동과 섭생 여하에 따라 건강 나이는 천차만별이다. 건강이 허락하는 한도 내에서 할 일도 다양하다. 모든 삶은 살아갈 의미가 분명히 있다. 꾸준히 일하며 배우는 어르신에게 존경심이 인다. 과실나무는 열매 맺을 때가 제일 중요하다고 한다. 인생 열매를 맺는 노년기가 가장 가치 있는 때가 아닐까.

이제 환갑이 지났다. 노년기를 준비하는 한 살이라고 말하곤 한다. 이번엔 후회하지 않는 전성기를 누리려 한다. 정서적으로 경제적으로 독립할 마지막 기회라 여기며 내게 주어진 시간을 최대한 사용하려 한다. 좀 늦었지만 지금부터 은퇴 준비를 하고 가족들 때문에 일희일비하지 않으려 한다.

멋진 할머니가 되고 싶다. 수많은 시행착오를 거듭하면서 오늘에 이르렀다. 그것들이 미래의 내 삶에 소중한 밑거름이 되어주리라 믿어 의심치 않는다. 최근 70세 넘어 피아노를 배운 할머니가 피아노 치는 영상을 봤다. '아드린느를 위한 발라드'를 멋지게 연주하는 90세 넘은 그 분의 모습이 참으로 아름다웠다. 인생은 늘 'ing', 살아있는 모든 순간이 전성기이다.

신인상 심사평

글쓰기란 내가 쓰고 싶은 글을 남이 읽고 싶도록 만들어 가는 부단한 과정이다. 개인의 욕망에서 시작했지만 모두의 이익이 되도록 알찬 글이 되어야 한다. 그러기 위해서는 사유가 필요하다. 사유를 통해 에피소드가 가지고 있는 다양한 가치나 의미를 추출하여 글 속에 반영한다. 글 속의 이야기와 사람 속의 이야기가 교집합을 이루는 지점에서 공감이 생긴다. 공감이 짙어지면 감동의 단계에 도달하게 된다. 시시하고 작은 나의 체험이 문학이 되어 독자에게 건너가 그의 마음을 쓰다듬어 줄 수 있다니. 대단한 일이 아닌가.

수필은 거대서사를 쓰는 게 아니라 사소하고 소소한 일상의 작은 것들을 깊게 쓰는 것이다. 일상적이라 해서 작가가 겪은 삶의 에피소드를 나열하는 데 그쳐서는 안 된다. 고만고만한 평범의 이야기에 흥미를 느끼는 사람이 몇이나 되겠는가. 에피소드는 소재일 뿐이다. 그 소재로 문학을 해야 한다.

다들 비슷비슷하게 살아가는 일상 속에서 무엇이 글감이 되는가. 문학이 되는 소재가 따로 있는 게 아니다. 내 식으로 새롭게 해석할 수 있으면 바로 그게 소재가 된다. 작가의 관점에 따라 소재의 경중이 달라진다. 소재, 해석, 표현, 이 세 가지 중 셋 모두가 새로우면 걸작이 탄생하고, 둘만 새로워도 대단한 작품이 되고, 하나만 새로워도 눈에 띄는 작품이 될 것이다.

금년 『문학세계』 신인상에 응모한 작품 중 두 편이 눈에 띄었다. 이정길 님의 「스님이 보고 싶어요」와 김현실 님의 「나의 전성기」이다. 이정길 님의 글은 소재가 독특하다. 은퇴를 앞둔 원불교 교무로서 그동안 경험했던 수많은 에피소드 가운데 한 이야기를 소재로 삼았다.

〈그녀를 만나러 가는 길이다. 비가 내린다. 어둠이 채 가시지 않은 새벽 도심을 바람처럼 통과했다. 옥수수밭이 시작된다. 끝이 보이지 않는 벌판을 바라보며 달리고 있다. 아무도 말하지 않는다. k는 운전을 하고 나는 옆에 앉아 사라져가는 풍경들을 바라본다. 뒷좌석에는 S가 미동도 없이 앉아 있다. 시카고에서 출발하여 세인트루이스 근교에 있는 그녀의 집까지 가려면 4시간 30분은 족히 걸린다. 가능하면 빨리 가야 한다. 그녀가 떠나기 전에 만나야 하기 때문이다.〉

종교인으로 오랜 경력이 있는 분이라 평소 설교 준비나 각종 행사를 위해 글을 써 온 때문인지 문장이 물 흐르듯 막힘이 없다. 생명이 위독한 환자를 만나러 빗속을 달려가는 다급한 모습이 환히 보인다. 옥수수밭 평원을 말없이 차를 달리는 세 사람, 그들의 모습이 보이고, 조마조마한 그들의 심정이 느껴온다.

글을 다 읽고 나면 글 속에 담겨있는 풍경이 고스란히 눈에 들어온다. 어떤 사연으로 그들을 만나러 가게 되었는지, 가서 무슨 일을 어떻게 했는지, 병석에 누어 있던 분은 어떻게 미국 이민을 오게 됐고, 어떤 삶을 살아왔는지…, 이민자의 갖가지 사연과 삶의 면면을 살펴볼 수 있다.

알다시피 원불교는 한국에서 발원한 종교다. 다른 종교에 비하면 역사가 길진 않지만 한국 4대 종교에 꼽히고, 세계 곳곳에 교무를 파견하여 그 세를 넓혀가는 중이라 했다. 기독교 국가인 미국에서 소수 종교의 포교에 적잖은 어려움이 있으리라 짐작은 했지만, 이 글을 통해 활동의 일면을 엿볼 수 있었다. 넓은 미국 땅을 자동차로 누비며 활동한 이야기는 개인의 기록임과 동시에 원불교 표교의 생생한 기록이며 역사이자 이민사의 한 페이지가 되리라 믿는다. 특별한 분을 『문학세계』 식구로 모시게 되어 기쁘다. 성직자의 눈으로 본 이민사회의 독특한 소재를 재미있게 엮어주시기를 기대한다.

김현실 님의 〈나의 전성기〉는 문학이 무엇인가를 다시 생각하게 한다. 인문과학은 문학, 역사, 철학 등을 포함한다. 문사철 중에서도 문학이 인문학의 중심으로 자리매김하고 있다. 문학이 현실 속에서 인간을 옹호하고 구원해 왔기 때문이다.

문학은 사람 사는 이야기다. 나는 무엇이며, 어떻게 살아야 하는가, 하는 게 화두가 된다. 이야기를 통해 인간은 과거를 돌아보고 현재를 직시하며 미래를 전망한다. 작가 김현실은 '나의 전성기'라는 화두를 내걸고 어느 때가 전성기였는가, 나는 지금 어디에 와 있으며, 언제가 나의 전성기였으면 좋겠는가 생각해본다. 그리고 다음과 같은 결론에 이른다.

〈멋진 할머니가 되고 싶다. 수많은 시행착오를 거듭하면서 오늘에 이르렀다. 그것들이 미래의 내 삶에 소중한 밑거름이 되어주리라 믿어 의심치 않는다. 최근 70세 넘어 피아노를 배운 할머니가 피아노 치는 영상을 봤다. '아드린느를 위한 발라드'를 멋지게 연주하는 90세 넘은 그 분의 모습이 참으로 아름다웠다. 인생은 늘 'ing', 살아있는 모든 순간이 전성기이다.〉

작가는 살아있는 모든 순간이 인생의 전성기라고 말한다. 환갑이 넘었으니 멋진 할머니가 되고 싶다는 소박한 소망을 피력한다. ESL 클라스에서 만난 70대 할머니들이 했다는 '지금이 전성기'라는 말이 오래 기억에 남는다. 일체유심조. 인생사 생각하기 나름, 이라는 진리의 말씀으로 들리기도 한다.

이 글은 많은 독자들에게 '나의 전성기는 언제인가'를 생각하게 할 것이다. 작가만의 소소한 관심에 그치지 않고 독자의 공감을 얻게 된다. 글 속의 이야기와 사람 속의 이야기가 교집합을 이루는 지점이 생겼다는 의미다. 한 편의 글이 독자에게 희망을 안겨준다.

이정길, 김현실 두 분에게 수필가 이름표를 달아드린다. 이민 문학을 빛내는 데 한몫을 담당해주시기 바란다. 축하드린다.

심사위원: 정찬열(시인, 수필가) 성민희(수필가, 소설가)

고원기념사업회 이사 명단(존칭 생략)

고원기념사업회 임원 명단

회장 - 정찬열
부회장 - 김동찬
사무국장 - 김홍기
회계 - 김향미
감사 - 이정호

고문 - 박창규 전 회장님
유족대표 - 고영아 사모님

이사 명단 (가나다 순, 2023년 10월 현재)

강금순(수필가) / 강화식(시인) / 고대진(수필가) / 고영아(유족) /

고현혜(시인) / 권조앤(수필가) / 김동찬(시인) / 김영강(소설가) /

김인기(시인) / 김정기(시인) / 김향미(수필가) / 김홍기(수필가) /

문영애(수필가) / 박연실(수필가) / 박창규(본회 고문) /

성민희(수필가) / 손정자(시인) / 신정순(소설가) / 안경라(시인) /

양기석(시인) / 오광운(시인) / 오연희(시인) / 이선자(아동문학) /

이영미(수필가) / 이영실(소설가) / 이용우(소설가) / 이정숙(수필가) /

이정호(수필가) / 장소현(극작가) / 정근수(사업) / 정찬열(시인) /

정해정(아동문학) / 조만연(수필가) / 조옥동(시인) / 홍영순(아동문학)

지역별 이사 명단

· **뉴욕** – 김정기, 손정자, 양기석, 오광운

· **워싱턴** – 김인기, 문영애

· **시카고** – 신정순

· **아틀란타** – 강화식

· 그 외 이사는 남가주 거주

역대 고원문학상 수상자 명단 (존칭 생략)

2011년 제1회 수상자   마종기 시인 – 김남조, 임헌영 심사

2012년 제2회 수상자   하정아 수필가 – 김종회, 정효구 심사

2013년 제3회 수상자   장소현 시인 – 마종기, 이승하 심사

2014년 제4회 수상자   김영강 소설가 – 김종회, 정호승 심사

2015년 제5회 수상자   김정기 시인 – 김용택 심사

2016년 제6회 수상자   손용상 소설가 〈작고〉
　　　　　　　　　　　정해정 아동문학가   김종완, 이동하 심사

2017년 제7회 수상자   이상묵 시인 – 〈작고〉 – 마종기 심사

2018년 제8회 수상자   홍영순 아동문학가 – 이승하, 신제기 심사

2019년 제9회 수상자   신정순 소설가 – 오형엽, 장소현 심사

2020년 제10회 수상자   고현혜 시인 – 마종기 심사

2021년 불가피한 사정으로 쉼

2022년 제11회 수상자   박경숙 소설가 / 안경라 시인 – 권영민 심사

2023년 제12회 수상자   문영애 수필가 – 김종완 심사

2024년 제13회 수상자   이월란 시인 / 공순해 수필가 – 임헌영 심사

2023년 고원기념사업회 도와주신 분 명단

(납부 순, 존칭 생략, 2023년 12월 16일 기준)

고영아 - $ 1,000
정찬열 - $ 1,000
김동찬 - $ 1,000
김홍기 - $ 700
안경라 - $ 500
정근수 - $ 300
이정호 - $ 100
김은자 시인(뉴욕) - $ 500
김은집 시인(엘에이) - $ 300
민유자 수필가(엘에이) - $ 300

2023년 이사회비($200) 내주신 분

(납부 순, 존칭 생략, 2023년 12월 16일 기준)

정찬열 김동찬 김홍기 안경라 정근수 이정호
이선자 문영애 김향미 홍영순 박연실 장소현
강화식 오광운 이영미 양기석 손정자 이영실
강금순 이정숙 권조앤 김인기 고대진 성민희

2023년 광고 협찬 주신 분

문영애 수필가 이월란 시인 이창윤 시인
김카니 수필가 박경숙 소설가

기준일자 2023년 12월 15일 이후 입금된 내역은 다음 호에 게재합니다.

제32호 2024
문학세계 The Literary Realm

초판인쇄 | 2024년 09월 20일
초판발행 | 2024년 09월 25일

발 행 인 | 정찬열
편 집 인 | 정찬열
편집위원 | 김동찬 김홍기 안경라 이용우 이선자 장소현

발 행 처 | 고원기념사업회
　　　　　Ko Won Memorial Foundation, Inc.
　　　　　9681 Garden Grove Blvd#203, Garden Grove CA 92844 U.S.A
전　화 | 714-530-3111
E-mail | noproblem1018@gmail.com

펴 낸 곳 | 시산맥사

펴 낸 이 | 문정영
등록일자 | 2009년 4월 15일
주　　소 | 03131 서울특별시 종로구 율곡로 6길 36, 월드오피스텔 1102호
전　　화 | 02_764_8722, 010_8894_8722
전자우편 | poemmtss@naver.com
카　　페 | http://cafe.daum.net/poemmtss

ISBN : 979-11-6243-512-0 (03810)

값 15,000원

- 이 책은 전부 또는 일부 내용을 재사용하려면 반드시 저작권자와 시산맥사의 동의를 받아야 합니다.

- 이 도서의 국립중앙도서관 출판예정도서목록은 서지정보유통지원시스템 홈페이지(http://seoji.nl.go.kr)와 국가자료종합목록시스템(http://www.nl.go.kr/kolisnet)에서 이용하실 수 있습니다.